JN276760

大修館

最新 国語表記ハンドブック

大修館書店編集部　編

大修館書店

前書き

本書は，国語表記の目安を手軽に調べ，確かめることができるように編集したものです。内閣告示の「常用漢字表」「現代仮名遣い」「送り仮名の付け方」など，国語表記のよりどころとなる資料を収録しました。平成22年11月の「常用漢字表」の改定と，それに関連した「人名用漢字別表」等の改正に対応した資料となっています。使用の便を考えて，各種資料において問題となることが多い事項をすぐに調べられるように，語例集や検索表も作成しました。さらに，こうした資料では取り扱われていない同音異義語や表記に関する問題については，「同音異義語の使い分け」「書き間違えやすい漢字」などを編集部で作成し，収録しています。

本書が，国語表記に関する実用的な手引きとして，さまざまな場面で活用されれば幸いです。

なお，本書の編集に当たっては，鳥飼浩二氏にご校閲いただき，数々の貴重なご助言を賜りました。ここに厚く感謝申し上げます。

平成24年２月

大修館書店編集部

目 次

前書き

1 常用漢字表 前書き・表の見方及び使い方・（付）字体についての解説 …… 5

2 常用漢字表 本表 …… 12

3 常用漢字表 付表 …… 73

4 平成22年告示「常用漢字表」での変更点 …… 75

5 常用漢字の筆順 …… 77

6 学年別漢字配当表 …… 111

7 人名用漢字別表 …… 115

8 表外漢字字体表 …… 118

9 「異字同訓」の漢字の用法 …… 125

10 同音異義語の使い分け …… 138

11 書き間違えやすい漢字 …… 145

12 間違えやすい慣用表現 …… 158

13 同音の漢字による書きかえ …… 160

14 現代仮名遣い …… 164

15 現代仮名遣い 語例集 …… 171

16 送り仮名の付け方 …… 173

17 送り仮名の付け方 語例集 …… 181

18 公用文における漢字使用等について …… 188

19 公用文作成の要領 …… 191

20 横書きの場合の書き方 …… 197

21 数の書き表し方（横書きの場合） …… 197

22 くぎり符号の使い方 …… 198

23 くり返し符号の使い方 …… 200

24 外来語の表記 …… 201

25 ローマ字のつづり方 …… 213

26 敬語の指針 …… 214

27 敬語表現検索表 …… 218

28 漢字種別検索表 …… 255

1　常用漢字表

前書き・表の見方及び使い方・(付)字体についての解説

・表題にいう「常用漢字表」とは，文化審議会「改定常用漢字表」の答申（平成22年６月７日）を受けて，平成22年11月30日内閣告示第２号として公布されたもののことである。告示に伴って，昭和56年10月１日内閣告示第１号の「常用漢字表」は廃止され，答申にあった「改定」という文言は外された。
・新しい「常用漢字表」は文化庁ホームページにPDF形式で公開されている。
・告示に当たり，「答申」になかった「前書き」が昭和56年告示の「常用漢字表」にならって冒頭に設けられ，「答申」「Ⅱ　漢字表」の冒頭にあった「表の見方」が「表の見方及び使い方」として次に，「Ⅰ　基本的な考え方」の付録であった「(付) 字体についての解説」が，最後に配された。これらには「常用漢字表」の基本的な考え方が簡潔に示されている。
・「前書き」「表の見方及び使い方」「(付) 字体についての解説」が，昭和56年告示の「常用漢字表」と大きく異なる箇所には，大修館書店編集部で下に破線を付した。

（大修館書店編集部注）

前　書　き

1　この表は，法令，公用文書，新聞，雑誌，放送など，一般の社会生活において，現代の国語を書き表す場合の漢字使用の目安を示すものである。

2　この表は，科学，技術，芸術その他の各種専門分野や個々人の表記にまで及ぼそうとするものではない。ただし，専門分野の語であっても，一般の社会生活と密接に関連する語の表記については，この表を参考とすることが望ましい。

3　この表は，都道府県名に用いる漢字及びそれに準じる漢字を除き，固有名詞を対象とするものではない。

4　この表は，過去の著作や文書における漢字使用を否定するものではない。

5　この表の運用に当たっては，個々の事情に応じて適切な考慮を加える余地のあるものである。

表の見方及び使い方

1　この表は，「本表」と「付表」とから成る。

2　「本表」には，字種2136字を掲げ，字体，音訓，語例等を併せ示した。

3　漢字欄には，字種と字体を示した。字種は字音によって五十音順に並べた。同音の場合はおおむね字画の少ないものを先にした。字音を取り上げていないものは，字訓によった。

4　字体は文字の骨組みであるが，便宜上，明(みん)朝体のうちの一種を例に用いて「印刷文字における現代の通用字体」を示した。

5　「しんにゅう／しょくへん」に関係する字のうち，「⻌／飠」の字形が通用字体である字については，「⻍／𩙿」の字形を角括弧に入れて許容字体として併せ示した。当該の字に関して，現に印刷文字として許容字体を用いている場合，通用字体である「⻌／飠」の字形に改める必要はない。これを「字体の許容」と呼ぶ。

なお，当該の字の備考欄には，角括弧に入れたものが許容字体であることを注記した。また，通用字体の「謎」における「謎」についても「しんにゅう／しょくへん」の扱いに準じるものとして，同様の注記を加えてある。

6 丸括弧に入れて添えたものは，いわゆる康熙字典体である。これは，明治以来行われてきた活字の字体とのつながりを示すために参考として添えたものであるが，著しい差異のないものは省いた。

7 音訓欄には，音訓を示した。字音は片仮名で，字訓は平仮名で示した。１字下げで示した音訓は，特別なものか，又は用法のごく狭いものである。なお，１字下げで示した音訓のうち，備考欄に都道府県名を注記したものは，原則として，当該の都道府県名にのみ用いる音訓であることを示す。

8 派生の関係にあって同じ漢字を使用する習慣のある次のような類は，適宜，音訓欄又は例欄に主なものを示した。

けむる	煙る	わける	分ける
けむり	煙	わかれる	分かれる
けむい	煙い，煙たい，煙たがる	わかる	分かる
		わかつ	分かつ

なお，次のような類は，名詞としてだけ用いるものである。

しるし	印	こおり	氷

9 例欄には，音訓使用の目安として，その字の当該音訓における使用例の一部を示した。なお，「案じる」「信じる」「力む」等のように字音を動詞として用いることのできるものについては，特に必要な場合を除き，示していない。

10 例欄の語のうち，副詞的用法，接続詞的用法として使うものであって，紛らわしいものには，特に〔副〕，〔接〕という記号を付けた。

11 他の字又は語と結び付く場合に音韻上の変化を起こす次のような類は，音訓欄又は備考欄に示しておいたが，全ての例を尽くしているわけではない。

納得（ナットク）　格子（コウシ）
手綱（タヅナ）　金物（カナモノ）
音頭（オンド）　夫婦（フウフ）
順応（ジュンノウ）　因縁（インネン）
春雨（ハルサメ）

12 備考欄には，個々の音訓の使用に当たって留意すべき事項などを記した。

(1) 異字同訓のあるものを適宜⇔で示し，また，付表にある語でその漢字を含んでいるものを注記した。

(2) 都道府県名については，音訓欄に「１字下げで掲げた音訓」が，原則として，当該の都道府県名を表記するために掲げた音訓であることを明示する場合に，「埼玉県」「栃木県」のように注記した。

また，都道府県名に用いられる漢字の読み方が，当該の音訓欄にない場合（例えば，大分県の「分」，愛媛県の「愛」「媛」など），その都道府県の読み方を備考欄に「大分（おおいた）県」「愛媛（えひめ）県」という形で注記した。

したがって，全ての都道府県名を備考欄に掲げるものではない。

(3) 備考欄にある「＊」は，「(付) 字体についての解説」「第２　明朝体と筆写の楷書との関係について」の「３　筆写の楷書字形と印刷文字字形の違いが，字体の違いに及ぶもの」の中に参照すべき具体例があることを示す。当該字が具体例として挙げられている場合は，＊の後に，［(付) 第２の３参照］と掲げたが，具体例が挙げられていない場合は［(付) 第２の３【剝】参照］のように，同様に考えることができる具体例を併せ掲げた。

また，しんにゅうの字，及びしんにゅうを構成要素として含む字のうち通用字体が「⻌」で示されている字については，上記「第２　明朝体と筆写の楷書との関係について」の「１　明朝体に特徴的な表現の仕方があるもの」の中に「⻌・⻍－⻌」が示され，「⻌」も筆写では「⻍」と同様に「⻌」と書くことから，上の「３　筆写の楷書字形と印刷文字字形の違いが，字体の違いに及ぶもの」の例に準じて，備考欄に「＊」を付し，＊の後に，［(付) 第２の１参照］と掲げた。

なお，「＊」の付いた字の多くは，昭和56年の制定当初から常用漢字表に入っていた字体とは，「臭⇔嗅」「歩⇔捗」「狭⇔頰」「道⇔遡」「幣⇔蔽」などのように，同じ構成要素を持ちながら，通用字体の扱いに字体上の差異があるものである。

13 「付表」には，いわゆる当て字や熟字訓など，主として１字１字の音訓としては挙げにくいものを語の形で掲げた。便宜上，その読み方を平仮名で示し，五十音順に並べた。

付　情報機器に搭載されている印刷文字字体の関係で，本表の通用字体とは異なる字体（通用字体の「頰・賭・剝」に対する「頬・賭・剥」など）を使用することは差し支えない。

(付) 字体についての解説

第１　明朝体のデザインについて

常用漢字表では，個々の漢字の字体（文字の骨組み）を，明朝体のうちの一種を例に用いて示した。現在，一般に使用されている明朝体の各種書体には，同じ字でありながら，微細なところで形の相違の見られるものがある。しかし，各種の明朝体を検討してみると，それらの相違はいずれも書体設計上の表現の差，すなわちデザインの違いに属する事柄であって，字体の違いではないと考えられるものである。つまり，それらの相違は，字体の上からは全く問題にする必要のないものである。以下に，分類して，その例を示す。

なお，ここに挙げているデザイン差は，現実に異なる字形がそれぞれ使われていて，かつ，その実態に配慮すると，字形の異なりを字体の違いと考えなくてもよいと判断したものである。すなわち，実態として存在する異字形を，デザインの差と，字体の差に分けて整理することがその趣旨であり，明朝体字形を新たに作り出す場合に適用し得るデザイン差の範囲を示したものではない。また，ここに挙げているデザイン差は，おおむね「筆写の楷書字形において見ることができる字形の異なり」と捉えることも可能である。

1　へんとつくり等の組合せ方について

(1)　大小，高低などに関する例

硬 硬　吸 吸　頃 頃

(2)　はなれているか，接触しているかに関する例

睡 睡　異 異　挨 挨

2　点画の組合せ方について

(1)　長短に関する例

雪 雪 雪　満 満　無 無　斎 斎

(2)　つけるか，はなすかに関する例

発 発　備 備　奔 奔　溺 溺

空 空　湿 湿　吹 吹　冥 冥

(3)　接触の位置に関する例

岸 岸　家 家　脈 脈 脈

蚕 蚕　印 印　蓋 蓋

(4)　交わるか，交わらないかに関する例

聴 聴　非 非　祭 祭

存 存　孝 孝　射 射

(5)　その他

芽 芽 芽　夢 夢 夢

3　点画の性質について

(1)　点か，棒（画）かに関する例

帰 帰　班 班　均 均　麗 麗　蔑 蔑

(2)　傾斜，方向に関する例

考 考 値 値 望 望

(3) 曲げ方，折り方に関する例

勢 勢 競 競 頑 頑 頑 災 災

(4) 「筆押さえ」等の有無に関する例

芝 芝 更 更 伎 伎

八 八 八 公 公 公 雲 雲

(5) とめるか，はらうかに関する例

環 環 泰 泰 談 談

医 医 継 継 園 園

(6) とめるか，ぬくかに関する例

耳 耳 邦 邦 街 街 餌 餌

(7) はねるか，とめるかに関する例

四 四 配 配 換 換 湾 湾

(8) その他

次 次 姿 姿

4　特定の字種に適用されるデザイン差について

「特定の字種に適用されるデザイン差」とは，以下の(1)～(5)それぞれの字種にのみ適用されるデザイン差のことである。したがって，それぞれに具体的な字形として示されているデザイン差を他の字種にまで及ぼすことはできない。

なお，(4)に掲げる「叱」と「𠮟」は本来別字とされるが，その使用実態から見て，異体の関係にある同字と認めることができる。

(1) 牙・牙・牙　(2) 韓・韓・韓

(3) 茨・茨・茨　(4) 叱・𠮟

(5) 栃・栃

第2　明朝体と筆写の楷書との関係について

常用漢字表では，個々の漢字の字体（文字の骨組み）を，明朝体のうちの一種を例に用いて示した。このことは，これによって筆写の楷書における書き方の習慣を改めようとするものではない。字体としては同じであっても，1，2に示すように明朝体の字形と筆写の楷書の字形との間には，いろいろな点で違いがある。それらは，印刷文字と手書き文字におけるそれぞれの習慣の相違に基づく表現の差と見るべきものである。

さらに，印刷文字と手書き文字におけるそれぞれの習慣の相違に基づく表現の差は，3に示すように，字体（文字の骨組み）の違いに及ぶ場合もある。

以下に，分類して，それぞれの例を示す。いずれも「明朝体—手書き（筆写の楷書）」という形で，左側に明朝体，右側にそれを手書きした例を示す。

1　明朝体に特徴的な表現の仕方があるもの

（1）折り方に関する例

衣－衣　去－去　玄－玄

（2）点画の組合せ方に関する例

人－人　家－家　北－北

（3）「筆押さえ」等に関する例

芝－芝　史－史

入－入　八－八

（4）曲直に関する例

子－子　手－手　了－了

（5）その他

辶・辶－辶　⺮－⺮　心－心

2　筆写の楷書では，いろいろな書き方があるもの

（1）長短に関する例

雨－雨雨　戸－戸戸戸

無－無無

（2）方向に関する例

風－風風　比－比比　仰－仰仰

糸－糸糸　ネ－ネネ　衤－衤衤

主－主主　言－言言言　年－年年年

（3）つけるか，はなすかに関する例

又－又又　文－文文　月－月月

条－条条　保－保保

（4）はらうか，とめるかに関する例

奥－奥奥　公－公公

角－角 角　　骨－骨 骨

(5) はねるか，とめるかに関する例

切－切 切 切　　改－改 改 改　　酒－酒 酒

陸－陸 陸 陸　　穴－穴 穴 穴　　木－木 木

来－来 来　　糸－糸 糸　　牛－牛 牛

環－環 環

(6) その他

令－令 令　　外－外 外 外

女－女 女　　叱－叱 叱 叱

3　筆写の楷書字形と印刷文字字形の違いが，字体の違いに及ぶもの

以下に示す例で，括弧内は印刷文字である明朝体の字形に倣って書いたものであるが，筆写の楷書ではどちらの字形で書いても差し支えない。なお，括弧内の字形の方が，筆写字形としても一般的な場合がある。

(1) 方向に関する例

淫－淫（淫）　　恣－恣（恣）

煎－煎（煎）　　嘲－嘲（嘲）

溺－溺（溺）　　蔽－蔽（蔽）

(2) 点画の簡略化に関する例

葛－葛（葛）　　嗅－嗅（嗅）

僅－僅（僅）　　餌－餌（餌）

箋－箋（箋）　　塡－塡（塡）

賭－賭（賭）　　頰－頰（頰）

(3) その他

惧－惧（惧）　　稽－稽（稽）

詮－詮（詮）　　捗－捗（捗）

剝－剝（剝）　　喩－喩（喩）

2 常用漢字表 本表

・「本表」には，大修館書店編集部で以下のように手を加えた。

1 平成22年内閣告示で追加された漢字及び音訓は赤字で示し，変更された音訓には★を付した。

2 「備考」欄は原則として省略した。ただし，以下の２点については掲載した。なお，「備考」欄を省略したため，「表の見方及び使い方」とは内容が一致しない箇所がある。

⑴ 前項の「（付）字体についての解説」「第２ 明朝体と筆写の楷書との関係について」「３ 筆写の楷書字形と印刷文字字形の違いが，字体の違いに及ぶもの」（11ページ）で注意を促している漢字については，漢字の直後に＊を付した。上記に挙げられていない「彙」「箸」「餅」については，それぞれ「剝」「賭」「餌」を参照されたい。

⑵ 当該漢字の常用音訓にはない読み方をする都道府県名は，《 》でくくって掲げた。

3 「学年別漢字配当表」に含まれている漢字は，１～６の算用数字でその配当学年を示した。

4 「音訓の小・中・高等学校段階別割り振り表」による，段階別の割り振りを示した。

⑴ 「音訓の小・中・高等学校段階別割り振り表」は，平成３年３月11日文初小第111号通知によるもので，常用音訓の学校教育における取り扱いの目安を示したものである。

⑵ 平成23年３月30日22文科初第1837号通知によって，補訂された「音訓の小・中・高等学校段階別割り振り表」が示された。この項では，この平成23年に補訂された割り振りを反映させている。

⑶ 下線のない音訓は小学校段階での学習が適当とされるものである。下線を付したものは中学校段階での，二重下線は高等学校段階での学習が適当とされる音訓である。

（大修館書店編集部注）

漢字		音訓	例
亜(亞)		ア	亜流，亜麻，亜熱帯
哀		アイ	哀愁，哀願，悲哀
		あわれ	哀れ，哀れな話，哀れがる
		あわれむ	哀れむ，哀れみ
挨		アイ	挨拶
愛	4	アイ	愛情，愛読，恋愛
			《愛媛(えひめ)県》
曖		アイ	曖昧
悪(惡)	3	アク	悪事，悪意，醜悪
		オ	悪寒，好悪，憎悪
		わるい	悪い，悪さ，悪者
握		アク	握手，握力，掌握
		にぎる	握る，握り，一握り
圧(壓)	5	アツ	圧力，圧迫，気圧
扱		あつかう	扱う，扱い，客扱い
宛		あてる	宛てる，宛先
嵐		あらし	嵐，砂嵐
安	3	アン	安全，安価，不安
		やすい	安い，安らかだ
案	4	アン	案文，案内，新案
暗	3	アン	暗示，暗愚，明暗
		くらい	暗い，暗がり
以	4	イ	以上，以内，以後
衣	4	イ	衣服，衣食住，作業衣
		ころも	衣，羽衣

赤字＝新常用漢字・音訓　算用数字＝教育漢字の配当学年　＊＝字体注意　《 》＝特別な読みの府県名

漢字		音訓	例
位	4	イ	位置，第一位，各位
		くらい	位，位取り，位する
囲（圍）	4	イ	囲碁，包囲，範囲
		かこむ	囲む，囲み
		かこう	囲う，囲い
医（醫）	3	イ	医学，医療，名医
依		イ	依頼，依拠，依然
		エ	帰依
委	3	イ	委任，委員，委細
		ゆだねる	委ねる
威		イ	威力，威圧，示威
為（爲）		イ	為政者，行為，作為
畏		イ	畏敬，畏怖
		おそれる	畏れる，畏れ
胃	4	イ	胃腸，胃酸，胃弱
尉		イ	尉官，一尉，大尉
異	6	イ	異論，異同，奇異
		こと	異にする，異なる
移	5	イ	移転，移民，推移
		うつる	移る，移り変わり
		うつす	移す
萎		イ	萎縮
		なえる	萎える
偉		イ	偉大，偉人，偉観
		えらい	偉い，偉ぶる
椅		イ	椅子
彙*		イ	語彙
意	3	イ	意見，意味，決意
違		イ	違反，違法，相違
		ちがう	違う，違い，間違う
		ちがえる	違える，見違える，間違える
維		イ	維持，維新，繊維
慰		イ	慰安，慰問，慰労
		なぐさめる	慰める，慰め
		なぐさむ	慰む，慰み
遺	6	イ	遺棄，遺産，遺失
		ユイ	遺言
緯		イ	緯度，北緯，経緯
域	6	イキ	域内，地域，区域
育	3	イク	育児，教育，発育
		そだつ	育つ，育ち
		そだてる	育てる，育て親
		はぐくむ	育む
一	1	イチ	一度，一座，第一
		イツ	一般，同一，統一
		ひと	一息，一筋，一月目
		ひとつ	一つ
壱（壹）		イチ	壱万円
逸（逸）		イツ	逸話，逸品，逸する
茨		いばら	
芋		いも	芋，里芋，焼き芋
引	2	イン	引力，引退，索引
		ひく	引く，字引
		ひける	引ける
印	4	イン	印刷，印象，調印
		しるし	印，目印，矢印
因	5	イン	因果，原因，要因
		よる	因る，……に因る
咽		イン	咽喉
姻		イン	姻族，婚姻
員	3	イン	満員，定員，社員
院	3	イン	院内，議院，病院
淫*		イン	淫行，淫乱
		みだら	淫らだ
陰		イン	陰気，陰性，光陰
		かげ	陰，日陰
		かげる	陰る，陰り
飲	3	イン	飲料，飲食，痛飲
		のむ	飲む，飲み水
隠（隱）		イン	隠居，隠忍，隠語
		かくす	隠す
		かくれる	隠れる，雲隠れ
韻		イン	韻律，韻文，音韻

音訓下線なし＝小学校で学習　音訓下線あり＝中学校で学習　音訓二重下線あり＝高校で学習

漢字		音訓	例
右	1	ウ	右岸，右折，右派
		ユウ	左右，座右
		みぎ	右，右手
宇	6	ウ	宇宙，気宇，堂宇
羽	2	ウ	羽毛，羽化，羽翼
		は	白羽の矢，一羽(わ)，三羽(ば)，六羽(ぱ)
		はね	羽，羽飾り
雨	1	ウ	雨量，降雨，梅雨
		あめ	雨，大雨
		あま	雨雲，雨戸，雨具
唄		うた	小唄，長唄
鬱		ウツ	憂鬱
畝		うね	畝，畝間，畝織
浦		うら	浦，津々浦々
運	3	ウン	運動，運命，海運
		はこぶ	運ぶ
雲	2	ウン	雲海，風雲，積乱雲
		くも	雲，雲隠れ
永	5	エイ	永続，永久，永遠
		ながい	永い，日永
泳	3	エイ	泳法，水泳，背泳
		およぐ	泳ぐ，泳ぎ
英	4	エイ	英雄，英断，俊英
映	6	エイ	映画，上映，反映
		うつる	映る，映り
		うつす	映す
		はえる	映える，夕映え
栄(榮)	4	エイ	栄枯，栄養，繁栄
		さかえる	栄える，栄え
		はえ	栄えある，見栄え，出来栄え
		はえる	栄える
営(營)	5	エイ	営業，経営，陣営
		いとなむ	営む，営み
詠		エイ	詠嘆，詠草，朗詠
		よむ	詠む
影		エイ	影響，陰影，撮影
		かげ	影，影絵，人影
鋭		エイ	鋭利，鋭敏，精鋭
		するどい	鋭い，鋭さ
衛(衞)	5	エイ	衛生，護衛，守衛
易	5	エキ	易者，貿易，不易
		イ	容易，安易，難易
		やさしい	易しい，易しさ
疫		エキ	疫病，悪疫，防疫
		ヤク	疫病神
益	5	エキ	有益，利益，益する
		ヤク	御利益
液	5	エキ	液体，液状，血液
駅(驛)	3	エキ	駅長，駅伝，貨物駅
悦		エツ	悦楽，喜悦
越		エツ	越境，超越，優越
		こす	越す，年越し
		こえる	越える，山越え
謁(謁)		エツ	謁見，拝謁，謁する
閲		エツ	閲覧，閲歴，校閲
円(圓)	1	エン	円卓，円熟，一円
		まるい	円い，円さ，円み
延	6	エン	延長，延期，遅延
		のびる	延びる
		のべる	延べる，延べ
		のばす	延ばす
沿	6	エン	沿海，沿線，沿革
		そう	沿う，川沿い
炎		エン	炎上，炎天，火炎
		ほのお	炎
怨		エン	怨恨
		オン	怨念
宴		エン	宴会，宴席，酒宴
媛		エン	才媛
			《愛媛(えひめ)県》
援		エン	援助，応援，声援
園	2	エン	園芸，公園，楽園
		その	学びの園，花園

赤字＝新常用漢字・音訓　算用数字＝教育漢字の配当学年　＊＝字体注意　《　》＝特別な読みの府県名

漢字		音訓	例
煙		エン	煙突，煙霧，喫煙
		けむる	煙る
		けむり	煙
		けむい	煙い，煙たい，煙たがる
猿		エン	野猿，類人猿，犬猿の仲
		さる	猿
遠	2	エン	遠近，永遠，敬遠
		オン	久遠
		とおい	遠い，遠出，遠ざかる
鉛		エン	鉛筆，亜鉛，黒鉛
		なまり	鉛，鉛色
塩（鹽）	4	エン	塩分，塩酸，食塩
		しお	塩，塩辛い
演	5	エン	演技，演奏，講演
縁（緣）		エン	縁故，縁日，血縁
		ふち	縁，縁取り，額縁
艶（艷）		エン	妖艶
		つや	艶，色艶
汚		オ	汚点，汚物，汚名
		けがす	汚す
		けがれる	汚れる，汚れ
		けがらわしい	汚らわしい
		よごす	汚す，口汚し
		よごれる	汚れる，汚れ，汚れ物
		きたない	汚い，汚らしい
王	1	オウ	王子，帝王
凹		オウ	凹凸，凹面鏡，凹レンズ
央	3	オウ	中央
応（應）	5	オウ	応答，応用，呼応
		こたえる	応える
往	5	オウ	往復，往来，既往症
押		オウ	押収，押印，押韻
		おす	押す，押し
		おさえる	押さえる，押さえ
旺		オウ	旺盛
欧（歐）		オウ	欧文，西欧，渡欧
殴（毆）		オウ	殴打
		なぐる	殴る
桜（櫻）	5	オウ	桜花，観桜
		さくら	桜，桜色，葉桜
翁		オウ	老翁
奥（奧）		オウ	奥義，深奥
		おく	奥，奥底，奥さん
横（橫）	3	オウ	横断，横領，専横
		よこ	横，横顔，横たわる
岡		おか	
屋	3	オク	屋上，屋外，家屋
		や	屋根，花屋，楽屋
億	4	オク	億万，一億
憶		オク	記憶，追憶
臆		オク	臆説，臆測，臆病
虞		おそれ	虞
乙		オツ	乙種，甲乙
俺		おれ	俺
卸		おろす	卸す
		おろし	卸，卸商
音	1	オン	音楽，発音，騒音
		イン	福音，母音
		おと	音，物音
		ね	音，音色
恩	5	オン	恩情，恩人，謝恩
温（溫）	3	オン	温暖，温厚，気温
		あたたか	温かだ
		あたたかい	温かい
		あたたまる	温まる
		あたためる	温める
穏（穩）		オン	穏和，穏当，平穏
		おだやか	穏やかだ
下	1	カ	下流，下降，落下
		ゲ	下水，下車，上下
		した	下，下見
		しも	下，川下
		もと	下，足下

音訓下線なし＝小学校で学習　音訓下線あり＝中学校で学習　音訓二重下線あり＝高校で学習

漢字		音訓	例
		さげる	下げる
		さがる	下がる
		くだる	下る，下り
		くだす	下す
		くださる	下さる
		おろす	下ろす，書き下ろす
		おりる	下りる
化	3	カ	化石，化学，文化
		ケ	化粧，化身，権化
		ばける	化ける，お化け
		ばかす	化かす
火	1	カ	火災，灯火，発火
		ひ	火，火花，炭火
		ほ	火影
加	4	カ	加入，加減，追加
		くわえる	加える
		くわわる	加わる
可	5	カ	可否，可能，許可
仮(假)	5	カ	仮面，仮定，仮装
		ケ	仮病
		かり	仮の住まい，仮に，仮処分
何	2	カ	幾何学
		なに	何，何者，何事
		なん	何本，何十，何点
花	1	カ	花弁，花壇，落花
		はな	花，花火，草花
佳		カ	佳作，佳人，絶佳
価(價)	5	カ	価値，価格，評価
		あたい	価
果	4	カ	果実，果断，結果
		はたす	果たす，果たして〔副〕
		はてる	果てる
		はて	果て
河	5	カ	河川，河口，運河
		かわ	河
苛		カ	苛酷，苛烈
科	2	カ	科学，教科，罪科
架		カ	架橋，架空，書架
		かける	架ける
		かかる	架かる
夏	2	カ	夏季，初夏，盛夏
		ゲ	夏至
		なつ	夏，夏服，真夏
家	2	カ	家屋，家庭，作家
		ケ	家来，本家，分家
		いえ	家，家柄，家元
		や	家主，借家
荷	3	カ	出荷，入荷
		に	荷，荷物，初荷
華		カ	華美，繁華，栄華
		ケ	香華，散華
		はな	華やかだ，華やぐ，華々しい
菓		カ	菓子，製菓，茶菓
貨	4	カ	貨物，貨幣，通貨
渦		カ	渦中
		うず	渦，渦潮，渦巻く
過	5	カ	過度，過失，通過
		すぎる	過ぎる，昼過ぎ
		すごす	過ごす
		あやまつ	過つ
		あやまち	過ち
嫁		カ	再嫁，転嫁，嫁する
		よめ	嫁，花嫁
		とつぐ	嫁ぐ，嫁ぎ先
暇		カ	余暇，休暇，寸暇
		ひま	暇，暇な時
禍(禍)		カ	禍福，禍根，災禍
靴		カ	製靴
		くつ	靴，靴下，革靴
寡		カ	寡黙，寡婦，多寡
歌	2	カ	歌曲，唱歌，短歌
		うた	歌
		うたう	歌う

赤字＝新常用漢字・音訓　算用数字＝教育漢字の配当学年　＊＝字体注意　《　》＝特別な読みの府県名

漢字		音訓	例
箇		カ	箇条，箇所
稼		カ	稼業，稼働
		かせぐ	稼ぐ，稼ぎ
課	4	カ	課，日課，課する
蚊		か	蚊，蚊柱，やぶ蚊
牙		ガ	牙城，歯牙
		ゲ	象牙
		きば	牙
瓦		ガ	瓦解
		かわら	瓦，瓦屋根
我	6	ガ	我流，彼我，自我
		われ	我，我々，我ら
		わ	我が国
画（畫）	2	ガ	画家，図画，映画
		カク	画期的，計画，区画
芽	4	ガ	発芽，麦芽，肉芽
		め	芽，芽生える，新芽
賀	5	ガ	賀状，祝賀，賀する
雅		ガ	雅趣，優雅，風雅
餓		ガ	餓死，餓鬼，飢餓
介		カイ	介入，紹介，介する
回	2	カイ	回答，転回，次回
		エ	回向
		まわる	回る，回り，回り道
		まわす	回す，手回し
灰	6	カイ	灰白色，石灰
		はい	灰，灰色，火山灰
会（會）	2	カイ	会話，会計，社会
		エ	会釈，会得，法会
		あう	会う
快	5	カイ	快活，快晴，明快
		こころよい	快い
戒		カイ	戒心，戒律，警戒
		いましめる	戒める，戒め
改	4	カイ	改造，改革，更改
		あらためる	改める，改めて〔副〕
		あらたまる	改まる
怪		カイ	怪談，怪物，奇怪
		あやしい	怪しい，怪しげだ
		あやしむ	怪しむ
拐		カイ	拐帯，誘拐
悔（悔）		カイ	悔恨，後悔
		くいる	悔いる，悔い
		くやむ	悔やむ，お悔やみ
		くやしい	悔しい，悔しがる
海（海）	2	カイ	海岸，海水浴，航海
		うみ	海，海鳴り
界	3	カイ	境界，限界，世界
皆		カイ	皆無，皆勤，皆出席
		みな	皆，皆さん
械	4	カイ	機械
絵（繪）	2	カイ	絵画
		エ	絵本，絵図，口絵
開	3	カイ	開始，開拓，展開
		ひらく	開く，川開き
		ひらける	開ける
		あく	開く
		あける	開ける，開けたて
階	3	カイ	階段，階級，地階
塊		カイ	塊状，山塊
		かたまり	塊
楷		カイ	楷書
解	5	カイ	解決，解禁，理解
		ゲ	解脱，解熱剤，解毒剤
		とく	解く
		とかす	解かす
		とける	解ける
潰		カイ	潰瘍
		つぶす	潰す
		つぶれる	潰れる
壊（壞）		カイ	壊滅，破壊，決壊
		こわす	壊す
		こわれる	壊れる

音訓下線なし＝小学校で学習　音訓下線あり＝中学校で学習　音訓二重下線あり＝高校で学習

漢字		音訓	例
懐(懷)		カイ	懐中，懐古，述懐
		ふところ	懐，懐手，内懐
		なつかしい	懐かしい
		なつかしむ	懐かしむ
		なつく	懐く
		なつける	懐ける
諧		カイ	俳諧
貝	1	かい	貝，貝細工，ほら貝
外	2	ガイ	外出，海外，除外
		ゲ	外科，外題，外道
		そと	外，外囲い
		ほか	外，その外
		はずす	外す，踏み外す
		はずれる	外れる，町外れ
劾		ガイ	弾劾
害	4	ガイ	害悪，被害，損害
崖		ガイ	断崖
		がけ	崖下
涯		ガイ	生涯
街	4	ガイ	街頭，市街，商店街
		カイ	街道
		まち	街，街角
慨(慨)		ガイ	慨嘆，憤慨，感慨
蓋		ガイ	頭蓋骨
		ふた	蓋，火蓋
該		ガイ	該当，該博，当該
概(槪)		ガイ	概念，大概，概して
骸		ガイ	形骸化，死骸
垣		かき	垣，垣根
柿		かき	柿
各	4	カク	各自，各種，各位
		おのおの	各
角	2	カク	角度，三角，頭角
		かど	角，街角，四つ角
		つの	角，角笛
拡(擴)	6	カク	拡大，拡張，拡声器
革	6	カク	革新，改革，皮革
		かわ	革，革靴
格	5	カク	格式，規格，性格
		コウ	格子
核		カク	核心，核反応，結核
殻(殼)		カク	甲殻，地殻
		から	殻，貝殻
郭		カク	城郭，外郭，輪郭
覚(覺)	4	カク	覚悟，知覚，発覚
		おぼえる	覚える，覚え
		さます	覚ます，目覚まし
		さめる	覚める，目覚め
較		カク	比較
隔		カク	隔離，隔月，間隔
		へだてる	隔てる，隔て
		へだたる	隔たる，隔たり
閣	6	カク	閣議，閣僚，内閣
確	5	カク	確定，確認，正確
		たしか	確かだ，確かさ
		たしかめる	確かめる
獲		カク	獲得，捕獲，漁獲高
		える	獲る，獲物
嚇		カク	威嚇
穫		カク	収穫
学(學)	1	ガク	学習，科学，大学
		まなぶ	学ぶ
岳(嶽)		ガク	岳父，山岳
		たけ	○○岳
楽(樂)	2	ガク	楽隊，楽器，音楽
		ラク	楽園，快楽，娯楽
		たのしい	楽しい，楽しさ，楽しげだ
		たのしむ	楽しむ
額	5	ガク	額縁，金額，前額部
		ひたい	額
顎		ガク	顎関節
		あご	顎
掛		かける	掛ける

漢字		音訓	例
		かかる	掛かる
		かかり	掛
潟		かた	干潟，○○潟
括		カツ	括弧，一括，包括
活	2	カツ	活動，活力，生活
喝（喝）		カツ	喝破，一喝，恐喝
渇（渴）		カツ	渇望，渇水
		かわく	渇く，渇き
割	6	カツ	割愛，割拠，分割
		わる	割る
		わり	割がいい，割合，割に，五割
		われる	割れる，ひび割れ
		さく	割く
葛*		カツ	葛藤
		くず	葛，葛湯
滑		カツ	滑走，滑降，円滑
		コツ	滑稽
		すべる	滑る，滑り
		なめらか	滑らかだ
褐（褐）		カツ	褐色，茶褐色
轄		カツ	管轄，所轄，直轄
且		かつ	且つ
株	6	かぶ	株，株式
釜		かま	釜
鎌		かま	鎌，鎌倉時代
刈		かる	刈る，刈り入れ
干	6	カン	干渉，干潮，若干
		ほす	干す，干し物
		ひる	干上がる，干物，潮干狩り
刊	5	カン	刊行，発刊，週刊
甘		カン	甘言，甘受，甘味料
		あまい	甘い，甘み
		あまえる	甘える
		あまやかす	甘やかす
汗		カン	汗顔，発汗
		あせ	汗，汗ばむ
缶（罐）		カン	缶，缶詰，製缶
完	4	カン	完全，完成，未完
肝		カン	肝臓，肝胆，肝要
		きも	肝，肝っ玉
官	4	カン	官庁，官能，教官
冠		カン	冠詞，王冠，栄冠
		かんむり	冠
巻（卷）	6	カン	巻頭，圧巻，一巻
		まく	巻く，巻き貝
		まき	巻の一
看	6	カン	看護，看破，看板
陥（陷）		カン	陥落，陥没，欠陥
		おちいる	陥る
		おとしいれる	陥れる
乾		カン	乾燥，乾杯，乾電池
		かわく	乾く
		かわかす	乾かす
勘		カン	勘弁，勘当
患		カン	患者，疾患
		わずらう	患う，長患い
貫		カン	貫通，縦貫，尺貫法
		つらぬく	貫く
寒	3	カン	寒暑，寒村，厳寒
		さむい	寒い，寒がる，寒空
喚		カン	喚問，召喚，叫喚
堪		カン	堪忍，堪能
		たえる	堪える
換		カン	換気，換算，交換
		かえる	換える
		かわる	換わる
敢		カン	敢然，果敢，勇敢
棺		カン	棺おけ，石棺，出棺
款		カン	定款，借款，落款
間	2	カン	間隔，中間，時間
		ケン	世間，人間
		あいだ	間，間柄
		ま	間，間違う，客間

音訓下線なし＝小学校で学習　音訓下線あり＝中学校で学習　音訓二重下線あり＝高校で学習

漢字		音訓	例
閑		カン	閑静，閑却，繁閑
勧（勸）		カン	勧誘，勧奨，勧告
		すすめる	勧める，勧め
寛（寬）		カン	寛大，寛容，寛厳
幹	5	カン	幹線，幹事，根幹
		みき	幹
感	3	カン	感心，感覚，直感
漢（漢）	3	カン	漢字，漢語，門外漢
慣	5	カン	慣例，慣性，習慣
		なれる	慣れる，慣れ
		ならす	慣らす
管	4	カン	管理，管制，鉄管
		くだ	管
関（關）	4	カン	関節，関係，関する
		せき	関，関取，関の山
		かかわる	関わる，関わり
歓（歡）		カン	歓迎，歓声，交歓
監		カン	監視，監督，総監
緩		カン	緩和，緩慢，緩急
		ゆるい	緩い
		ゆるやか	緩やかだ
		ゆるむ	緩む，緩み
		ゆるめる	緩める
憾		カン	遺憾
還		カン	還元，生還，返還
館	3	カン	館内，旅館，図書館
		やかた	館
環		カン	環状，環境，循環
簡	6	カン	簡単，簡易，書簡
観（觀）	4	カン	観察，客観，壮観
韓		カン	韓国
艦		カン	艦船，艦隊，軍艦
鑑		カン	鑑賞，鑑定，年鑑
		かんがみる	鑑みる
丸	2	ガン	丸薬，弾丸，砲丸
		まる	丸，丸太，丸洗い
		まるい	丸い，丸み，丸さ
		まるめる	丸める
含		ガン	含有，含蓄，包含
		ふくむ	含む，含み
		ふくめる	含める
岸	3	ガン	岸壁，対岸，彼岸
		きし	岸，向こう岸
岩	2	ガン	岩石，岩塩，火成岩
		いわ	岩，岩場
玩		ガン	玩具，愛玩
眼	5	ガン	眼球，眼力，主眼
		ゲン	開眼
		まなこ	眼，どんぐり眼，血眼
頑		ガン	頑強，頑健，頑固
顔	2	ガン	顔面，童顔，厚顔
		かお	顔，横顔，したり顔
願	4	ガン	願望，祈願，志願
		ねがう	願う，願い，願わしい
企		キ	企画，企図，企業
		くわだてる	企てる，企て
伎		キ	歌舞伎
危	6	キ	危険，危害，安危
		あぶない	危ない，危ながる
		あやうい	危うい，危うく
		あやぶむ	危ぶむ
机	6	キ	机上，机辺
		つくえ	机
気（氣）	1	キ	気体，気候，元気
		ケ	気配，気色ばむ，火の気
岐		キ	岐路，分岐，多岐
			《岐阜（ぎふ）県》
希	4	キ	希望，希少，希薄
忌		キ	忌避，忌中，禁忌
		いむ	忌む
		いまわしい	忌まわしい
汽	2	キ	汽車，汽船，汽笛
奇		キ	奇襲，奇数，珍奇

赤字＝新常用漢字・音訓　算用数字＝教育漢字の配当学年　＊＝字体注意　《　》＝特別な読みの府県名

漢字		音訓	例
祈(祈)		キ	祈願，祈念
		いのる	祈る，祈り
季	4	キ	季節，四季，雨季
紀	4	キ	紀行，紀元，風紀
軌		キ	軌道，広軌，常軌
既(既)		キ	既成，既婚，既往症
		すでに	既に
記	2	キ	記入，記号，伝記
		しるす	記す
起	3	キ	起立，起源，奮起
		おきる	起きる，早起き
		おこる	起こる
		おこす	起こす
飢		キ	飢餓
		うえる	飢える，飢え
鬼		キ	鬼神，鬼才，餓鬼
		おに	鬼，鬼ごっこ，赤鬼
帰(歸)	2	キ	帰還，帰納，復帰
		かえる	帰る，帰り
		かえす	帰す
基	5	キ	基礎，基準，基地
		もと	基，基づく
		もとい	基
寄	5	キ	寄宿，寄贈，寄港
		よる	寄る，近寄る，身寄り
		よせる	寄せる，人寄せ
規	5	キ	規則，規律，定規
亀(龜)		キ	亀裂
		かめ	亀
喜	4	キ	喜劇，悲喜，歓喜
		よろこぶ	喜ぶ，喜び，喜ばしい
幾		キ	幾何学
		いく	幾つ，幾ら，幾日
揮	6	キ	揮発油，指揮，発揮
期	3	キ	期間，期待，予期
		ゴ	最期，この期に及んで
棋		キ	棋士，棋譜，将棋
貴	6	キ	貴重，貴下，騰貴
		たっとい	貴い
		とうとい	貴い
		たっとぶ	貴ぶ
		とうとぶ	貴ぶ
棄		キ	棄権，放棄，遺棄
毀		キ	毀損，毀誉
旗	4	キ	旗手，旗艦，国旗
		はた	旗，旗色，手旗
器(器)	4	キ	器量，器用，陶器
		うつわ	器
畿		キ	畿内，近畿
輝		キ	輝石，光輝
		かがやく	輝く，輝き，輝かしい
機	4	キ	機械，機会，危機
		はた	機，機織り
騎		キ	騎士，騎馬，一騎当千
技	5	ギ	技術，技師，特技
		わざ	技
宜		ギ	適宜，便宜
偽(僞)		ギ	偽名，真偽，虚偽
		いつわる	偽る，偽り
		にせ	偽，偽物，偽札
欺		ギ	詐欺
		あざむく	欺く
義	5	ギ	義理，意義，正義
疑	6	ギ	疑念，疑問，容疑
		うたがう	疑う，疑い，疑わしい
儀		ギ	儀式，威儀，地球儀
戯(戲)		ギ	戯曲，遊戯，児戯
		たわむれる	戯れる，戯れ
擬		ギ	擬音，擬人法，模擬
犠(犧)		ギ	犠牲，犠打
議	4	ギ	議論，会議，異議
菊		キク	菊，菊花，白菊
吉		キチ	吉日，吉例，大吉

音訓下線なし＝小学校で学習　音訓下線あり＝中学校で学習　音訓二重下線あり＝高校で学習

漢字		音訓	例
		キツ	吉報，不吉
喫		キツ	喫煙，満喫，喫する
詰		キツ	詰問，難詰，面詰
		つめる	詰める，詰め物
		つまる	詰まる，行き詰まる
		つむ	詰む，詰み
却		キャク	却下，退却，売却
客	3	キャク	客間，客車，乗客
		カク	客死，主客，旅客
脚		キャク	脚部，脚本，三脚
		キャ	脚立，行脚
		あし	脚，机の脚
逆	5	ギャク	逆上，逆転，順逆
		さか	逆立つ，逆さ，逆さま
		さからう	逆らう
虐		ギャク	虐待，虐殺，残虐
		しいたげる	虐げる
九	1	キュウ	九百，三拝九拝
		ク	九分九厘，九月
		ここの	九日，九重
		ここのつ	九つ
久	5	キュウ	永久，持久，耐久
		ク	久遠
		ひさしい	久しい，久々
及		キュウ	及第，追及，普及
		およぶ	及ぶ，及び腰
		および	及び〔接〕
		およぼす	及ぼす
弓	2	キュウ	弓道，弓状，洋弓
		ゆみ	弓，弓矢
丘		キュウ	丘陵，砂丘
		おか	丘
旧（舊）	5	キュウ	旧道，新旧，復旧
休	1	キュウ	休止，休憩，定休
		やすむ	休む，休み
		やすまる	休まる
		やすめる	休める，気休め
吸	6	キュウ	吸収，吸入，呼吸
		すう	吸う
朽		キュウ	不朽，老朽，腐朽
		くちる	朽ちる
臼		キュウ	臼歯，脱臼
		うす	石臼
求	4	キュウ	求職，要求，追求
		もとめる	求める，求め
究	3	キュウ	究明，研究，学究
		きわめる	究める
泣	4	キュウ	号泣，感泣
		なく	泣く，泣き沈む
急	3	キュウ	急速，急務，緊急
		いそぐ	急ぐ，急ぎ
級	3	キュウ	等級，上級，階級
糾		キュウ	糾弾，紛糾
宮	3	キュウ	宮殿，宮廷，離宮
		グウ	宮司，神宮，東宮
		ク	
		みや	宮，宮様
救	4	キュウ	救助，救援，救急
		すくう	救う，救い
球	3	キュウ	球形，球技，地球
		たま	球
給	4	キュウ	給水，配給，月給
嗅*		キュウ	嗅覚
		かぐ	嗅ぐ
窮		キュウ	窮極，窮屈，困窮
		きわめる	窮める
		きわまる	窮まる
牛	2	ギュウ	牛馬，牛乳，闘牛
		うし	牛
去	3	キョ	去年，去就，除去
		コ	過去
		さる	去る，去る○日
巨		キョ	巨大，巨匠，巨万

漢字		音訓	例
居	5	キョ	居住，居室，住居
		いる	居る，芝居
拒		キョ	拒絶，拒否
		こばむ	拒む
拠(據)		キョ	拠点，占拠，根拠
		コ	証拠
挙(擧)	4	キョ	挙手，挙国，壮挙
		あげる	挙げる，挙げて〔副〕
		あがる	挙がる
虚(虛)		キョ	虚無，虚偽，空虚
		コ	虚空，虚無僧
許	5	キョ	許可，許諾，特許
		ゆるす	許す，許し
距		キョ	距離
魚	2	ギョ	魚類，金魚，鮮魚
		うお	魚，魚市場
		さかな	魚，魚屋，煮魚
御		ギョ	御者，制御
		ゴ	御飯，御用，御殿
		おん	御中，御礼
漁	4	ギョ	漁業，漁船，漁村
		リョウ	漁師，大漁，不漁
凶		キョウ	凶悪，凶作，吉凶
共	4	キョウ	共同，共通，公共
		とも	共に，共々，共食い
叫		キョウ	叫喚，絶叫
		さけぶ	叫ぶ，叫び
狂		キョウ	狂気，狂言，熱狂
		くるう	狂う
		くるおしい	狂おしい
京	2	キョウ	京風，上京，帰京
		ケイ	
享		キョウ	享有，享受，享楽
供	6	キョウ	供給，提供，自供
		ク	供物，供養
		そなえる	供える，お供え
		とも	供，子供
協	4	キョウ	協力，協会，妥協
況		キョウ	状況，実況，概況
峡(峽)		キョウ	峡谷，地峡，海峡
挟(挾)		キョウ	挟撃
		はさむ	挟む
		はさまる	挟まる
狭(狹)		キョウ	狭量，広狭，偏狭
		せまい	狭い，狭苦しい
		せばめる	狭める
		せばまる	狭まる
恐		キョウ	恐怖，恐縮，恐慌
		おそれる	恐れる，恐れ，恐らく
		おそろしい	恐ろしい
恭		キョウ	恭賀，恭順
		うやうやしい	恭しい
胸	6	キョウ	胸囲，胸中，度胸
		むね	胸
		むな	胸板，胸毛，胸騒ぎ
脅		キョウ	脅迫，脅威
		おびやかす	脅かす
		おどす	脅す，脅し，脅し文句
		おどかす	脅かす
強	2	キョウ	強弱，強要，勉強
		ゴウ	強引，強情，強盗
		つよい	強い，強がる
		つよまる	強まる
		つよめる	強める
		しいる	強いる，無理強い
教	2	キョウ	教育，教訓，宗教
		おしえる	教える，教え
		おそわる	教わる
郷(鄕)	6	キョウ	郷里，郷土，異郷
		ゴウ	郷士，近郷，在郷
境	5	キョウ	境界，境地，逆境
		ケイ	境内
		さかい	境，境目

音訓下線なし＝小学校で学習　音訓下線あり＝中学校で学習　音訓二重下線あり＝高校で学習

漢字		音訓	例
橋	3	キョウ	橋脚，鉄橋，歩道橋
		はし	橋，丸木橋
矯		キョウ	矯正，奇矯
		ためる	矯める，矯め直す
鏡	4	キョウ	鏡台，望遠鏡，反射鏡
		かがみ	鏡
競	4	キョウ	競争，競技，競泳
		ケイ	競馬，競輪
		きそう	競う
		せる	競る，競り合う
響(響)		キョウ	音響，影響，交響楽
		ひびく	響く，響き
驚		キョウ	驚異，驚嘆
		おどろく	驚く，驚き
		おどろかす	驚かす
仰		ギョウ	仰視，仰天，仰角
		コウ	信仰
		あおぐ	仰ぐ
		おおせ	仰せ
暁(曉)		ギョウ	暁天，今暁，通暁
		あかつき	暁
業	3	ギョウ	業績，職業，卒業
		ゴウ	業病，罪業，自業自得
		わざ	業，仕業，早業
凝		ギョウ	凝固，凝結，凝視
		こる	凝る，凝り性
		こらす	凝らす
曲	3	キョク	曲線，曲面，名曲
		まがる	曲がる
		まげる	曲げる
局	3	キョク	局部，時局，結局
極	4	キョク	極限，終極，積極的
		ゴク	極上，極秘，至極
		きわめる	極める，極め付き，極めて〔副〕
		きわまる	極まる，極まり
		きわみ	極み
玉	1	ギョク	玉座，玉石，宝玉
		たま	玉，目玉
巾		キン	頭巾，雑巾
斤		キン	斤量
均	5	キン	均等，均一，平均
近	2	キン	近所，近代，接近
		ちかい	近い，近づく，近道
金	1	キン	金属，金銭，純金
		コン	金色，金剛力，黄金
		かね	金，金持ち，針金
		かな	金物，金具，金縛り
菌		キン	細菌，殺菌，保菌者
勤(勤)	6	キン	勤務，勤勉，出勤
		ゴン	勤行
		つとめる	勤める，勤め
		つとまる	勤まる
琴		キン	琴線，木琴，手風琴
		こと	琴
筋	6	キン	筋肉，筋骨，鉄筋
		すじ	筋，筋書，大筋
僅*		キン	僅差
		わずか	僅かだ
禁	5	キン	禁止，禁煙，厳禁
緊		キン	緊張，緊密，緊急
錦		キン	錦秋
		にしき	錦絵
謹(謹)		キン	謹慎，謹賀，謹呈
		つつしむ	謹む，謹んで〔副〕
襟		キン	襟度，開襟，胸襟
		えり	襟，襟首
吟		ギン	吟味，詩吟，苦吟
銀	3	ギン	銀貨，銀行，水銀
区(區)	3	ク	区別，区々，地区
句	5	ク	句集，字句，節句
苦	3	ク	苦心，苦労，辛苦
		くるしい	苦しい，苦しがる，見苦しい
		くるしむ	苦しむ，苦しみ

漢字		音訓	例
		くるしめる	苦しめる
		にがい	苦い，苦虫，苦々しい
		にがる	苦り切る
駆(驅)		ク	駆使，駆逐，先駆
		かける	駆ける，抜け駆け
		かる	駆る，駆り立てる
具	3	グ	具体的，具備，道具
惧*		グ	危惧
愚		グ	愚問，愚鈍，暗愚
		おろか	愚かだ，愚かしい
空	1	クウ	空想，空港，上空
		そら	空，空色，青空
		あく	空く，空き巣
		あける	空ける
		から	空，空手，空手形
偶		グウ	偶然，偶数，配偶者
遇		グウ	境遇，待遇，遇する
隅		グウ	一隅
		すみ	隅，片隅
串		くし	串刺し，串焼き
屈		クツ	屈辱，屈伸，不屈，理屈
掘		クツ	掘削，発掘，採掘
		ほる	掘る
窟		クツ	巣窟，洞窟
熊		くま	熊
繰		くる	繰る，繰り返す
君	3	クン	君主，君臨，諸君
		きみ	君，母君
訓	4	クン	訓練，教訓，音訓
勲(勳)		クン	勲功，勲章，殊勲
薫(薰)		クン	薫風，薫陶
		かおる	薫る，薫り
軍	4	グン	軍隊，軍備，空軍
郡	4	グン	郡部，○○郡
群	5	グン	群居，大群，抜群
		むれる	群れる
		むれ	群れ
		むら	群すずめ，群千鳥，群がる
兄	2	ケイ	兄事，父兄，義兄
		キョウ	兄弟
		あに	兄
刑		ケイ	刑罰，刑法，処刑
形	2	ケイ	形態，形成，図形
		ギョウ	形相，人形
		かた	形，形見，手形
		かたち	形
系	6	ケイ	系統，系列，体系
径(徑)	4	ケイ	直径，直情径行
茎(莖)		ケイ	球茎，地下茎
		くき	茎，歯茎
係	3	ケイ	係累，係争，関係
		かかる	係る
		かかり	係，係員，庶務係
型	4	ケイ	原型，模型，典型
		かた	型，型紙，血液型
契		ケイ	契約，契機，黙契
		ちぎる	契る，契り
計	2	ケイ	計算，計画，寒暖計
		はかる	計る
		はからう	計らう，計らい
恵(惠)		ケイ	恵贈，恵与，恩恵
		エ	恵方参り，知恵
		めぐむ	恵む，恵み
啓		ケイ	啓発，啓示，拝啓
掲(揭)		ケイ	掲示，掲載，前掲
		かかげる	掲げる
渓(溪)		ケイ	渓谷，渓流，雪渓
経(經)	5	ケイ	経費，経済，経験
		キョウ	経文，お経，写経
		へる	経る
蛍(螢)		ケイ	蛍光灯，蛍光塗料
		ほたる	蛍
敬	6	ケイ	敬意，敬服，尊敬

音訓下線なし＝小学校で学習　音訓下線あり＝中学校で学習　音訓二重下線あり＝高校で学習

漢字		音訓	例
		うやまう	敬う
景	4	ケイ	景気，風景，光景
軽（輕）	3	ケイ	軽快，軽薄，軽率
		かるい	軽い，軽々と，手軽だ
		かろやか	軽やかだ
傾		ケイ	傾斜，傾倒，傾向
		かたむく	傾く，傾き
		かたむける	傾ける
携		ケイ	携帯，必携，提携
		たずさえる	携える
		たずさわる	携わる
継（繼）		ケイ	継続，継承，中継
		つぐ	継ぐ，継ぎ
詣		ケイ	参詣
		もうでる	詣でる，初詣
慶		ケイ	慶弔，慶祝，慶賀
憬		ケイ	憧憬
稽＊		ケイ	稽古，滑稽
憩		ケイ	休憩
		いこい	憩い
		いこう	憩う
警	6	ケイ	警告，警戒，警察
鶏（鷄）	3	ケイ	鶏卵，鶏舎，養鶏
		にわとり	鶏
芸（藝）	4	ゲイ	芸術，芸能，文芸
迎		ゲイ	迎合，歓迎，送迎
		むかえる	迎える，出迎え
鯨		ゲイ	鯨油，捕鯨
		くじら	鯨
隙		ゲキ	間隙
		すき	隙間
劇	6	ゲキ	劇薬，劇場，演劇
撃（擊）		ゲキ	撃退，攻撃，打撃
		うつ	撃つ，早撃ち
激	6	ゲキ	激動，感激，激する
		はげしい	激しい，激しさ
桁		けた	桁違い，橋桁
欠（缺）	4	ケツ	欠乏，欠席，補欠
		かける	欠ける
		かく	欠く
穴	6	ケツ	穴居，墓穴
		あな	穴
血	3	ケツ	血液，血統，鮮血
		ち	血，鼻血
決	3	ケツ	決裂，決意，解決
		きめる	決める，取り決め
		きまる	決まる，決まり
結	4	ケツ	結論，結婚，連結
		むすぶ	結ぶ，結び
		ゆう	結う，元結
		ゆわえる	結わえる
傑		ケツ	傑物，傑作，豪傑
潔	5	ケツ	潔白，清潔，純潔
		いさぎよい	潔い
月	1	ゲツ	月曜，明月，歳月
		ガツ	正月，九月
		つき	月，月見，三日月
犬	1	ケン	犬歯，愛犬，野犬
		いぬ	犬
件	5	ケン	件数，事件，条件
見	1	ケン	見学，見地，意見
		みる	見る，下見
		みえる	見える
		みせる	見せる，顔見せ
券	5	ケン	乗車券，旅券，債券
肩		ケン	肩章，双肩，比肩
		かた	肩
建	4	ケン	建築，建議，封建的
		コン	建立
		たてる	建てる，建物，二階建て
		たつ	建つ，一戸建ち
研（硏）	3	ケン	研究，研修
		とぐ	研ぐ

赤字＝新常用漢字・音訓　算用数字＝教育漢字の配当学年　＊＝字体注意　《　》＝特別な読みの府県名

漢字	音訓	例
県(縣) 3	ケン	県庁，県立，○○県
倹(儉)	ケン	倹約，節倹，勤倹
兼	ケン	兼用，兼任，兼職
	かねる	兼ねる
剣(劍)	ケン	剣道，剣舞，刀剣
	つるぎ	剣
拳	ケン	拳銃，拳法
	こぶし	握り拳
軒	ケン	軒数，一軒
	のき	軒，軒先
健 4	ケン	健康，健闘，強健
	すこやか	健やかだ
険(險) 5	ケン	険悪，危険，保険
	けわしい	険しい，険しさ
圏(圈)	ケン	圏内，圏外，成層圏
堅	ケン	堅固，堅実，中堅
	かたい	堅い
検(檢) 5	ケン	検査，検討，点検
嫌	ケン	嫌悪，嫌疑
	ゲン	機嫌
	きらう	嫌う，嫌い
	いや	嫌だ，嫌がる，嫌気がさす
献(獻)	ケン	献上，献身的，文献
	コン	献立，一献
絹 6	ケン	絹布，人絹
	きぬ	絹，薄絹
遣	ケン	遣外，派遣，分遣
	つかう	遣う，金遣い
	つかわす	遣わす
権(權) 6	ケン	権利，権威，人権
	ゴン	権化，権現
憲 6	ケン	憲法，憲章，官憲
賢	ケン	賢人，賢明，先賢
	かしこい	賢い
謙	ケン	謙虚，謙譲
鍵	ケン	鍵盤
	かぎ	鍵，鍵穴
繭	ケン	繭糸
	まゆ	繭，繭玉
顕(顯)	ケン	顕著，顕彰，顕微鏡
験(驗) 4	ケン	試験，経験，実験
	ゲン	験がある，霊験
懸	ケン	懸垂，懸賞，懸命
	ケ	懸念，懸想
	かける	懸ける，命懸け
	かかる	懸かる
元 2	ゲン	元素，元気，多元
	ガン	元祖，元日，元来
	もと	元，元帳，家元
幻	ゲン	幻滅，幻覚，夢幻
	まぼろし	幻
玄	ゲン	玄米，玄関，幽玄
言 2	ゲン	言行，言論，宣言
	ゴン	言上，伝言，無言
	いう	言う，物言い
	こと	言葉，寝言
弦	ゲン	上弦，正弦
	つる	弦
限 5	ゲン	限度，制限，期限
	かぎる	限る，限り
原 2	ゲン	原因，原理，高原
	はら	原，野原，松原
現 5	ゲン	現象，現在，表現
	あらわれる	現れる，現れ
	あらわす	現す
舷	ゲン	舷側，右舷
減 5	ゲン	減少，増減，加減
	へる	減る，目減り
	へらす	減らす，人減らし
源 6	ゲン	源泉，水源，資源
	みなもと	源
厳(嚴) 6	ゲン	厳格，厳重，威厳
	ゴン	荘厳

音訓下線なし＝小学校で学習　音訓下線あり＝中学校で学習　音訓二重下線あり＝高校で学習

漢字		音訓	例
		おごそか	厳かだ
		きびしい	厳しい，厳しさ
己	6	コ	自己，利己
		キ	知己，克己
		おのれ	己
戸	2	コ	戸外，戸籍，下戸
		と	戸，雨戸
古	2	コ	古代，古典，太古
		ふるい	古い，古株，古びる
		ふるす	使い古す
呼	6	コ	呼吸，呼応，点呼
		よぶ	呼ぶ，呼び声
固	4	コ	固定，固有，堅固
		かためる	固める，固め
		かたまる	固まる，固まり
		かたい	固い，固さ
股		コ	股間，股関節
		また	内股，大股
虎		コ	虎穴，猛虎
		とら	虎
孤		コ	孤児，孤独，孤立
弧		コ	弧状，括弧，円弧
故	5	コ	故郷，故意，事故
		ゆえ	故，故に
枯		コ	枯死，枯淡，栄枯
		かれる	枯れる，枯れ木
		からす	枯らす，木枯らし
個	5	コ	個人，個性，一個
庫	3	コ	倉庫，文庫，車庫
		ク	庫裏
湖	3	コ	湖水，湖沼，湖畔
		みずうみ	湖
雇		コ	雇用，雇員，解雇
		やとう	雇う，日雇い
誇		コ	誇示，誇大，誇張
		ほこる	誇る，誇り，誇らしい
鼓		コ	鼓動，鼓舞，太鼓
		つづみ	鼓，小鼓
錮		コ	禁錮
顧		コ	顧慮，顧問，回顧
		かえりみる	顧みる
五	1	ゴ	五穀，五色，五目飯
		いつ	五日
		いつつ	五つ
互		ゴ	互角，互選，相互
		たがい	互い，互いに，互い違い
午	2	ゴ	午前，正午，子午線
呉		ゴ	呉服，呉越同舟
後	2	ゴ	後刻，前後，午後
		コウ	後続，後悔，後輩
		のち	後，後添い，後の世
		うしろ	後ろ，後ろめたい
		あと	後，後味，後回し
		おくれる	後れる，後れ毛，気後れ
娯		ゴ	娯楽
悟		ゴ	悟性，覚悟，悔悟
		さとる	悟る，悟り
碁		ゴ	碁石，碁盤，囲碁
語	2	ゴ	語学，新語，国語
		かたる	語る，物語
		かたらう	語らう，語らい
誤	6	ゴ	誤解，正誤，錯誤
		あやまる	誤る，誤り
護	5	ゴ	護衛，救護，保護
口	1	コウ	口述，人口，開口
		ク	口調，口伝，異口同音
		くち	口，口絵，出口
工	2	コウ	工場，加工，人工
		ク	工面，細工，大工
公	2	コウ	公平，公私，公園
		おおやけ	公
勾		コウ	勾配，勾留
孔		コウ	鼻孔，気孔

漢字		音訓	例
功	4	コウ	功名，功績，成功
		ク	功徳
巧		コウ	巧拙，巧妙，技巧
		たくみ	巧みな術
広（廣）	2	コウ	広大，広言，広義
		ひろい	広い，広場，広々と
		ひろまる	広まる
		ひろめる	広める
		ひろがる	広がる，広がり
		ひろげる	広げる
甲		コウ	甲乙，装甲車
		カン	甲板，甲高い
交	2	コウ	交通，交番，社交
		まじわる	交わる，交わり
		まじえる	交える
		まじる	交じる
		まざる	交ざる
		まぜる	交ぜる，交ぜ織り
		かう	飛び交う
		かわす	交わす
光	2	コウ	光線，栄光，観光
		ひかる	光る，光り輝く
		ひかり	光，稲光
向	3	コウ	向上，傾向，趣向
		むく	向く，向き
		むける	向ける，顔向け
		むかう	向かう，向かい
		むこう	向こう，向こう側
后	6	コウ	皇后，皇太后
好	4	コウ	好意，好敵手，良好
		このむ	好む，好み，好ましい
		すく	好く，好き嫌い，好きな絵
江		コウ	江湖
		え	入り江
考	2	コウ	考慮，思考，参考
		かんがえる	考える，考え
行	2	コウ	行進，行為，旅行
		ギョウ	行列，行政，修行
		アン	行脚，行火
		いく	行く
		ゆく	行く，行く末
		おこなう	行う，行い
坑		コウ	坑道，炭坑，廃坑
孝	6	コウ	孝行，孝心，不孝
抗		コウ	抗争，抗議，対抗
攻		コウ	攻守，攻撃，専攻
		せめる	攻める
更		コウ	更新，更迭，変更
		さら	更に，今更
		ふける	更ける，夜更け
		ふかす	更かす，夜更かし
効（效）	5	コウ	効果，効力，時効
		きく	効く，効き目
幸	3	コウ	幸福，不幸，行幸
		さいわい	幸い，幸いな事
		さち	幸
		しあわせ	幸せ，幸せな人
拘		コウ	拘束，拘留，拘置
肯		コウ	肯定，首肯
侯		コウ	諸侯，王侯
厚	5	コウ	厚情，厚生，濃厚
		あつい	厚い，厚み
恒（恆）		コウ	恒常，恒例，恒久
洪		コウ	洪水，洪積層
皇	6	コウ	皇帝，皇室，皇后
		オウ	法皇
紅	6	コウ	紅白，紅茶，紅葉
		ク	真紅，深紅
		べに	紅，口紅
		くれない	紅
荒		コウ	荒天，荒廃，荒涼
		あらい	荒い，荒波，荒々しい
		あれる	荒れる，荒れ地，大荒れ

音訓下線なし＝小学校で学習　音訓下線あり＝中学校で学習　音訓二重下線あり＝高校で学習

漢字		音訓	例
		あらす	荒らす，倉庫荒らし
郊		コウ	郊外，近郊
香		コウ	香水，香気，線香
		キョウ	香車
		か	香，色香，移り香
		かおり	香り
		かおる	香る
候	4	コウ	候補，気候，測候所
		そうろう	候文，居候
校	1	コウ	校閲，将校，学校
耕	5	コウ	耕作，耕地，農耕
		たがやす	耕す
航	4	コウ	航海，航空，就航
貢		コウ	貢献
		ク	年貢
		みつぐ	貢ぐ，貢ぎ物
降	6	コウ	降雨，降参，下降
		おりる	降りる，乗り降り
		おろす	降ろす
		ふる	降る，大降り
高	2	コウ	高低，高級，最高
		たかい	高い，高台，高ぶる
		たか	高，売上高
		たかまる	高まる，高まり
		たかめる	高める
康	4	コウ	健康，小康
控		コウ	控除，控訴
		ひかえる	控える，控え
梗		コウ	心筋梗塞，脳梗塞
黄（黃）	2	コウ	黄葉
		オウ	黄金，卵黄
		き	黄，黄色い，黄ばむ
		こ	黄金
喉		コウ	喉頭，咽喉
		のど	喉，喉元
慌		コウ	恐慌
		あわてる	慌てる，大慌て
		あわただしい	慌ただしい，慌ただしさ，慌ただしげだ
港	3	コウ	港湾，漁港，出港
		みなと	港
硬		コウ	硬度，硬貨，生硬
		かたい	硬い，硬さ
絞		コウ	絞殺，絞首刑
		しぼる	絞る，絞り上げる，絞り
		しめる	絞める
		しまる	絞まる
項		コウ	項目，事項，条項
溝		コウ	下水溝，排水溝
		みぞ	溝
鉱（鑛）	5	コウ	鉱物，鉱山，鉄鉱
構	5	コウ	構造，構内，結構
		かまえる	構える，構え
		かまう	構う，構わない
綱		コウ	綱紀，綱領，大綱
		つな	綱，横綱
酵		コウ	酵母
稿		コウ	草稿，原稿，投稿
興	5	コウ	興行，復興，振興
		キョウ	興味，興趣，余興
		おこる	興る
		おこす	興す
衡		コウ	均衡，平衡，度量衡
鋼	6	コウ	鋼鉄，鋼材，製鋼
		はがね	鋼
講	5	コウ	講義，講演，聴講
購		コウ	購入，購買，購読
乞		こう	乞う，命乞い
号（號）	3	ゴウ	号令，号外，番号
合	2	ゴウ	合同，合計，結合
		ガッ	合併，合宿，合点
		カッ	合戦
		あう	合う，落ち合う，試合
		あわす	合わす

漢字		音訓	例
		あわせる	合わせる，問い合わせる
拷		ゴウ	拷問
剛		ゴウ	剛健，金剛力
傲		ゴウ	傲然，傲慢
豪		ゴウ	豪遊，豪雨，文豪
克		コク	克服，克明，克己
告	4	コク	告示，告白，報告
		つげる	告げる
谷	2	コク	幽谷
		たに	谷，谷川
刻	6	コク	彫刻，時刻，深刻
		きざむ	刻む，刻み
国（國）	2	コク	国際，国家，外国
		くに	国，島国
黒（黑）	2	コク	黒板，漆黒，暗黒
		くろ	黒，真っ黒，白黒
		くろい	黒い，黒さ，腹黒い
穀（穀）	6	コク	穀物，雑穀，脱穀
酷		コク	酷似，冷酷，残酷
獄		ゴク	獄舎，地獄，疑獄
骨	6	コツ	骨子，筋骨，老骨
		ほね	骨，骨折り
駒		こま	持ち駒
込		こむ	込む
		こめる	込める，やり込める
頃		ころ	頃，日頃
今	2	コン	今後，今日，今朝，今年，昨今
		キン	今上
		いま	今，今し方
困	6	コン	困難，困窮，貧困
		こまる	困る
昆		コン	昆虫，昆布
恨		コン	遺恨，痛恨，悔恨
		うらむ	恨む，恨み
		うらめしい	恨めしい
根	3	コン	根拠，根気，平方根
		ね	根，根強い，屋根
婚		コン	婚約，結婚，新婚
混	5	コン	混合，混雑，混迷
		まじる	混じる，混じり物
		まざる	混ざる
		まぜる	混ぜる，混ぜ物
		こむ	混む，混み合う，人混み
痕		コン	痕跡，血痕
		あと	痕，傷痕
紺		コン	紺青，紺屋，濃紺
魂		コン	魂胆，霊魂，商魂
		たましい	魂，負けじ魂
墾		コン	開墾
懇		コン	懇切，懇親会
		ねんごろ	懇ろだ
左	1	サ	左右，左翼，左遷
		ひだり	左，左利き
佐		サ	佐幕，補佐，大佐
沙		サ	沙汰
査	5	サ	査察，調査，巡査
砂	6	サ	砂丘，砂糖
		シャ	土砂
		すな	砂，砂場
唆		サ	教唆，示唆
		そそのかす	唆す
差	4	サ	差異，差別，誤差
		さす	差す
詐		サ	詐欺，詐取，詐称
鎖		サ	鎖国，連鎖，封鎖
		くさり	鎖
座	6	ザ	座席，座談，星座
		すわる	座る，座り込み
挫		ザ	挫折，頓挫
才	2	サイ	才能，才覚，秀才
再	5	サイ	再度，再選，再出発
		サ	再来年，再来月，再来週
		ふたたび	再び

音訓下線なし＝小学校で学習　音訓下線あり＝中学校で学習　音訓二重下線あり＝高校で学習

漢字		音訓	例
災	5	サイ	災害，災難，火災
		わざわい	災い
妻	5	サイ	妻子，夫妻，良妻
		つま	妻，人妻
采		サイ	采配，喝采
砕（碎）		サイ	砕石，砕氷，粉砕
		くだく	砕く
		くだける	砕ける
宰		サイ	宰領，宰相，主宰
栽		サイ	栽培，盆栽
彩		サイ	彩色，色彩，淡彩
		いろどる	彩る，彩り
採	5	サイ	採集，採用，採光
		とる	採る
済（濟）	6	サイ	返済，救済，経済
		すむ	済む，使用済み
		すます	済ます
祭	3	サイ	祭礼，文化祭
		まつる	祭る，祭り上げる
		まつり	祭り，秋祭り
斎（齋）		サイ	斎場，潔斎，書斎
細	2	サイ	細心，詳細，零細
		ほそい	細い，細腕，心細い
		ほそる	細る
		こまか	細かだ
		こまかい	細かい
菜	4	サイ	菜園，菜食，野菜
		な	菜，青菜
最	4	サイ	最大，最近，最先端
		もっとも	最も
裁	6	サイ	裁縫，裁判，体裁
		たつ	裁つ，裁ち物
		さばく	裁く，裁き
債		サイ	債務，負債，公債
催		サイ	催眠，開催，主催
		もよおす	催す，催し
塞		サイ	要塞
		ソク	脳梗塞，閉塞
		ふさぐ	塞ぐ
		ふさがる	塞がる
歳		サイ	歳末，歳月，二十歳
		セイ	歳暮
載		サイ	積載，掲載，記載
		のせる	載せる
		のる	載る
際	5	サイ	際限，交際，この際
		きわ	際，際立つ，窓際
埼		さい	
在	5	ザイ	在留，在宅，存在
		ある	在る，在りし日
材	4	ザイ	材木，材料，人材
剤（劑）		ザイ	薬剤師，錠剤，消化剤
財	5	ザイ	財産，私財，文化財
		サイ	財布
罪	5	ザイ	罪状，犯罪，謝罪
		つみ	罪
崎		さき	○○崎
作	2	サク	作為，著作，豊作
		サ	作業，作用，動作
		つくる	作る
削		サク	削除，削減，添削
		けずる	削る
昨	4	サク	昨日，昨年，一昨日
柵		サク	鉄柵
索		サク	索引，思索，鉄索
策	6	サク	策略，政策，対策
酢		サク	酢酸
		す	酢，酢の物
搾		サク	搾取，圧搾
		しぼる	搾る
錯		サク	錯誤，錯覚，交錯
咲		さく	咲く，遅咲き
冊	6	サツ	冊子，別冊

赤字＝新常用漢字・音訓　算用数字＝教育漢字の配当学年　＊＝字体注意　《　》＝特別な読みの府県名

漢字		音訓	例
		サク	短冊
札	4	サツ	札入れ，表札，入札
		ふだ	札，名札
刷	4	サツ	刷新，印刷，増刷
		する	刷る
刹		サツ	古刹，名刹
		セツ	刹那
拶		サツ	挨拶
殺(殺)	4	サツ	殺人，殺到，黙殺
		サイ	相殺
		セツ	殺生
		ころす	殺す，殺し，見殺し
察	4	サツ	察知，観察，考察
撮		サツ	撮影
		とる	撮る
擦		サツ	擦過傷，摩擦
		する	擦る，擦り傷
		すれる	擦れる，靴擦れ
雑(雜)	5	ザツ	雑談，雑音，混雑
		ゾウ	雑炊，雑木林，雑兵
皿	3	さら	皿，灰皿
三	1	サン	三角，三流，再三
		み	三日月，三日(みっか)
		みつ	三つ指
		みっつ	三つ
山	1	サン	山脈，高山，登山
		やま	山
参(參)	4	サン	参加，参万円，降参
		まいる	参る，寺参り
桟(棧)		サン	桟，桟橋
蚕(蠶)	6	サン	蚕糸，蚕食，養蚕
		かいこ	蚕
惨(慘)		サン	惨劇，悲惨，陰惨
		ザン	惨死，惨殺
		みじめ	惨めだ
産	4	サン	産業，生産，出産
		うむ	産む，産み月
		うまれる	産まれる
		うぶ	産湯，産着，産毛
傘		サン	傘下，落下傘
		かさ	傘，雨傘，日傘
散	4	サン	散歩，散文，解散
		ちる	散る，散り散りに
		ちらす	散らす
		ちらかす	散らかす
		ちらかる	散らかる
算	2	サン	算数，計算，予算
酸	5	サン	酸味，酸素，辛酸
		すい	酸い，酸っぱい
賛(贊)	5	サン	賛成，賛同，称賛
残(殘)	4	ザン	残留，残念，敗残
		のこる	残る，残り
		のこす	残す，食べ残し
斬		ザン	斬殺，斬新
		きる	斬る
暫		ザン	暫時，暫定
士	4	シ	士官，武士，紳士
子	1	シ	子孫，女子，帽子
		ス	金子，扇子，様子
		こ	子，親子，年子
支	5	シ	支持，支障，支店
		ささえる	支える，支え
止	2	シ	止宿，静止，中止
		とまる	止まる，行き止まり
		とめる	止める，歯止め
氏	4	シ	氏名，姓氏，某氏
		うじ	氏，氏神
仕	3	シ	仕事，出仕
		ジ	給仕
		つかえる	仕える
史	4	シ	史学，歴史，国史
司	4	シ	司会，司令，上司
四	1	シ	四角，四季，四十七士

音訓下線なし＝小学校で学習　音訓下線あり＝中学校で学習　音訓二重下線あり＝高校で学習

漢字		音訓	例
		よ	四人，四日（よっか），四月目
		よつ	四つ角
		よっつ	四つ
		よん	四回，四階
市	2	シ	市民，市況，都市
		いち	市，競り市
矢	2	シ	一矢を報いる
		や	矢，矢印，矢面
旨		シ	要旨，趣旨，本旨
		むね	旨
死	3	シ	死亡，死角，必死
		しぬ	死ぬ，死に絶える
糸（絲）	1	シ	綿糸，蚕糸，製糸
		いと	糸，糸目，毛糸
至	6	シ	至当，夏至，冬至
		いたる	至る，至って〔副〕
伺		シ	伺候
		うかがう	伺う，伺い
志	5	シ	志望，有志，寸志
		こころざす	志す
		こころざし	志
私	6	シ	私立，私腹，公私
		わたくし	私，私する
		わたし	私
使	3	シ	使役，使者，駆使
		つかう	使う，使い
刺		シ	刺激，名刺，風刺
		さす	刺す，刺し殺す
		ささる	刺さる
始	3	シ	始終，年始，開始
		はじめる	始める，始め
		はじまる	始まる，始まり
姉	2	シ	姉妹，諸姉
		あね	姉，姉上
枝	5	シ	枝葉
		えだ	枝
祉（祉）		シ	福祉
肢		シ	肢体，下肢，選択肢
姿	6	シ	姿勢，容姿，雄姿
		すがた	姿
思	2	シ	思想，意思，相思
		おもう	思う，思い，思わしい
指	3	シ	指示，指導，屈指
		ゆび	指，指先
		さす	指す，指図，名指し
施		シ	施設，施政，実施
		セ	施主，施療，布施
		ほどこす	施す，施し
師	5	シ	師匠，教師，医師
恣＊		シ	恣意的
紙	2	シ	紙面，用紙，新聞紙
		かみ	紙，紙くず，厚紙
脂		シ	脂肪，油脂，樹脂
		あぶら	脂，脂ぎる
視（視）	6	シ	視覚，視力，注視
紫		シ	紫紺，紫煙，紫外線
		むらさき	紫，紫色
詞	6	シ	歌詞，作詞，品詞
歯（齒）	3	シ	歯科，乳歯，義歯
		は	歯，入れ歯
嗣		シ	嗣子，嫡嗣
試	4	シ	試験，試作，追試
		こころみる	試みる，試み
		ためす	試す，試し
詩	3	シ	詩情，詩人，詩歌
資	5	シ	資本，資格，物資
飼	5	シ	飼育，飼料
		かう	飼う
誌	6	シ	誌面，日誌，雑誌
雌		シ	雌雄，雌伏
		め	雌花，雌牛，雌しべ
		めす	雌，雌犬
摯		シ	真摯

赤字＝新常用漢字・音訓　算用数字＝教育漢字の配当学年　＊＝字体注意　《　》＝特別な読みの府県名

漢字		音訓	例
賜		シ	賜暇，下賜，恩賜
		たまわる	賜る
諮		シ	諮問
		はかる	諮る
示	5	ジ	示威，示談，指示
		シ	示唆
		しめす	示す，示し
字	1	ジ	字画，文字，活字
		あざ	字，大字
寺	2	ジ	寺院，社寺，末寺
		てら	寺，尼寺
次	3	ジ	次回，次元，目次
		シ	次第
		つぐ	次ぐ，次いで〔副〕
		つぎ	次，次に，次々と
耳	1	ジ	耳鼻科，中耳炎
		みみ	耳，早耳
自	2	ジ	自分，自由，各自
		シ	自然
		みずから	自ら
似	5	ジ	類似，酷似，疑似
		にる	似る，似顔
児（兒）	4	ジ	児童，幼児，優良児
		ニ	小児科
			《鹿児島（かごしま）県》
事	3	ジ	事物，無事，師事
		ズ	好事家
		こと	事，仕事，出来事
侍		ジ	侍従，侍女，侍医
		さむらい	侍
治	4	ジ	政治，療治
		チ	治安，治水，自治
		おさめる	治める
		おさまる	治まる
		なおる	治る
		なおす	治す
持	3	ジ	持参，持続，支持
		もつ	持つ
時	2	ジ	時間，時候，当時
		とき	時，時めく，時々
滋		ジ	滋味，滋養
			《滋賀（しが）県》
慈		ジ	慈愛，慈善，慈悲
		いつくしむ	慈しむ，慈しみ
辞（辭）	4	ジ	辞書，辞職，式辞
		やめる	辞める
磁	6	ジ	磁石，磁気，陶磁器
餌［餌］	*	ジ	好餌，食餌
		えさ	餌
		え	餌食
璽		ジ	御璽，国璽
鹿		しか	鹿
		か	鹿の子
式	3	シキ	式典，形式，数式
識	5	シキ	識別，意識，知識
軸		ジク	軸，車軸，地軸
七	1	シチ	七五三，七福神
		なな	七月目
		ななつ	七つ
		なの	七日
叱		シツ	叱責
		しかる	叱る
失	4	シツ	失望，失敗，消失
		うしなう	失う
室	2	シツ	室内，皇室，居室
		むろ	室，室咲き
疾		シツ	疾患，疾走，悪疾
執		シツ	執務，執筆，確執
		シュウ	執念，執心，我執
		とる	執る
湿（濕）		シツ	湿度，湿地，多湿
		しめる	湿る，湿り
		しめす	湿す

音訓下線なし＝小学校で学習　音訓下線あり＝中学校で学習　音訓二重下線あり＝高校で学習

漢字		音訓	例
嫉		シツ	嫉妬
漆		シツ	漆器，漆黒，乾漆
		うるし	漆
質	5	シツ	質問，質実，本質
		シチ	質屋，人質
		チ	言質
実(實)	3	ジツ	実力，充実，実に
		み	実，実入り
		みのる	実る，実り
芝		しば	芝，芝居
写(寫)	3	シャ	写真，描写，映写
		うつす	写す，写し
		うつる	写る，写り
社(社)	2	シャ	社会，会社，神社
		やしろ	社
車	1	シャ	車輪，車庫，電車
		くるま	車，歯車
舎	5	シャ	舎監，校舎，寄宿舎
者(者)	3	シャ	医者，前者，第三者
		もの	者，若者
射	6	シャ	射撃，発射，日射病
		いる	射る
捨	6	シャ	捨象，取捨，喜捨
		すてる	捨てる，捨て子
赦		シャ	赦免，大赦，恩赦
斜		シャ	斜面，斜線，傾斜
		ななめ	斜め
煮(煮)		シャ	煮沸
		にる	煮る，雑煮
		にえる	煮える，生煮え
		にやす	業を煮やす
遮		シャ	遮断
		さえぎる	遮る
謝	5	シャ	謝絶，感謝，陳謝
		あやまる	謝る，平謝り
邪		ジャ	邪悪，邪推，正邪
蛇		ジャ	蛇の目，蛇腹，大蛇
		ダ	蛇行，蛇足，長蛇
		へび	蛇
尺	6	シャク	尺度，尺貫法
借	4	シャク	借用，借金，貸借
		かりる	借りる，借り
酌		シャク	酌量，晩酌
		くむ	酌む，酌み交わす
釈(釋)		シャク	釈明，釈放，解釈
爵		シャク	爵位
若	6	ジャク	若年，若干，自若
		ニャク	老若
		わかい	若い，若者，若々しい
		もしくは	若しくは
弱	2	ジャク	弱点，弱小，強弱
		よわい	弱い，弱虫，足弱
		よわる	弱る
		よわまる	弱まる
		よわめる	弱める
寂		ジャク	寂滅，静寂，閑寂
		セキ	寂然，寂として
		さび	寂
		さびしい	寂しい，寂しがる
		さびれる	寂れる
手	1	シュ	手腕，挙手，選手
		て	手，手柄，素手
		た	手綱，手繰る
主	3	シュ	主人，主権，施主
		ス	法主，坊主
		ぬし	主，地主
		おも	主な人々
守	3	シュ	守備，保守，攻守
		ス	留守
		まもる	守る，守り
		もり	お守り，子守，灯台守
朱		シュ	朱肉，朱筆，朱塗り
取	3	シュ	取捨，取材，聴取

赤字＝新常用漢字・音訓　算用数字＝教育漢字の配当学年　＊＝字体注意　《　》＝特別な読みの府県名

漢字		音訓	例
		とる	取る
狩		シュ	狩猟
		かる	狩る，狩り込み
		かり	狩り，ぶどう狩り
首	2	シュ	首尾，首席，自首
		くび	首，首飾り
殊		シュ	殊勝，殊勲，特殊
		こと	殊に，殊の外，殊更
珠		シュ	珠玉，珠算，真珠
酒	3	シュ	酒宴，飲酒，洋酒
		さけ	酒，酒好き，甘酒
		さか	酒屋，酒場，酒盛り
腫		シュ	腫瘍
		はれる	腫れる，腫れ
		はらす	腫らす
種	4	シュ	種類，人種，品種
		たね	種，菜種，一粒種
趣		シュ	趣向，趣味，興趣
		おもむき	趣
寿（壽）		ジュ	寿命，長寿，米寿
		ことぶき	寿
受	3	ジュ	受諾，受験，甘受
		うける	受ける，受付
		うかる	受かる
呪		ジュ	呪縛，呪文
		のろう	呪う
授	5	ジュ	授与，伝授，教授
		さずける	授ける
		さずかる	授かる
需		ジュ	需要，需給，必需品
儒		ジュ	儒学，儒教，儒者
樹	6	ジュ	樹木，樹立，街路樹
収（收）	6	シュウ	収穫，収入，回収
		おさめる	収める
		おさまる	収まる
囚		シュウ	囚人，死刑囚
州	3	シュウ	州議会，六大州
		す	州，中州，三角州
舟		シュウ	舟運，舟艇，舟航
		ふね	舟，小舟，渡し舟
		ふな	舟遊び，舟宿，舟歌
秀		シュウ	秀逸，秀才，優秀
		ひいでる	秀でる
周	4	シュウ	周知，周囲，円周
		まわり	周り
宗	6	シュウ	宗教，宗派，改宗
		ソウ	宗家，宗匠
拾	3	シュウ	拾得，収拾
		ジュウ	拾万円
		ひろう	拾う，拾い物
秋	2	シュウ	秋季，秋分，晩秋
		あき	秋
臭（臭）		シュウ	臭気，悪臭，俗臭
		くさい	臭い，臭み，臭さ
		におう	臭う，臭い
修	5	シュウ	修飾，修養，改修
		シュ	修行
		おさめる	修める
		おさまる	修まる
袖		シュウ	領袖
		そで	袖，半袖
終	3	シュウ	終了，終日，最終
		おわる	終わる，終わり
		おえる	終える
羞		シュウ	羞恥心
習	3	シュウ	習得，習慣，練習
		ならう	習う，手習い
週	2	シュウ	週刊，週末，毎週
就	6	シュウ	就任，就寝，去就
		ジュ	成就
		つく	就く
		つける	就ける
衆	6	シュウ	衆寡，民衆，聴衆

音訓下線なし＝小学校で学習　音訓下線あり＝中学校で学習　音訓二重下線あり＝高校で学習

2 常用漢字表 本表

漢字		音訓	例
		シュ	衆生
集	3	シュウ	集合，集結，全集
		あつまる	集まる，集まり
		あつめる	集める，人集め
		つどう	集う，集い
愁		シュウ	愁傷，哀愁，憂愁
		うれえる	愁える
		うれい	愁い
酬		シュウ	報酬，応酬
醜		シュウ	醜悪，醜態，美醜
		みにくい	醜い，醜さ
蹴		シュウ	一蹴
		ける	蹴る，蹴散らす
襲		シュウ	襲撃，襲名，世襲
		おそう	襲う
十	1	ジュウ	十字架，十文字
		ジッ	十回
		とお	十，十日
		と	十色，十重
汁		ジュウ	果汁，墨汁
		しる	汁，汁粉
充		ジュウ	充実，充電，補充
		あてる	充てる
住	3	ジュウ	住所，安住，衣食住
		すむ	住む
		すまう	住まう，住まい
柔		ジュウ	柔軟，柔道，懐柔
		ニュウ	柔和，柔弱
		やわらか	柔らかだ
		やわらかい	柔らかい
重	3	ジュウ	重量，重大，二重
		チョウ	重畳，慎重，貴重
		え	一重，八重桜
		おもい	重い，重たい
		かさねる	重ねる，重ね着
		かさなる	重なる
従(從)	6	ジュウ	従事，従順，服従
		ショウ	従容
		ジュ	従○位
		したがう	従う
		したがえる	従える
渋(澁)		ジュウ	渋滞，苦渋
		しぶ	渋，渋紙
		しぶい	渋い，渋さ，渋み
		しぶる	渋る
銃		ジュウ	銃砲，銃弾，小銃
獣(獸)		ジュウ	獣類，猛獣，鳥獣
		けもの	獣
縦(縱)	6	ジュウ	縦横，縦断，操縦
		たて	縦
叔		シュク	伯叔
祝(祝)	4	シュク	祝賀，祝日，慶祝
		シュウ	祝儀，祝言
		いわう	祝う
宿	3	シュク	宿泊，宿題，合宿
		やど	宿，宿屋
		やどる	宿る，雨宿り
		やどす	宿す
淑		シュク	淑女，貞淑，私淑
粛(肅)		シュク	粛清，静粛，自粛
縮	6	シュク	縮小，縮図，短縮
		ちぢむ	縮む，伸び縮み
		ちぢまる	縮まる
		ちぢめる	縮める
		ちぢれる	縮れる，縮れ毛
		ちぢらす	縮らす
塾		ジュク	塾，私塾
熟	6	ジュク	熟練，熟慮，成熟
		うれる	熟れる
出	1	シュツ	出入，出現，提出
		スイ	出納
		でる	出る，出窓，遠出
		だす	出す

赤字＝新常用漢字・音訓　算用数字＝教育漢字の配当学年　＊＝字体注意　《　》＝特別な読みの府県名

漢字		音訓	例
述	5	ジュツ	叙述，陳述，著述
		のべる	述べる
術	5	ジュツ	術策，技術，芸術
俊		シュン	俊敏，俊秀，俊才
春	2	シュン	春季，立春，青春
		はる	春，春めく
瞬		シュン	瞬間，瞬時，一瞬
		またたく	瞬く，瞬き
旬		ジュン	旬刊，上旬
		シュン	旬，旬の野菜
巡		ジュン	巡回，巡業，一巡
		めぐる	巡る，巡り歩く
盾		ジュン	矛盾
		たて	盾，後ろ盾
准		ジュン	准将，批准
殉		ジュン	殉死，殉職，殉難
純	6	ジュン	純真，純粋，不純
循		ジュン	循環，因循
順	4	ジュン	順序，順調，従順
準	5	ジュン	準備，基準，標準
潤		ジュン	潤色，潤沢，湿潤
		うるおう	潤う，潤い
		うるおす	潤す
		うるむ	潤む
遵		ジュン	遵守，遵法
処(處)	6	ショ	処置，処罰，処女
初	4	ショ	初期，初心者，最初
		はじめ	初め
		はじめて	初めて〔副〕
		はつ	初の受賞，初雪，初耳
		うい	初陣，初々しい
		そめる	書き初め，出初め式
所	3	ショ	所得，住所，近所
		ところ	所，台所
書	2	ショ	書画，書籍，読書
		かく	書く
庶		ショ	庶民，庶務
暑(暑)	3	ショ	暑気，残暑，避暑
		あつい	暑い，暑さ
署(署)	6	ショ	署名，署長，警察署
緒(緖)		ショ	緒戦，由緒，端緒
		チョ	情緒
		お	緒，鼻緒
諸(諸)	6	ショ	諸君，諸国，諸般
女	1	ジョ	女子，女流，少女
		ニョ	女人，天女，善男善女
		ニョウ	女房
		おんな	女，女心，女らしい
		め	女神，女々しい
如		ジョ	欠如，突如，躍如
		ニョ	如実，如来，不如意
助	3	ジョ	助力，助監督，救助
		たすける	助ける，助け
		たすかる	助かる，大助かり
		すけ	助太刀
序	5	ジョ	序幕，順序，秩序
叙(敍)		ジョ	叙述，叙景，叙勲
徐		ジョ	徐行，徐々に
除	6	ジョ	除外，除数，解除
		ジ	掃除
		のぞく	除く
小	1	ショウ	小心，大小，縮小
		ちいさい	小さい，小さな
		こ	小型，小鳥，小切手
		お	小川，小暗い
升		ショウ	
		ます	升，升目
少	2	ショウ	少年，多少，減少
		すくない	少ない
		すこし	少し
召		ショウ	召喚，国会の召集
		めす	召す，召し上がる
匠		ショウ	師匠，巨匠，意匠

音訓下線なし＝小学校で学習　音訓下線あり＝中学校で学習　音訓二重下線あり＝高校で学習

漢字		音訓	例
床		ショウ	起床，病床，温床
		とこ	床，床の間，寝床
		ゆか	床，床下
抄		ショウ	抄録，抄本，抄訳
肖		ショウ	肖像，不肖
尚		ショウ	尚早，高尚
招	5	ショウ	招待，招致，招請
		まねく	招く，招き
承	5	ショウ	承知，承諾，継承
		うけたまわる	承る
昇		ショウ	昇降，昇進，上昇
		のぼる	昇る
松	4	ショウ	松竹梅，白砂青松
		まつ	松，松原，門松
沼		ショウ	沼沢，湖沼
		ぬま	沼，沼地
昭	3	ショウ	昭和
宵		ショウ	徹宵
		よい	宵
将(將)	6	ショウ	将来，将棋，大将
消	3	ショウ	消滅，消極的，費消
		きえる	消える，立ち消え
		けす	消す，消しゴム
症		ショウ	症状，炎症，重症
祥(祥)		ショウ	発祥，吉祥，不祥事
称(稱)		ショウ	称賛，名称，称する
笑	4	ショウ	笑覧，微笑，談笑
		わらう	笑う，大笑い
		えむ	ほくそ笑む，笑み
唱	4	ショウ	唱歌，合唱，提唱
		となえる	唱える
商	3	ショウ	商売，商業，貿易商
		あきなう	商う，商い
渉(涉)		ショウ	渉外，干渉，交渉
章	3	ショウ	憲章，勲章，文章
紹		ショウ	紹介
訟		ショウ	訴訟
勝	3	ショウ	勝敗，優勝，名勝
		かつ	勝つ，勝ち，勝手
		まさる	勝る，男勝り
掌		ショウ	掌中，職掌，車掌
晶		ショウ	結晶，水晶
焼(燒)	4	ショウ	焼却，燃焼，全焼
		やく	焼く，炭焼き
		やける	焼ける，夕焼け
焦		ショウ	焦土，焦慮，焦心
		こげる	焦げる，黒焦げ
		こがす	焦がす
		こがれる	焦がれる
		あせる	焦る，焦り
硝		ショウ	硝石，硝酸
粧		ショウ	化粧
詔		ショウ	詔勅，詔書
		みことのり	詔
証(證)	5	ショウ	証拠，証明，免許証
象	4	ショウ	象徴，対象，現象
		ゾウ	象眼，巨象
傷	6	ショウ	傷害，負傷，感傷
		きず	傷，古傷，傷つく
		いたむ	傷む
		いためる	傷める
奨(奬)		ショウ	奨励，奨学金，推奨
照	4	ショウ	照明，照会，対照的
		てる	照る，日照り
		てらす	照らす
		てれる	照れる
詳		ショウ	詳細，詳報，未詳
		くわしい	詳しい，詳しさ
彰		ショウ	表彰，顕彰
障	6	ショウ	障害，障子，故障
		さわる	障る，差し障り
憧		ショウ	憧憬
		あこがれる	憧れる，憧れ

赤字＝新常用漢字・音訓　算用数字＝教育漢字の配当学年　＊＝字体注意　《　》＝特別な読みの府県名

漢字		音訓	例
衝		ショウ	衝突，衝動，折衝
賞	4	ショウ	賞罰，賞与，懸賞
償		ショウ	償金，弁償，代償
		つぐなう	償う，償い
礁		ショウ	岩礁，暗礁，さんご礁
鐘		ショウ	半鐘，警鐘
		かね	鐘
上	1	ジョウ	上旬，上昇，地上
		ショウ	上人，身上を潰す
		うえ	上，身の上
		うわ	上着，上積み
		かみ	上，川上
		あげる	上げる，売り上げ
		あがる	上がる，上がり
		のぼる	上る，上り
		のぼせる	上せる
		のぼす	上す
丈		ジョウ	丈六，丈夫な体
		たけ	丈，背丈
冗		ジョウ	冗談，冗長，冗費
条（條）	5	ジョウ	条理，条約，箇条
状（狀）	5	ジョウ	状態，白状，免状
乗（乘）	3	ジョウ	乗数，乗車，大乗的
		のる	乗る，乗り物
		のせる	乗せる
城	6	ジョウ	城内，城下町，落城
		しろ	城，城跡 《茨城（いばらき）県，宮城（みやぎ）県》
浄（淨）		ジョウ	浄化，清浄，不浄
剰（剩）		ジョウ	剰余，過剰，余剰
常	5	ジョウ	常備，日常，非常
		つね	常，常に，常々
		とこ	常夏
情	5	ジョウ	情報，情熱，人情
		セイ	風情
		なさけ	情け
場	2	ジョウ	場内，会場，入場
		ば	場，場所，広場
畳（疊）		ジョウ	畳語，重畳
		たたむ	畳む，折り畳み
		たたみ	畳，畳表，青畳
蒸	6	ジョウ	蒸気，蒸発
		むす	蒸す，蒸し暑い
		むれる	蒸れる
		むらす	蒸らす
縄（繩）		ジョウ	縄文，自縄自縛
		なわ	縄，縄張
壌（壤）		ジョウ	土壌
嬢（孃）		ジョウ	令嬢，愛嬢，お嬢さん
錠		ジョウ	錠前，錠剤，手錠
譲（讓）		ジョウ	譲渡，譲歩，謙譲
		ゆずる	譲る，親譲り
醸（釀）		ジョウ	醸造，醸成
		かもす	醸す，醸し出す
色	2	ショク	原色，特色，物色
		シキ	色彩，色調，色欲
		いろ	色，桜色，色づく
拭		ショク	払拭
		ふく	拭く
		ぬぐう	拭う
食	2	ショク	食事，食料，会食
		ジキ	断食
		くう	食う，食い物
		くらう	食らう
		たべる	食べる，食べ物
植	3	ショク	植樹，植物，誤植
		うえる	植える，植木
		うわる	植わる
殖		ショク	生殖，利殖，学殖
		ふえる	殖える
		ふやす	殖やす
飾		ショク	装飾，修飾，服飾
		かざる	飾る，飾り

音訓下線なし＝小学校で学習　音訓下線あり＝中学校で学習　音訓二重下線あり＝高校で学習

漢字		音訓	例
触(觸)		ショク	触媒，触発，接触
		ふれる	触れる
		さわる	触る
嘱(囑)		ショク	嘱託，委嘱
織	5	ショク	織機，染織，紡織
		シキ	組織
		おる	織る，織物
職	5	ショク	職業，職務，就職
辱		ジョク	恥辱，雪辱，屈辱
		はずかしめる	辱める，辱め
尻		しり	尻，尻込み，目尻
心	2	シン	心身，感心，中心
		こころ	心，心得る，親心
申	3	シン	申告，申請，内申書
		もうす	申す，申し上げる
伸		シン	伸縮，屈伸，追伸
		のびる	伸びる，背伸び
		のばす	伸ばす
		のべる	伸べる
臣	4	シン	臣下，君臣
		ジン	大臣
芯		シン	芯
身	3	シン	身体，単身，等身大
		み	身，身内，親身
辛		シン	辛苦，辛酸，香辛料
		からい	辛い，辛み，辛うじて
侵		シン	侵入，侵害，不可侵
		おかす	侵す
信	4	シン	信用，信頼，通信
津		シン	興味津々
		つ	津波，津々浦々
神(神)	3	シン	神聖，神経，精神
		ジン	神社，神宮，神通力
		かみ	神，神様，貧乏神
		かん	神主
		こう	神々しい
			《神奈川(かながわ)県》
唇		シン	口唇
		くちびる	唇
娠		シン	妊娠
振		シン	振動，振興，不振
		ふる	振る，振り
		ふるう	振るう
		ふれる	振れる
浸		シン	浸水，浸透
		ひたす	浸す，水浸し
		ひたる	浸る
真(眞)	3	シン	真偽，写真，純真
		ま	真南，真新しい，真っ先，真ん中
針	6	シン	針路，運針，秒針
		はり	針，針金
深	3	シン	深山，深夜，水深
		ふかい	深い，深入り，深み
		ふかまる	深まる
		ふかめる	深める
紳		シン	紳士
進	3	シン	進級，進言，前進
		すすむ	進む，進み
		すすめる	進める
森	1	シン	森林，森閑，森厳
		もり	森
診		シン	診察，診療，往診
		みる	診る
寝(寢)		シン	寝室，寝具，就寝
		ねる	寝る，寝入る，昼寝
		ねかす	寝かす
慎(愼)		シン	慎重，謹慎
		つつしむ	慎む，慎み
新	2	シン	新旧，新聞，革新
		あたらしい	新しい，新しさ，新しがる
		あらた	新ただ
		にい	新妻，新盆
審		シン	審判，審議，不審

赤字＝新常用漢字・音訓　算用数字＝教育漢字の配当学年　＊＝字体注意　《　》＝特別な読みの府県名

漢字		音訓	例
震		シン	震動，震災，地震
		ふるう	震う，身震い
		ふるえる	震える，震え
薪		シン	薪炭，薪水
		たきぎ	薪
親	2	シン	親族，親友，肉親
		おや	親，親子，父親
		したしい	親しい，親しさ
		したしむ	親しむ
人	1	ジン	人道，人員，成人
		ニン	人間，人情，人形
		ひと	人，人手，旅人
刃		ジン	白刃，凶刃，自刃
		は	刃，刃物，両刃
仁	6	ジン	仁義，仁術
		ニ	仁王
尽（盡）		ジン	尽力，無尽蔵
		つくす	尽くす，心尽くし
		つきる	尽きる
		つかす	愛想を尽かす
迅		ジン	迅速，疾風迅雷
甚		ジン	甚大，激甚，幸甚
		はなはだ	甚だ
		はなはだしい	甚だしい
陣		ジン	陣頭，陣痛，円陣
尋		ジン	尋問，尋常，千尋
		たずねる	尋ねる，尋ね人
腎		ジン	腎臓，肝腎
須		ス	必須
図（圖）	2	ズ	図画，図表，地図
		ト	図書，意図，壮図
		はかる	図る
水	1	スイ	水分，水陸，海水
		みず	水，水色，水浴び
吹		スイ	吹奏，吹鳴，鼓吹
		ふく	吹く
垂	6	スイ	垂直，懸垂，胃下垂
		たれる	垂れる，雨垂れ
		たらす	垂らす
炊		スイ	炊事，自炊，雑炊
		たく	炊く，飯炊き
帥		スイ	統帥，元帥
粋（粹）		スイ	粋人，純粋，精粋
		いき	粋
衰		スイ	衰弱，盛衰，老衰
		おとろえる	衰える，衰え
推	6	スイ	推進，推薦
		おす	推す
酔（醉）		スイ	酔漢，麻酔，心酔
		よう	酔う，酔い，二日酔い
遂		スイ	遂行，未遂，完遂
		とげる	遂げる
睡		スイ	睡眠，熟睡，午睡
穂（穗）		スイ	穂状，出穂期
		ほ	穂，稲穂
随（隨）		ズイ	随行，随意，追随
髄（髓）		ズイ	骨髄，脳髄，真髄
枢（樞）		スウ	枢軸，枢要，中枢
崇		スウ	崇拝，崇高
数（數）	2	スウ	数字，数量，年数
		ス	人数
		かず	数
		かぞえる	数える，数え年
据		すえる	据える，据え置く
		すわる	据わる，据わり
杉		すぎ	杉，杉並木
裾		すそ	裾，裾野
寸	6	スン	寸法，寸暇，一寸先
瀬（瀨）		せ	瀬，浅瀬，立つ瀬
是		ゼ	是非，是認，国是
井		セイ	油井，市井
		ショウ	天井
		い	井戸

音訓下線なし＝小学校で学習　音訓下線あり＝中学校で学習　音訓二重下線あり＝高校で学習

漢字		音訓	例
世	3	セイ	世紀，時世，処世
		セ	世界，世間，出世
		よ	世，世の中
正	1	セイ	正義，正誤，訂正
		ショウ	正直，正面，正月
		ただしい	正しい，正しさ
		ただす	正す
		まさ	正に，正夢
生	1	セイ	生活，発生，先生
		ショウ	生滅，一生，誕生
		いきる	生きる，長生き
		いかす	生かす
		いける	生ける，生け捕り
		うまれる	生まれる，生まれ
		うむ	生む
		おう	生い立ち，生い茂る
		はえる	生える，芽生える
		はやす	生やす
		き	生糸，生地，生一本
		なま	生の野菜，生水，生々しい
成	4	セイ	成功，完成，賛成
		ジョウ	成就，成仏
		なる	成る，成り立つ
		なす	成す，成し遂げる
西	2	セイ	西暦，西部，北西
		サイ	西国，東西
		にし	西，西日
声(聲)	2	セイ	声楽，声援，名声
		ショウ	大音声
		こえ	声，呼び声，歌声
		こわ	声色
制	5	セイ	制度，制限，統制
姓		セイ	姓名，改姓，同姓
		ショウ	百姓
征		セイ	征服，遠征，出征
性	5	セイ	性質，理性，男性
		ショウ	性分，相性，根性
青	1	セイ	青天，青銅，青年
		ショウ	緑青，紺青，群青
		あお	青，青ざめる
		あおい	青い，青さ
斉(齊)		セイ	斉唱，一斉
政	5	セイ	政治，行政，家政
		ショウ	摂政
		まつりごと	政
星	2	セイ	星座，流星，衛星
		ショウ	明星
		ほし	星，黒星
牲		セイ	犠牲
省	4	セイ	反省，内省，帰省
		ショウ	省略，各省
		かえりみる	省みる
		はぶく	省く
凄		セイ	凄惨，凄絶
逝		セイ	逝去，急逝，長逝
		ゆく	逝く
		いく	逝く
清	4	セイ	清潔，清算，粛清
		ショウ	六根清浄
		きよい	清い，清らかだ
		きよまる	清まる
		きよめる	清める
盛	6	セイ	盛大，隆盛，全盛
		ジョウ	繁盛
		もる	盛る，盛り上がる
		さかる	燃え盛る，盛り，花盛り
		さかん	盛んだ，盛んに
婿		セイ	女婿
		むこ	婿，花婿
晴	2	セイ	晴天，晴雨，快晴
		はれる	晴れる，晴れ，晴れやかだ
		はらす	晴らす，気晴らし
勢	5	セイ	勢力，優勢，情勢

漢字		音訓	例
		いきおい	勢い
聖	6	セイ	聖書，聖人，神聖
誠	6	セイ	誠実，誠意，至誠
		まこと	誠，誠に
精	5	セイ	精米，精密，精力
		ショウ	精進，不精
製	5	セイ	製造，製鉄，鉄製
誓		セイ	誓約，誓詞，宣誓
		ちかう	誓う，誓い
静（靜）	4	セイ	静止，静穏，安静
		ジョウ	静脈
		しず	静々と，静けさ
		しずか	静かだ
		しずまる	静まる
		しずめる	静める
請		セイ	請求，請願，申請
		シン	普請
		こう	請う
		うける	請ける，請負，下請け
整	3	セイ	整理，整列，調整
		ととのえる	整える
		ととのう	整う
醒		セイ	覚醒
税	5	ゼイ	税金，免税，関税
夕	1	セキ	今夕，一朝一夕
		ゆう	夕方，夕日，夕べ
斥		セキ	斥候，排斥
石	1	セキ	石材，岩石，宝石
		シャク	磁石
		コク	石高，千石船
		いし	石，小石
赤	1	セキ	赤道，赤貧，発赤
		シャク	赤銅
		あか	赤，赤字，赤ん坊
		あかい	赤い
		あからむ	赤らむ
		あからめる	赤らめる
昔	3	セキ	昔日，昔年，昔時
		シャク	今昔
		むかし	昔，昔話
析		セキ	析出，分析，解析
席	4	セキ	席上，座席，出席
脊		セキ	脊髄，脊柱
隻		セキ	隻手，数隻
惜		セキ	惜敗，痛惜，愛惜
		おしい	惜しい
		おしむ	惜しむ，負け惜しみ
戚		セキ	親戚
責	5	セキ	責務，責任，職責
		せめる	責める，責め
跡		セキ	追跡，旧跡，遺跡
		あと	跡，足跡，屋敷跡
積	4	セキ	積雪，蓄積，面積
		つむ	積む，下積み
		つもる	積もる，見積書
績	5	セキ	紡績，成績，業績
籍		セキ	書籍，戸籍，本籍
切	2	セツ	切断，親切，切に
		サイ	一切
		きる	切る
		きれる	切れる
折	4	セツ	折衷，折衝，屈折
		おる	折る，折り紙，折り箱
		おり	折，……する折
		おれる	折れる，名折れ
拙		セツ	拙劣，拙速，巧拙
		つたない	拙い
窃（竊）		セツ	窃盗，窃取
接	5	セツ	接触，接待，直接
		つぐ	接ぐ，接ぎ木，骨接ぎ
設	5	セツ	設立，設備，建設
		もうける	設ける
雪	2	セツ	雪辱，降雪，積雪

音訓下線なし＝小学校で学習　音訓下線あり＝中学校で学習　音訓二重下線あり＝高校で学習

漢字		音訓	例
		ゆき	雪，雪解け，初雪
摂(攝)		セツ	摂取，摂生
節(節)	4	セツ	節約，季節，関節
		セチ	お節料理
		ふし	節，節穴
説	4	セツ	説明，小説，演説
		ゼイ	遊説
		とく	説く
舌	5	ゼツ	舌端，弁舌，筆舌
		した	舌，猫舌，二枚舌
絶	5	ゼツ	絶妙，絶食，断絶
		たえる	絶える
		たやす	絶やす
		たつ	絶つ
千	1	セン	千円，千人力，千差万別
		ち	千草，千々に
川	1	セン	川柳，河川
		かわ	川，川岸，小川
仙		セン	仙骨，仙人，酒仙
占		セン	占拠，占星術，独占
		しめる	占める，買い占め
		うらなう	占う，占い
先	1	セン	先方，先生，率先
		さき	先，先立つ
宣	6	セン	宣言，宣誓，宣伝
専(專)	6	セン	専門，専属，専用
		もっぱら	専ら
泉	6	セン	泉水，源泉，温泉
		いずみ	泉
浅(淺)	4	セン	浅薄，浅学，深浅
		あさい	浅い，浅瀬，遠浅
洗	6	セン	洗面，洗練，洗剤
		あらう	洗う
染	6	セン	染色，染料，汚染
		そめる	染める，染め物
		そまる	染まる
		しみる	染みる，油染みる
		しみ	染み，染み抜き
扇		セン	扇子，扇風機，扇状地
		おうぎ	扇，舞扇
栓		セン	栓，給水栓，消火栓
旋		セン	旋回，旋律，周旋
船	2	セン	船舶，乗船，汽船
		ふね	船，大船，親船
		ふな	船旅，船賃
戦(戰)	4	セン	戦争，苦戦，論戦
		いくさ	戦，勝ち戦
		たたかう	戦う，戦い
煎＊		セン	煎茶
		いる	煎る，煎り豆
羨		セン	羨望
		うらやむ	羨む
		うらやましい	羨ましい
腺		セン	前立腺，涙腺
詮＊		セン	詮索，所詮
践(踐)		セン	実践
箋＊		セン	処方箋，便箋
銭(錢)	5	セン	銭湯，金銭
		ぜに	銭，銭入れ，小銭
潜(潛)		セン	潜水，潜在的，沈潜
		ひそむ	潜む
		もぐる	潜る，潜り込む
線	2	セン	線路，点線，光線
遷		セン	遷延，遷都，変遷
選	4	セン	選択，選挙，当選
		えらぶ	選ぶ
薦		セン	推薦，自薦
		すすめる	薦める
繊(纖)		セン	繊細，繊維，化繊
鮮		セン	鮮魚，鮮明，新鮮
		あざやか	鮮やかだ
全	3	ゼン	全部，全国，完全
		まったく	全く，全うする

赤字＝新常用漢字・音訓　算用数字＝教育漢字の配当学年　＊＝字体注意　《　》＝特別な読みの府県名

漢字		音訓	例
		すべて	全て
前	2	ゼン	前後，以前，空前
		まえ	前，前向き，名前
善	6	ゼン	善悪，善処，慈善
		よい	善い
然	4	ゼン	当然，自然，必然
		ネン	天然
禅(禪)		ゼン	禅宗，禅寺，座禅
漸		ゼン	漸次，漸進的，東漸
膳		ゼン	膳，配膳
繕		ゼン	修繕，営繕
		つくろう	繕う，繕い
狙		ソ	狙撃
		ねらう	狙う，狙い
阻		ソ	阻止，阻害，険阻
		はばむ	阻む
祖(祖)	5	ソ	祖父，祖述，元祖
租		ソ	租税，公租公課
素	5	ソ	素材，元素，平素
		ス	素顔，素手，素性
措		ソ	措置，措辞，挙措
粗		ソ	粗密，粗野，精粗
		あらい	粗い
組	2	ソ	組織，組成，改組
		くむ	組む，組み込む
		くみ	組，組長，赤組
疎		ソ	疎密，疎外，親疎
		うとい	疎い
		うとむ	疎む，疎ましい
訴		ソ	訴訟，告訴，哀訴
		うったえる	訴える，訴え
塑		ソ	塑像，彫塑，可塑性
遡[遡]		ソ	遡及，遡上
		さかのぼる	遡る
礎		ソ	礎石，基礎，定礎
		いしずえ	礎
双(雙)		ソウ	双肩，双方，無双
		ふた	双子，双葉
壮(壯)		ソウ	壮大，壮健，強壮
早	1	ソウ	早朝，早晩，早々に
		サッ	早速，早急
		はやい	早い，早口，素早い
		はやまる	早まる
		はやめる	早める
争(爭)	4	ソウ	争議，競争，紛争
		あらそう	争う，争い
走	2	ソウ	走行，競走，滑走
		はしる	走る，先走る
奏	6	ソウ	奏楽，演奏，合奏
		かなでる	奏でる
相	3	ソウ	相当，相談，真相
		ショウ	首相，宰相
		あい	相手，相宿
荘(莊)		ソウ	荘厳，荘重，別荘
草	1	ソウ	草案，雑草，牧草
		くさ	草，草花，語り草
送	3	ソウ	送別，放送，運送
		おくる	送る，見送り
倉	4	ソウ	倉庫，穀倉
		くら	倉，倉敷料
捜(搜)		ソウ	捜索，捜査
		さがす	捜す
挿(插)		ソウ	挿入，挿話
		さす	挿す，挿絵，挿し木
桑		ソウ	桑園
		くわ	桑，桑畑
巣(巢)	4	ソウ	営巣，卵巣，病巣
		す	巣，巣箱，巣立つ
掃		ソウ	掃除，清掃，一掃
		はく	掃く
曹		ソウ	法曹，法曹界，陸曹
曽(曾)		ソウ	曽祖父，曽孫
		ゾ	未曽有

2 常用漢字表 本表

音訓下線なし＝小学校で学習　音訓下線あり＝中学校で学習　音訓二重下線あり＝高校で学習

漢字		音訓	例
爽		ソウ	爽快
		さわやか	爽やかだ
窓	6	ソウ	車窓，同窓，深窓
		まど	窓，窓口，出窓
創	6	ソウ	創造，独創，刀創
		つくる	創る
喪		ソウ	喪失
		も	喪，喪服，喪主
痩（瘦）		ソウ	痩身
		やせる	痩せる
葬		ソウ	葬儀，埋葬，会葬
		ほうむる	葬る
装（裝）	6	ソウ	装置，服装，変装
		ショウ	装束，衣装
		よそおう	装う，装い
僧（僧）		ソウ	僧院，高僧，尼僧
想	3	ソウ	想像，感想，予想
		ソ	愛想
層（層）	6	ソウ	層雲，高層，断層
総（總）	5	ソウ	総合，総意，総括
遭		ソウ	遭遇，遭難
		あう	遭う
槽		ソウ	水槽，浴槽
踪		ソウ	失踪
操	6	ソウ	操縦，操作，節操
		みさお	操
		あやつる	操る，操り人形
燥		ソウ	乾燥，焦燥，高燥
霜		ソウ	霜害，晩霜
		しも	霜，霜柱，初霜
騒（騷）		ソウ	騒動，騒音，物騒
		さわぐ	騒ぐ，騒ぎ，騒がしい
藻		ソウ	藻類，海藻，詞藻
		も	藻
造	5	ゾウ	造船，造花，構造
		つくる	造る
像	5	ゾウ	肖像，現像，想像
増（增）	5	ゾウ	増減，増加，激増
		ます	増す，水増し
		ふえる	増える
		ふやす	増やす
憎（憎）		ゾウ	憎悪，愛憎
		にくむ	憎む
		にくい	憎い，憎さ
		にくらしい	憎らしい
		にくしみ	憎しみ
蔵（藏）	6	ゾウ	蔵書，貯蔵，土蔵
		くら	蔵，酒蔵
贈（贈）		ゾウ	贈与，贈呈，贈答
		ソウ	寄贈
		おくる	贈る，贈り物
臓（臟）	6	ゾウ	臓器，内臓，心臓
即（卽）		ソク	即応，即席，即興
束	4	ソク	束縛，結束，約束
		たば	束，花束，束ねる
足	1	ソク	足跡，遠足，補足
		あし	足，足音，素足
		たりる	足りる
		たる	舌足らず
		たす	足す
促		ソク	促進，促成，催促
		うながす	促す
則	5	ソク	法則，鉄則，変則
息	3	ソク	休息，消息，子息
		いき	息，息巻く，吐息
捉		ソク	捕捉
		とらえる	捉える
速	3	ソク	速度，敏速，時速
		はやい	速い，速さ
		はやめる	速める
		はやまる	速まる
		すみやか	速やかだ
側	4	ソク	側面，側近，側壁

漢字		音訓	例
		がわ★	側，裏側，片側
測	5	ソク	測量，目測，推測
		はかる	測る
俗		ゾク	俗事，風俗，民俗
族	3	ゾク	一族，家族，民族
属（屬）	5	ゾク	属性，従属，金属
賊		ゾク	賊軍，盗賊
続（續）	4	ゾク	続出，続行，連続
		つづく	続く，続き
		つづける	続ける
卒	4	ソツ	卒業，卒中，兵卒
率	5	ソツ	率先，引率，軽率
		リツ	比率，能率，百分率
		ひきいる	率いる
存	6	ソン	存在，存続，既存
		ゾン	存分，保存，存じます
村	1	ソン	村長，村落，農村
		むら	村，村里，村芝居
孫	4	ソン	子孫，嫡孫
		まご	孫
尊	6	ソン	尊敬，尊大，本尊
		たっとい	尊い
		とうとい	尊い
		たっとぶ	尊ぶ
		とうとぶ	尊ぶ
損	5	ソン	損失，欠損，破損
		そこなう	損なう，見損なう
		そこねる	損ねる
遜［遜］		ソン	謙遜，不遜
他	3	タ	他国，自他，排他的
		ほか	他，○○の他
多	2	タ	多少，多数，雑多
		おおい	多い
汰		タ	沙汰
打	3	ダ	打撃，打破，乱打
		うつ	打つ
妥		ダ	妥当，妥結，妥協
唾		ダ	唾液，唾棄
		つば	唾，眉唾
堕（墮）		ダ	堕落
惰		ダ	惰眠，惰気，怠惰
駄		ダ	駄菓子，駄作，無駄
太	2	タイ	太陽，太鼓，皇太子
		タ	丸太
		ふとい	太い
		ふとる	太る
対（對）	3	タイ	対立，絶対，反対
		ツイ	対句，一対
体（體）	2	タイ	体格，人体，主体
		テイ	体裁，風体
		からだ	体，体つき
耐		タイ	耐久，耐火，忍耐
		たえる	耐える
待	3	タイ	待機，待遇，期待
		まつ	待つ，待ち遠しい
怠		タイ	怠惰，怠慢
		おこたる	怠る
		なまける	怠ける，怠け者
胎		タイ	胎児，受胎，母胎
退	5	タイ	退却，退屈，進退
		しりぞく	退く
		しりぞける	退ける
帯（帶）	4	タイ	携帯，地帯，連帯
		おびる	帯びる
		おび	帯，角帯
泰		タイ	泰然，泰斗，安泰
堆		タイ	堆積
袋		タイ	風袋，郵袋
		ふくろ	袋，紙袋
逮		タイ	逮捕，逮夜
替		タイ	代替
		かえる	替える，両替
		かわる	替わる

音訓下線なし＝小学校で学習　音訓下線あり＝中学校で学習　音訓二重下線あり＝高校で学習

漢字		音訓	例
貸	5	タイ	貸借，貸与，賃貸
		かす	貸す，貸し
隊	4	タイ	隊列，軍隊，部隊
滞(滯)		タイ	滞在，滞貨，沈滞
		とどこおる	滞る
態	5	タイ	態勢，形態，容態
戴		タイ	戴冠，頂戴
大	1	ダイ	大小，大胆，拡大
		タイ	大衆，大した，大して
		おお	大型，大通り，大水
		おおきい	大きい，大きさ，大きな
		おおいに	大いに
代	3	ダイ	代理，世代，現代
		タイ	代謝，交代
		かわる	代わる，代わり
		かえる	代える
		よ	代，神代
		しろ	代物，苗代
台(臺)	2	ダイ	台地，灯台，一台
		タイ	台風，舞台
第	3	ダイ	第一，第三者，及第
題	3	ダイ	題名，問題，出題
滝(瀧)		たき	滝，滝つぼ
宅	6	タク	宅地，自宅，帰宅
択(擇)		タク	選択，採択，二者択一
沢(澤)		タク	光沢，潤沢
		さわ	沢
卓		タク	卓越，卓球，食卓
拓		タク	拓本，開拓
託		タク	託宣，委託，結託
濯		タク	洗濯
諾		ダク	諾否，承諾，快諾
濁		ダク	濁流，濁音，清濁
		にごる	濁る，濁り
		にごす	濁す
但		ただし	但し，但し書き
達	4	タツ	達人，調達，伝達
脱		ダツ	脱衣，脱出，虚脱
		ぬぐ	脱ぐ
		ぬげる	脱げる
奪		ダツ	奪回，奪取，争奪
		うばう	奪う，奪い取る
棚		たな	棚，戸棚，大陸棚
誰		だれ	誰
丹		タン	丹念，丹精
旦		タン	一旦，元旦
		ダン	旦那
担(擔)	6	タン	担当，担架，負担
		かつぐ	担ぐ
		になう	担う
単(單)	4	タン	単独，単位，簡単
炭	3	タン	炭鉱，木炭，石炭
		すみ	炭，炭火，消し炭
胆(膽)		タン	大胆，落胆，魂胆
探	6	タン	探求，探訪，探知
		さぐる	探る，探り
		さがす	探す
淡		タン	淡水，濃淡，冷淡
		あわい	淡い，淡雪
短	3	タン	短歌，短所，長短
		みじかい	短い
嘆(嘆)		タン	嘆息，嘆願，驚嘆
		なげく	嘆く，嘆き
		なげかわしい	嘆かわしい
端		タン	端正，末端，極端
		はし	端，片端
		は	端数，半端，軒端
		はた	端，川端，道端
綻		タン	破綻
		ほころびる	綻びる
誕	6	タン	誕生，生誕
鍛		タン	鍛錬
		きたえる	鍛える，鍛え方

赤字＝新常用漢字・音訓　算用数字＝教育漢字の配当学年　＊＝字体注意　《　》＝特別な読みの府県名

漢字		音訓	例
団(團)	5	ダン	団結，団地，集団
		トン	布団
男	1	ダン	男子，男女，男性
		ナン	長男，美男，善男善女
		おとこ	男，男らしい
段	6	ダン	段落，階段，手段
断(斷)	5	ダン	断絶，断定，判断
		たつ	断つ，塩断ち
		ことわる	断る，断り
弾(彈)		ダン	弾力，弾圧，爆弾
		ひく	弾く，弾き手
		はずむ	弾む，弾み
		たま	弾
暖	6	ダン	暖流，暖房，温暖
		あたたか	暖かだ
		あたたかい	暖かい
		あたたまる	暖まる
		あたためる	暖める
談	3	ダン	談話，談判，相談
壇		ダン	壇上，花壇，文壇
		タン	土壇場
地	2	チ	地下，天地，境地
		ジ	地面，地震，地元
池	2	チ	貯水池，電池
		いけ	池，古池
知	2	チ	知識，知人，通知
		しる	知る，物知り
値	6	チ	価値，数値，絶対値
		ね	値，値段
		あたい	値，値する
恥		チ	恥辱，無恥，破廉恥
		はじる	恥じる，恥じ入る
		はじ	恥，生き恥
		はじらう	恥じらう，恥じらい
		はずかしい	恥ずかしい
致		チ	誘致，合致，風致
		いたす	致す
遅(遲)		チ	遅延，遅刻，遅速
		おくれる	遅れる，遅れ
		おくらす	遅らす
		おそい	遅い，遅咲き
痴(癡)		チ	痴情，愚痴
稚		チ	稚魚，稚拙，幼稚
置	4	チ	位置，放置，処置
		おく	置く
緻		チ	緻密，精緻
竹	1	チク	竹林，竹馬の友，爆竹
		たけ	竹，竹やぶ，さお竹
畜		チク	畜産，牧畜，家畜
逐		チク	逐次，逐一，駆逐
蓄		チク	蓄積，蓄電池，貯蓄
		たくわえる	蓄える，蓄え
築	5	チク	築港，建築，改築
		きずく	築く，築き上げる
秩		チツ	秩序
窒		チツ	窒息，窒素
茶	2	チャ	茶色，茶番劇，番茶
		サ	茶菓，茶話会，喫茶
着	3	チャク	着用，着手，土着
		ジャク	愛着，執着
		きる	着る，着物，晴れ着
		きせる	着せる，お仕着せ
		つく	着く，船着き場
		つける	着ける
嫡		チャク	嫡子，嫡流
中	1	チュウ	中央，中毒，胸中
		ジュウ	○○中
		なか	中，中庭，真ん中
仲	4	チュウ	仲介，仲裁，伯仲
		なか	仲，仲間
虫(蟲)	1	チュウ	虫類，幼虫，害虫
		むし	虫，毛虫
沖		チュウ	沖積層，沖天，沖する

音訓下線なし＝小学校で学習　音訓下線あり＝中学校で学習　音訓二重下線あり＝高校で学習

漢字		音訓	例
		おき	沖
宙	6	チュウ	宙返り，宇宙
忠	6	チュウ	忠実，忠勤，誠忠
抽		チュウ	抽出，抽象
注	3	チュウ	注入，注意，発注
		そそぐ	注ぐ
昼(晝)	2	チュウ	昼夜，昼食，白昼
		ひる	昼，昼寝，真昼
柱	3	チュウ	支柱，円柱，電柱
		はしら	柱，帆柱，大黒柱
衷		チュウ	衷心，折衷，苦衷
酎		チュウ	焼酎
鋳(鑄)		チュウ	鋳造，鋳鉄，改鋳
		いる	鋳る，鋳物，鋳型
駐		チュウ	駐車，駐在，進駐
著(著)	6	チョ	著名，著作，顕著
		あらわす	著す
		いちじるしい	著しい，著しさ
貯	4	チョ	貯蓄，貯金，貯水池
丁	3	チョウ	丁数，落丁，二丁目
		テイ	丁字路，甲乙丙丁
弔		チョウ	弔問，弔辞，慶弔
		とむらう	弔う，弔い
庁(廳)	6	チョウ	庁舎，官庁，県庁
兆	4	チョウ	兆候，前兆，億兆
		きざす	兆す
		きざし	兆し
町	1	チョウ	町会，市町村
		まち	町，町外れ
長	2	チョウ	長女，長所，成長
		ながい	長い，長さ
挑		チョウ	挑戦，挑発
		いどむ	挑む
帳	3	チョウ	帳面，帳簿，通帳
張	5	チョウ	張力，拡張，主張
		はる	張る，欲張る，引っ張る
彫		チョウ	彫刻，彫塑，木彫
		ほる	彫る，木彫り
眺		チョウ	眺望
		ながめる	眺める，眺め
釣		チョウ	釣果，釣魚，釣艇
		つる	釣る，釣り，釣り合い
頂	6	チョウ	頂上，頂点，絶頂
		いただく	頂く，頂き物
		いただき	頂
鳥	2	チョウ	鳥類，野鳥，一石二鳥
		とり	鳥，鳥居，小鳥
			《鳥取(とっとり)県》
朝	2	チョウ	朝食，早朝，今朝
		あさ	朝，朝日，毎朝
貼		チョウ	貼付
		はる	貼る
超		チョウ	超越，超過，入超
		こえる	超える
		こす	超す
腸	4	チョウ	腸炎，大腸，胃腸
跳		チョウ	跳躍
		はねる	跳ねる
		とぶ	跳ぶ，縄跳び
徴(徵)		チョウ	徴収，特徴，象徴
嘲*		チョウ	嘲笑，自嘲
		あざける	嘲る
潮	6	チョウ	潮流，満潮，風潮
		しお	潮，潮風
澄		チョウ	清澄
		すむ	澄む，上澄み
		すます	澄ます，澄まし顔
調	3	チョウ	調和，調査，好調
		しらべる	調べる，調べ
		ととのう	調う
		ととのえる	調える
聴(聽)		チョウ	聴覚，聴衆，傍聴
		きく	聴く

漢字		音訓	例
懲(懲)		チョウ	懲罰，懲戒，懲役
		こりる	懲りる，性懲りもなく
		こらす	懲らす
		こらしめる	懲らしめる
直	2	チョク	直立，直接，実直
		ジキ	直訴，直筆，正直
		ただちに	直ちに
		なおす	直す，手直し
		なおる	直る，仲直り
勅(敕)		チョク	勅語，勅使，詔勅
捗*		チョク	進捗
沈		チン	沈滞，沈黙，浮沈
		しずむ	沈む，浮き沈み
		しずめる	沈める
珍		チン	珍客，珍重，珍妙
		めずらしい	珍しい，珍しさ，珍しがる
朕		チン	
陳		チン	陳列，陳謝，開陳
賃	6	チン	賃金，賃上げ，運賃
鎮(鎭)		チン	鎮座，鎮静，重鎮
		しずめる	鎮める
		しずまる	鎮まる
追	3	ツイ	追跡，追放，訴追
		おう	追う
椎		ツイ	椎間板，脊椎
墜		ツイ	墜落，墜死，撃墜
通	2	ツウ	通行，通読，普通
		ツ	通夜
		とおる	通る，通り
		とおす	通す，通し
		かよう	通う，通い
痛	6	ツウ	痛快，苦痛，心痛
		いたい	痛い，痛さ
		いたむ	痛む，痛み，痛ましい
		いためる	痛める
塚(塚)		つか	塚，貝塚
漬		つける	漬ける，漬物
		つかる	漬かる
坪		つぼ	坪数，建坪
爪		つめ	爪，生爪
		つま	爪先，爪弾く
鶴		つる	鶴，千羽鶴
低	4	テイ	低級，低気圧，高低
		ひくい	低い，低さ
		ひくめる	低める
		ひくまる	低まる
呈		テイ	呈上，進呈，贈呈
廷		テイ	宮廷，法廷，出廷
弟	2	テイ	弟妹，義弟，子弟
		ダイ	兄弟
		デ	弟子
		おとうと	弟
定	3	テイ	定価，安定，決定
		ジョウ	定石，定紋，必定
		さだめる	定める，定め
		さだまる	定まる
		さだか	定かだ
底	4	テイ	底流，海底，到底
		そこ	底，奥底
抵		テイ	抵抗，抵触，大抵
邸		テイ	邸宅，邸内，私邸
亭		テイ	亭主，料亭
貞		テイ	貞淑，貞操，貞節
帝		テイ	帝王，帝国，皇帝
訂		テイ	訂正，改訂
庭	3	テイ	庭園，校庭，家庭
		にわ	庭，庭先
逓(遞)		テイ	逓信，逓送，逓減
停	4	テイ	停止，停車，調停
偵		テイ	偵察，探偵，内偵
堤		テイ	堤防，防波堤
		つつみ	堤
提	5	テイ	提供，提案，前提

漢字		音訓	例
		さげる	提げる，手提げ
程	5	テイ	程度，日程，過程
		ほど	程，程遠い，身の程
艇		テイ	艦艇，舟艇，競艇
締		テイ	締結
		しまる	締まる，締まり
		しめる	締める，締め切る，引き締め
諦		テイ	諦観，諦念
		あきらめる	諦める
泥		デイ	泥土，雲泥，拘泥
		どろ	泥，泥沼，泥棒
的	4	テキ	的中，目的，科学的
		まと	的，的外れ
笛	3	テキ	汽笛，警笛，牧笛
		ふえ	笛，口笛
摘		テキ	摘要，摘発，指摘
		つむ	摘む，摘み草
滴		テキ	水滴，点滴，一滴
		しずく	滴
		したたる	滴る，滴り
適	5	テキ	適切，適度，快適
敵	5	テキ	敵，敵意，匹敵
		かたき	敵，敵役，商売敵
溺*		デキ	溺愛，溺死
		おぼれる	溺れる
迭		テツ	更迭
哲		テツ	哲学，哲人，先哲
鉄（鐵）	3	テツ	鉄道，鉄筋，鋼鉄
徹		テツ	徹底，徹夜，貫徹
撤		テツ	撤去，撤回，撤兵
天	1	テン	天地，天然，雨天
		あめ	天
		あま	天の川，天下り
典	4	テン	典拠，古典，式典
店	2	テン	店舗，開店，本店
		みせ	店，夜店
点（點）	2	テン	点線，点火，採点
展	6	テン	展示，展開，発展
添		テン	添加，添付，添削
		そえる	添える，添え手紙
		そう	添う，付き添う
転（轉）	3	テン	転出，回転，運転
		ころがる	転がる
		ころげる	転げる
		ころがす	転がす
		ころぶ	転ぶ
塡*		テン	装塡，補塡
田	1	デン	田地，水田，油田
		た	田，田植え
伝（傳）	4	デン	伝言，伝統，宣伝
		つたわる	伝わる
		つたえる	伝える，言い伝え
		つたう	伝う
殿		デン	殿堂，宮殿，貴殿
		テン	御殿
		との	殿様，殿方
		どの	○○殿
電	2	デン	電気，電報，発電
斗		ト	斗酒，北斗七星
吐		ト	吐露，吐血，音吐朗々
		はく	吐く，吐き気
妬		ト	嫉妬
		ねたむ	妬む
徒	4	ト	徒歩，徒労，信徒
途		ト	途上，帰途，前途
都（都）	3	ト	都会，都心，首都
		ツ	都合，都度
		みやこ	都，都落ち
渡		ト	渡航，渡河，譲渡
		わたる	渡る，渡り
		わたす	渡す，渡し
塗		ト	塗布，塗装，塗料
		ぬる	塗る，塗り

漢字		音訓	例
賭*		ト	賭場，賭博
		かける	賭ける，賭け
土	1	ド	土木，国土，粘土
		ト	土地
		つち	土，赤土
奴		ド	奴隷，守銭奴
努	4	ド	努力
		つとめる	努める，努めて〔副〕
度	3	ド	度胸，制度，限度
		ト	法度
		タク	支度
		たび	度，度重なる，この度
怒		ド	怒号，怒気，激怒
		いかる	怒る，怒り，怒り狂う
		おこる	怒る
刀	2	トウ	刀剣，短刀，名刀
		かたな	刀
冬	2	トウ	冬季，冬至，越冬
		ふゆ	冬，冬枯れ
灯（燈）	4	トウ	灯火，電灯，点灯
		ひ	灯
当（當）	2	トウ	当惑，当然，妥当
		あたる	当たる，当たり
		あてる	当てる，当て
投	3	トウ	投資，投下，暴投
		なげる	投げる，身投げ
豆	3	トウ	豆腐，納豆
		ズ	大豆
		まめ	豆，豆粒，煮豆
東	2	トウ	東西，東国，以東
		ひがし	東，東側
到		トウ	到着，到底，周到
逃		トウ	逃走，逃亡，逃避
		にげる	逃げる，夜逃げ
		にがす	逃がす
		のがす	逃す，見逃す
		のがれる	逃れる，一時逃れ
倒		トウ	倒産，圧倒，傾倒
		たおれる	倒れる，共倒れ
		たおす	倒す
凍		トウ	凍結，凍死，冷凍
		こおる	凍る，凍り付く
		こごえる	凍える，凍え死に
唐		トウ	唐本，唐突
		から	唐織，唐草模様
島	3	トウ	島民，半島，列島
		しま	島，島国，離れ島
桃		トウ	桃源郷，白桃，桜桃
		もも	桃，桃色
討	6	トウ	討伐，討論，検討
		うつ	討つ，敵討ち
透		トウ	透写，透明，浸透
		すく	透く
		すかす	透かす，透かし
		すける	透ける
党（黨）	6	トウ	党派，政党，徒党
悼		トウ	悼辞，哀悼，追悼
		いたむ	悼む
盗（盜）		トウ	盗難，盗用，強盗
		ぬすむ	盗む，盗み
陶		トウ	陶器，陶酔，薫陶
塔		トウ	五重の塔，石塔
搭		トウ	搭載，搭乗，搭乗券
棟		トウ	上棟，病棟
		むね	棟，別棟
		むな	棟木
湯	3	トウ	湯治，熱湯，微温湯
		ゆ	湯，湯水，煮え湯
痘		トウ	種痘，水痘，天然痘
登	3	トウ	登壇，登校，登記
		ト	登山，登城
		のぼる	登る，山登り
答	2	トウ	答弁，応答，問答

漢字		音訓	例
		こたえる	答える
		こたえ	答え
等	3	トウ	等分，等級，平等
		ひとしい	等しい
筒		トウ	封筒，水筒，円筒形
		つつ	筒，筒抜け
統	5	トウ	統一，統計，伝統
		すべる	統べる
稲(稻)		トウ	水稲，陸稲
		いね	稲，稲刈り
		いな	稲作，稲穂
踏		トウ	踏破，踏襲，高踏的
		ふむ	踏む，足踏み
		ふまえる	踏まえる
糖	6	トウ	糖分，砂糖，製糖
頭	2	トウ	頭部，年頭，船頭
		ズ	頭脳，頭上，頭痛
		ト	音頭
		あたま	頭，頭金，頭打ち
		かしら	頭，頭文字，旗頭
謄		トウ	謄写，謄本
藤		トウ	葛藤
		ふじ	藤，藤色
闘(鬭)		トウ	闘争，闘志，戦闘
		たたかう	闘う，闘い
騰		トウ	騰貴，暴騰，沸騰
同	2	ドウ	同情，異同，混同
		おなじ	同じ，同じだ，同い年
洞		ドウ	洞穴，洞察，空洞
		ほら	洞穴
胴		ドウ	胴体，双胴船
動	3	ドウ	動物，活動，騒動
		うごく	動く，動き
		うごかす	動かす
堂	4	ドウ	堂々と，殿堂，母堂
童	3	ドウ	童話，童心，児童
		わらべ	童，童歌
道	2	ドウ	道路，道徳，報道
		トウ	神道
		みち	道，近道
働	4	ドウ	労働，実働
		はたらく	働く，働き
銅	5	ドウ	銅器，銅像，青銅
導	5	ドウ	導入，指導，半導体
		みちびく	導く，導き
瞳		ドウ	瞳孔
		ひとみ	瞳
峠		とうげ	峠，峠道
匿		トク	匿名，隠匿
特	4	トク	特殊，特産，独特
得	4	トク	得意，会得，損得
		える	得る
		うる	得るところ，書き得る
督		トク	督促，督励，監督
徳(德)	5	トク	徳義，徳用，道徳
篤		トク	篤農，危篤，懇篤
毒	4	ドク	毒薬，毒舌，中毒
独(獨)	5	ドク	独立，独断，単独
		ひとり	独り，独り者
読(讀)	2	ドク	読書，音読，購読
		トク	読本
		トウ	読点，句読点
		よむ	読む，読み
栃		とち	
凸		トツ	凸版，凸レンズ，凹凸
突(突)		トツ	突然，突端，衝突
		つく	突く，一突き
届(屆)	6	とどける	届ける，届け
		とどく	届く，行き届く
屯		トン	駐屯，駐屯地
豚		トン	養豚
		ぶた	豚，子豚
頓		トン	頓着，整頓

漢字		音訓	例
貪		ドン	貪欲
		むさぼる	貪る
鈍		ドン	鈍感，鈍角，愚鈍
		にぶい	鈍い，鈍さ
		にぶる	鈍る
曇		ドン	曇天
		くもる	曇る，曇り
丼		どんぶり	丼，丼飯
		どん	牛丼，天丼
那		ナ	刹那，旦那
奈		ナ	奈落
内	2	ナイ	内外，内容，家内
		ダイ	内裏，参内
		うち	内，内側，内気
梨		なし	梨
謎［謎］		なぞ	謎
鍋		なべ	鍋，鍋料理
南	2	ナン	南北，南端，指南
		ナ	南無
		みなみ	南，南向き
軟		ナン	軟化，軟弱，硬軟
		やわらか	軟らかだ
		やわらかい	軟らかい
難（難）	6	ナン	難易，困難，非難
		かたい	許し難い，有り難い
		むずかしい	難しい，難しさ
二	1	ニ	二番目，二分，十二月
		ふた	二重まぶた
		ふたつ	二つ
尼		ニ	尼僧，修道尼
		あま	尼，尼寺
弐（貳）		ニ	弐万円
匂		におう	匂う，匂い
肉	2	ニク	肉類，肉薄，筋肉
虹		にじ	虹
日	1	ニチ	日時，日光，毎日
		ジツ	連日，平日，休日
		ひ	日，日帰り，月曜日
		か	三日，十日
入	1	ニュウ	入学，侵入，収入
		いる	寝入る，大入り，気に入る
		いれる	入れる，入れ物
		はいる	入る
乳	6	ニュウ	乳児，乳液，牛乳
		ちち	乳
		ち	乳首，乳飲み子
尿		ニョウ	尿意，尿素，夜尿症
任	5	ニン	任意，任務，責任
		まかせる	任せる，人任せ
		まかす	任す
妊		ニン	妊娠，懐妊，不妊
忍		ニン	忍者，忍耐，残忍
		しのぶ	忍ぶ，忍び足，忍びやかだ
		しのばせる	忍ばせる
認	6	ニン	認識，承認，否認
		みとめる	認める
寧		ネイ	安寧，丁寧
熱	4	ネツ	熱病，熱湯，情熱
		あつい	熱い，熱さ
年	1	ネン	年代，少年，豊年
		とし	年，年子，年寄り
念	4	ネン	念願，信念，断念
捻		ネン	捻挫，捻出
粘		ネン	粘土，粘液，粘着
		ねばる	粘る，粘り，粘り強い
燃	5	ネン	燃焼，燃料，可燃性
		もえる	燃える，燃え尽きる
		もやす	燃やす
		もす	燃す
悩（惱）		ノウ	悩殺，苦悩，煩悩
		なやむ	悩む，悩み，悩ましい
		なやます	悩ます
納	6	ノウ	納入，納涼，収納

漢字		音訓	例
		ナッ	納得，納豆
		ナ	納屋
		ナン	納戸
		トウ	出納
		おさめる	納める，御用納め
		おさまる	納まる，納まり
能	5	ノウ	能力，芸能，効能
脳(腦)	6	ノウ	脳髄，首脳，頭脳
農	3	ノウ	農業，農具，酪農
濃		ノウ	濃厚，濃紺，濃淡
		こい	濃い，濃さ
把		ハ	把握，把持，一把(ワ)，三把(バ)，十把(パ)
波	3	ハ	波浪，波及，電波
		なみ	波，波立つ，荒波
派	6	ハ	派遣，派生，流派
破	5	ハ	破壊，破産，撃破，破棄
		やぶる	破る，型破り
		やぶれる	破れる，破れ
覇(霸)		ハ	覇権，覇者，制覇
馬	2	バ	馬車，競馬，乗馬
		うま	馬，馬小屋
		ま	馬子，絵馬
婆		バ	老婆，産婆役
罵		バ	罵声，罵倒
		ののしる	罵る
拝(拜)	6	ハイ	拝見，拝礼，崇拝
		おがむ	拝む，拝み倒す
杯		ハイ	祝杯，銀杯，一杯
		さかずき	杯
背	6	ハイ	背後，背景，腹背
		せ	背，背丈，背中
		せい	背，上背
		そむく	背く
		そむける	背ける
肺	6	ハイ	肺臓，肺炎，肺活量
俳	6	ハイ	俳優，俳句，俳味
配	3	ハイ	配分，交配，心配
		くばる	配る
排		ハイ	排斥，排気，排除
敗	4	ハイ	敗北，腐敗，失敗
		やぶれる	敗れる
廃(廢)		ハイ	廃止，廃物，荒廃
		すたれる	廃れる
		すたる	廃る，はやり廃り
輩		ハイ	輩出，同輩，先輩
売(賣)	2	バイ	売買，売品，商売
		うる	売る，売り出す
		うれる	売れる，売れ行き
倍	3	バイ	倍率，倍加，二倍
梅(梅)	4	バイ	梅園，梅雨，紅梅
		うめ	梅，梅見，梅酒
培		バイ	培養，栽培
		つちかう	培う
陪		バイ	陪席，陪食，陪審
媒		バイ	媒介，媒体，触媒
買	2	バイ	買収，売買，購買
		かう	買う，買い物
賠		バイ	賠償
白	1	ハク	白髪，紅白，明白
		ビャク	黒白
		しろ	白，白黒，真っ白
		しら	白壁，白む，白ける
		しろい	白い
伯		ハク	伯仲，画伯
拍		ハク	拍手，拍車，一拍
		ヒョウ	拍子
泊		ハク	宿泊，停泊，外泊
		とまる	泊まる，泊まり
		とめる	泊める
迫		ハク	迫害，脅迫，切迫
		せまる	迫る
剥＊		ハク	剥製，剥奪

赤字＝新常用漢字・音訓　算用数字＝教育漢字の配当学年　＊＝字体注意　《　》＝特別な読みの府県名

漢字		音訓	例
		はがす	剥がす
		はぐ	剥ぐ
		はがれる	剥がれる
		はげる	剥げる
舶		ハク	舶来，船舶
博	4	ハク	博識，博覧，博士号
		バク	博労，博徒
薄		ハク	薄情，薄謝，軽薄
		うすい	薄い，薄着，品薄
		うすめる	薄める
		うすまる	薄まる
		うすらぐ	薄らぐ
		うすれる	薄れる
麦（麥）	2	バク	麦芽，麦秋，精麦
		むぎ	麦，麦粉，小麦
漠		バク	漠然，広漠，砂漠
縛		バク	束縛，捕縛
		しばる	縛る，金縛り
爆		バク	爆発，爆弾，原爆
箱	3	はこ	箱，箱庭，小箱
箸*		はし	箸
畑	3	はた	畑，畑作
		はたけ	畑，畑違い，麦畑
肌		はだ	肌，肌色，地肌
八	1	ハチ	八月，八方
		や	八重桜
		やつ	八つ当たり
		やっつ	八つ
		よう	八日
鉢		ハチ	鉢，植木鉢
		ハツ	衣鉢
発（發）	3	ハツ	発明，発射，突発
		ホツ	発作，発端，発起
髪（髮）		ハツ	頭髪，白髪，整髪
		かみ	髪，髪結い，日本髪
伐		バツ	伐採，征伐，殺伐
抜（拔）		バツ	抜群，選抜
		ぬく	抜く，くぎ抜き
		ぬける	抜ける，気抜け
		ぬかす	抜かす
		ぬかる	抜かる，抜かり
罰		バツ	罰金，処罰，天罰
		バチ	罰当たり
閥		バツ	門閥，財閥，派閥
反	3	ハン	反映，反対，違反
		ホン	謀反
		タン	反物
		そる	反る，反り
		そらす	反らす
半	2	ハン	半分，半面，大半
		なかば	半ば
氾		ハン	氾濫
犯	5	ハン	犯罪，共犯，侵犯
		おかす	犯す
帆		ハン	帆船，帆走，出帆
		ほ	帆，帆柱，帆前船
汎		ハン	汎用
伴		ハン	同伴，随伴
		バン	伴奏，伴食
		ともなう	伴う
判	5	ハン	判定，判明，裁判
		バン	Ａ判，大判
坂	3	ハン	急坂
		さか	坂，坂道，下り坂
阪		ハン	阪神，京阪
			《大阪（おおさか）府》
板	3	ハン	乾板，鉄板
		バン	黒板，掲示板
		いた	板，板前
版	5	ハン	版画，写真版，出版
班	6	ハン	班長，救護班
畔		ハン	湖畔
般		ハン	諸般，一般，先般

音訓下線なし＝小学校で学習　音訓下線あり＝中学校で学習　音訓二重下線あり＝高校で学習

漢字		音訓	例
販		ハン	販売，販路，市販
斑		ハン	斑点
飯	4	ハン	御飯，炊飯，赤飯
		めし	飯，飯粒，五目飯
搬		ハン	搬入，搬出，運搬
煩		ハン	煩雑
		ボン	煩悩
		わずらう	煩う，煩い，煩わしい
		わずらわす	煩わす
頒		ハン	頒布，頒価
範		ハン	範囲，師範，模範
繁(繁)		ハン	繁栄，繁茂，繁華街
藩		ハン	藩主，廃藩
晩(晚)	6	バン	晩夏，今晩，早晩
番	2	バン	番人，番組，順番
蛮(蠻)		バン	蛮行，蛮人，野蛮
盤		バン	基盤，円盤，碁盤
比	5	ヒ	比較，比例，無比
		くらべる	比べる，背比べ
皮	3	ヒ	皮膚，皮相，樹皮
		かわ	皮，毛皮
妃		ヒ	妃殿下，王妃
否	6	ヒ	否定，適否，安否
		いな	否，否めない
批	6	ヒ	批判，批評，批准
彼		ヒ	彼我，彼岸
		かれ	彼，彼ら
		かの	彼女
披		ヒ	披見，披露，直披
肥	5	ヒ	肥大，肥料，施肥
		こえる	肥える
		こえ	肥，下肥
		こやす	肥やす
		こやし	肥やし
非	5	ヒ	非難，非常，是非
卑(卑)		ヒ	卑近，卑屈，卑下
		いやしい	卑しい，卑しさ
		いやしむ	卑しむ
		いやしめる	卑しめる
飛	4	ヒ	飛行，飛躍，雄飛
		とぶ	飛ぶ，飛び火
		とばす	飛ばす
疲		ヒ	疲労，疲弊
		つかれる	疲れる，疲れ
秘(祕)	6	ヒ	秘密，秘書，神秘
		ひめる	秘める
被		ヒ	被服，被害，被告
		こうむる	被る
悲	3	ヒ	悲喜，悲劇，慈悲
		かなしい	悲しい，悲しがる
		かなしむ	悲しむ，悲しみ
扉		ヒ	開扉，門扉
		とびら	扉
費	4	ヒ	費用，消費，旅費
		ついやす	費やす
		ついえる	費える，費え
碑(碑)		ヒ	碑銘，石碑，記念碑
罷		ヒ	罷業，罷免
避		ヒ	避難，逃避，不可避
		さける	避ける
尾		ビ	尾行，首尾，末尾
		お	尾，尾頭付き，尾根
眉		ビ	眉目，焦眉
		ミ	眉間
		まゆ	眉毛
美	3	ビ	美醜，美術，賛美
		うつくしい	美しい，美しさ
備	5	ビ	備考，守備，準備
		そなえる	備える，備え
		そなわる	備わる
微		ビ	微細，微笑，衰微
鼻	3	ビ	鼻音，鼻孔，耳鼻科
		はな	鼻，鼻血，小鼻

赤字＝新常用漢字・音訓　算用数字＝教育漢字の配当学年　＊＝字体注意　《　》＝特別な読みの府県名

漢字		音訓	例
膝		ひざ	膝，膝頭
肘		ひじ	肘，肘掛け
匹		ヒツ	匹敵，匹夫，馬匹
		ひき	数匹
必	4	ヒツ	必然，必死，必要
		かならず	必ず，必ずしも
泌		ヒツ	分泌
		ヒ	泌尿器
筆	3	ヒツ	筆力，筆記，毛筆
		ふで	筆，筆先
姫		ひめ	姫，姫松
百	1	ヒャク	百貨店，百科全書，数百
氷	3	ヒョウ	氷点，氷山，結氷
		こおり	氷
		ひ	氷雨
表	3	ヒョウ	表面，代表，発表
		おもて	表，表門，裏表
		あらわす	表す
		あらわれる	表れる
俵	5	ヒョウ	一俵，土俵
		たわら	俵，米俵
票	4	ヒョウ	票決，投票，伝票
評	5	ヒョウ	評価，評判，定評
漂		ヒョウ	漂着，漂白，漂流
		ただよう	漂う
標	4	ヒョウ	標準，標本，目標
苗		ビョウ	種苗，痘苗
		なえ	苗，苗木
		なわ	苗代
秒	3	ビョウ	秒針，秒速，寸秒
病	3	ビョウ	病気，病根，看病
		ヘイ	疾病
		やむ	病む，病み付き
		やまい	病
描		ビョウ	描写，素描，点描
		えがく	描く，描き出す
		かく	描く，絵描き
猫		ビョウ	愛猫
		ねこ	猫
品	3	ヒン	品評，作品，上品
		しな	品，品物，手品
浜（濱）		ヒン	海浜
		はま	浜，浜辺，砂浜
貧	5	ヒン	貧富，貧弱，清貧
		ビン	貧乏
		まずしい	貧しい，貧しさ
賓（賓）		ヒン	賓客，主賓，来賓
頻（頻）		ヒン	頻度，頻発，頻繁
敏（敏）		ビン	敏速，機敏，鋭敏
瓶（瓶）		ビン	瓶，瓶詰，花瓶
不	4	フ	不当，不利，不賛成
		ブ	不作法，不用心
夫	4	フ	夫妻，農夫，凡夫
		フウ	夫婦，工夫
		おっと	夫
父	2	フ	父母，父兄，祖父
		ちち	父，父親
付	4	フ	付与，交付，給付
		つける	付ける，名付け
		つく	付く，気付く
布	5	フ	布陣，綿布，分布
		ぬの	布，布地，布目
扶		フ	扶助，扶養，扶育
府	4	フ	府県，首府，政府
怖		フ	恐怖
		こわい	怖い，怖がる
阜		フ	
附		フ	附属，寄附
訃		フ	訃報
負	3	フ	負担，負傷，勝負
		まける	負ける，負け
		まかす	負かす
		おう	負う，負い目，背負う

音訓下線なし＝小学校で学習　音訓下線あり＝中学校で学習　音訓二重下線あり＝高校で学習

漢字		音訓	例
赴		フ	赴任
		おもむく	赴く
浮		フ	浮沈，浮力，浮薄
		うく	浮く，浮き，浮世絵
		うかれる	浮かれる
		うかぶ	浮かぶ
		うかべる	浮かべる
婦	5	フ	婦人，夫婦，主婦
符		フ	符号，切符，音符
富	5	フ	富強，富裕，貧富
		フウ	富貴
		とむ	富む，富み栄える
		とみ	富
			《富山（とやま）県》
普		フ	普通，普遍，普請
腐		フ	腐心，腐敗，陳腐
		くさる	腐る
		くされる	腐れ縁，ふて腐れる
		くさらす	腐らす
敷		フ	敷設
		しく	敷く，敷石，屋敷
膚		フ	皮膚，完膚
賦		フ	賦役，月賦，天賦
譜		フ	系譜，楽譜，年譜
侮（侮）		ブ	侮辱，軽侮
		あなどる	侮る，侮り
武	5	ブ	武力，武士，文武
		ム	武者人形，荒武者
部	3	ブ	部分，全部，本部
舞		ブ	舞踏，舞台，鼓舞
		まう	舞う，舞い上がる
		まい	舞，舞扇
封		フウ	封鎖，封書，密封
		ホウ	封建的，素封家
風	2	フウ	風力，風俗，強風
		フ	風情，中風
		かぜ	風，そよ風
		かざ	風上，風車
伏		フク	伏線，起伏，潜伏
		ふせる	伏せる，うつ伏せ
		ふす	伏す，伏し拝む
服	3	フク	服装，服従，洋服
副	4	フク	副業，副作用，正副
幅		フク	幅員，振幅，全幅
		はば	幅，横幅
復	5	フク	復活，往復，報復
福（福）	3	フク	福祉，福徳，幸福
腹	6	フク	腹案，空腹，山腹
		はら	腹，腹芸，太っ腹
複	5	フク	複数，複雑，重複
覆		フク	覆面，転覆
		おおう	覆う，覆い
		くつがえす	覆す
		くつがえる	覆る
払（拂）		フツ	払暁，払底
		はらう	払う，払い，月払い
沸		フツ	沸騰，沸点，煮沸
		わく	沸く，沸き上がる
		わかす	沸かす，湯沸かし
仏（佛）	5	ブツ	仏事，仏像，念仏
		ほとけ	仏，仏様，生き仏
物	3	ブツ	物質，人物，動物
		モツ	食物，進物，禁物
		もの	物，物語，品物
粉	4	フン	粉末，粉砕，粉飾
		こ	粉，小麦粉
		こな	粉，粉雪
紛		フン	紛失，紛争，内紛
		まぎれる	紛れる，紛れ
		まぎらす	紛らす
		まぎらわす	紛らわす
		まぎらわしい	紛らわしい
雰		フン	雰囲気

赤字＝新常用漢字・音訓　算用数字＝教育漢字の配当学年　＊＝字体注意　《　》＝特別な読みの府県名

漢字		音訓	例
噴		フン	噴火，噴出，噴水
		ふく	噴く，噴き出す
墳		フン	墳墓，古墳
憤		フン	憤慨，義憤，発憤
		いきどおる	憤る，憤り
奮	6	フン	奮起，奮発，興奮
		ふるう	奮う，奮い立つ，奮って〔副〕
分	2	ブン	分解，自分，水分
		フン	分別，分銅，三十分
		ブ	一分一厘，五分
		わける	分ける，引き分け
		わかれる	分かれる
		わかる	分かる
		わかつ	分かつ，分かち合う
			《大分(おおいた)県》
文	1	ブン	文学，文化，作文
		モン	文字，経文，天文学
		ふみ	恋文
聞	2	ブン	新聞，風聞，見聞
		モン	聴聞，前代未聞
		きく	聞く，人聞き
		きこえる	聞こえる，聞こえ
丙		ヘイ	丙種，甲乙丙
平	3	ヘイ	平面，平和，公平
		ビョウ	平等
		たいら	平らな土地，平らげる
		ひら	平手，平謝り，平たい
兵	4	ヘイ	兵器，兵隊，撤兵
		ヒョウ	兵糧，雑兵
併(倂)		ヘイ	併合，併用，合併
		あわせる	併せる，併せて〔接〕
並(竝)	6	ヘイ	並行，並列，並立
		なみ	並の品，並木，足並み
		ならべる	並べる，五目並べ
		ならぶ	並ぶ，並び
		ならびに	並びに
柄		ヘイ	横柄，権柄ずく
		がら	柄，家柄，身柄
		え	柄
陛	6	ヘイ	陛下
閉	6	ヘイ	閉店，閉口，密閉
		とじる	閉じる，閉じ込める
		とざす	閉ざす
		しめる	閉める
		しまる	閉まる
塀(塀)		ヘイ	塀，板塀
幣		ヘイ	貨幣，紙幣，御幣担ぎ
弊		ヘイ	弊害，旧弊，疲弊
蔽*		ヘイ	隠蔽
餅[餅]*		ヘイ	煎餅
(餅)		もち	餅屋，尻餅
米	2	ベイ	米作，米価，米食
		マイ	精米，新米，白米
		こめ	米，米粒
壁		ヘキ	壁面，壁画，岸壁
		かべ	壁，壁土，白壁
璧		ヘキ	完璧，双璧
癖		ヘキ	習癖，病癖，潔癖
		くせ	癖，口癖
別	4	ベツ	別離，区別，特別
		わかれる	別れる，別れ
蔑		ベツ	蔑視，軽蔑
		さげすむ	蔑む
片	6	ヘン	紙片，破片，断片
		かた	片方，片手，片一方
辺(邊)	4	ヘン	辺境，周辺，その辺
		あたり	辺り
		べ	海辺，岸辺
返	3	ヘン	返却，返事，返礼
		かえす	返す，仕返し
		かえる	返る，寝返り
変(變)	4	ヘン	変化，異変，大変
		かわる	変わる，変わり種

音訓下線なし＝小学校で学習　音訓下線あり＝中学校で学習　音訓二重下線あり＝高校で学習

漢字		音訓	例
		かえる	変える
偏		ヘン	偏向，偏見，偏食
		かたよる	偏る，偏り
遍		ヘン	遍歴，普遍，一遍
編	5	ヘン	編集，編成，長編
		あむ	編む，手編み
弁（辨 瓣 辯）	5	ベン	弁償，花弁，雄弁
便	4	ベン	便利，便法，簡便
		ビン	便乗，郵便，定期便
		たより	便り，初便り，花便り
勉（勉）	3	ベン	勉強，勉学，勤勉
歩（步）	2	ホ	歩道，徒歩，進歩
		ブ	歩合，日歩
		フ	歩
		あるく	歩く
		あゆむ	歩む，歩み
保	5	ホ	保護，保存，担保
		たもつ	保つ
哺		ホ	哺乳類
捕		ホ	捕獲，捕虜，逮捕
		とらえる	捕らえる
		とらわれる	捕らわれる
		とる	捕る，捕り物
		つかまえる	捕まえる
		つかまる	捕まる
補	6	ホ	補欠，補充，候補
		おぎなう	補う，補い
舗		ホ	舗装，店舗
母	2	ボ	母性，父母，祖母
		はは	母，母親
募		ボ	募金，募集，応募
		つのる	募る
墓	5	ボ	墓地，墓参，墓穴
		はか	墓，墓参り
慕		ボ	慕情，敬慕，思慕
		したう	慕う，慕わしい
暮	6	ボ	暮春，歳暮，薄暮
		くれる	暮れる，暮れ
		くらす	暮らす，暮らし
簿		ボ	簿記，名簿，帳簿
方	2	ホウ	方法，方角，地方
		かた	お乗りの方，話し方，敵方
包	4	ホウ	包囲，包容力，内包
		つつむ	包む，包み，小包
芳		ホウ	芳香，芳紀，芳志
		かんばしい	芳しい，芳しさ
邦		ホウ	邦楽，本邦，連邦
奉		ホウ	奉納，奉仕，信奉
		ブ	奉行
		たてまつる	奉る
宝（寶）	6	ホウ	宝石，国宝，財宝
		たから	宝，宝船，子宝
抱		ホウ	抱負，抱懐，介抱
		だく	抱く
		いだく	抱く
		かかえる	抱える，一抱え
放	3	ホウ	放送，放棄，追放
		はなす	放す，手放す
		はなつ	放つ
		はなれる	放れる
		ほうる	放る
法	4	ホウ	法律，文法，方法
		ハッ	法度
		ホッ	法主
泡		ホウ	気泡，水泡，発泡
		あわ	泡，泡立つ
胞		ホウ	胞子，同胞，細胞
俸		ホウ	俸給，年俸，本俸
倣		ホウ	模倣
		ならう	倣う
峰		ホウ	秀峰，霊峰，連峰

漢字		音訓	例
		みね	峰，剣が峰
砲		ホウ	砲撃，大砲，鉄砲
崩		ホウ	崩壊
		くずれる	崩れる，山崩れ
		くずす	崩す
訪	6	ホウ	訪問，来訪，探訪
		おとずれる	訪れる，訪れ
		たずねる	訪ねる
報	5	ホウ	報酬，報告，情報
		むくいる	報いる，報い
蜂		ホウ	蜂起
		はち	蜜蜂
豊(豐)	5	ホウ	豊作，豊満，豊富
		ゆたか	豊かだ
飽		ホウ	飽和，飽食
		あきる	飽きる，飽き，見飽きる
		あかす	……に飽かして
褒(襃)		ホウ	褒章，褒美，過褒
		ほめる	褒める
縫		ホウ	縫合，縫製，裁縫
		ぬう	縫う，縫い目
亡	6	ボウ	亡父，亡命，存亡
		モウ	亡者
		ない	亡い，亡き人，亡くす，亡くなる
乏		ボウ	欠乏，貧乏，耐乏
		とぼしい	乏しい，乏しさ
忙		ボウ	忙殺，多忙，繁忙
		いそがしい	忙しい，忙しさ
坊		ボウ	坊主，朝寝坊，赤ん坊
		ボッ	坊ちゃん
妨		ボウ	妨害
		さまたげる	妨げる，妨げ
忘	6	ボウ	忘却，忘年会，備忘
		わすれる	忘れる，物忘れ
防	5	ボウ	防備，堤防，予防
		ふせぐ	防ぐ，防ぎ
房		ボウ	独房，冷房，僧房
		ふさ	房，一房，乳房
肪		ボウ	脂肪
某		ボウ	某氏，某国，某所
冒		ボウ	冒険，冒頭，感冒
		おかす	冒す
剖		ボウ	解剖
紡		ボウ	紡績，混紡
		つむぐ	紡ぐ
望	4	ボウ	望郷，希望，人望
		モウ	所望，大望，本望
		のぞむ	望む，望み，望ましい
傍		ボウ	傍線，傍聴，路傍
		かたわら	傍ら
帽		ボウ	帽子，脱帽，無帽
棒	6	ボウ	棒グラフ，棒読み，鉄棒
貿	5	ボウ	貿易
貌		ボウ	変貌，美貌
暴	5	ボウ	暴言，横暴，乱暴
		バク	暴露
		あばく	暴く，暴き出す
		あばれる	暴れる，大暴れ
膨		ボウ	膨大
		ふくらむ	膨らむ，膨らみ
		ふくれる	膨れる，青膨れ
謀		ボウ	謀略，無謀，首謀者
		ム	謀反
		はかる	謀る
頬*		ほお	頬，頬張る
北	2	ホク	北進，北方，敗北
		きた	北，北風，北半球
木	1	ボク	木石，大木，土木
		モク	木造，樹木，材木
		き	木，並木，拍子木
		こ	木立，木陰
朴		ボク	純朴，素朴
牧	4	ボク	牧場，牧師，遊牧

音訓下線なし＝小学校で学習　音訓下線あり＝中学校で学習　音訓二重下線あり＝高校で学習

漢字		音訓	例
		まき	牧場
睦		ボク	親睦，和睦
僕		ボク	僕，公僕
墨(墨)		ボク	筆墨，白墨，遺墨
		すみ	墨，墨絵，眉墨
撲		ボク	撲殺，撲滅，打撲
没		ボツ	没収，没交渉，出没
勃		ボツ	勃興，勃発
堀		ほり	堀，外堀，釣堀
本	1	ホン	本質，本来，資本
		もと	本，旗本
奔		ホン	奔走，奔放，出奔
翻(飜)		ホン	翻意，翻訳，翻刻
		ひるがえる	翻る
		ひるがえす	翻す
凡		ボン	凡人，凡百，平凡
		ハン	凡例
盆		ボン	盆栽，盆地，旧盆
麻		マ	麻薬，麻酔，亜麻
		あさ	麻
摩		マ	摩擦，摩天楼
磨		マ	研磨
		みがく	磨く，磨き粉
魔		マ	魔法，悪魔，邪魔
毎(每)	2	マイ	毎度，毎日，毎々
妹	2	マイ	姉妹，義妹，令妹
		いもうと	妹
枚	6	マイ	枚数，枚挙，大枚
昧		マイ	曖昧，三昧
埋		マイ	埋没，埋蔵，埋葬
		うめる	埋める，埋め立て，穴埋め
		うまる	埋まる
		うもれる	埋もれる，埋もれ木
幕	6	マク	幕切れ，天幕，暗幕
		バク	幕府，幕末，幕僚
膜		マク	膜質，鼓膜，粘膜
枕		まくら	枕，枕元
又		また	又，又は
末	4	マツ	末代，本末，粉末
		バツ	末子，末弟
		すえ	末，末っ子，末頼もしい
抹		マツ	抹殺，抹消，一抹
万(萬)	2	マン	万一，万年筆，巨万
		バン	万国，万端，万全
満(滿)	4	マン	満月，満足，充満
		みちる	満ちる，満ち潮
		みたす	満たす
慢		マン	慢性，怠慢，自慢
漫		マン	漫画，漫歩，散漫
未	4	ミ	未来，未満，前代未聞
味	3	ミ	味覚，意味，興味
		あじ	味，味見，塩味
		あじわう	味わう，味わい
魅		ミ	魅力，魅惑，魅する
岬		みさき	岬
密	6	ミツ	密約，厳密，秘密
蜜		ミツ	蜜，蜜月
脈	4	ミャク	脈絡，動脈，山脈
妙		ミョウ	妙案，奇妙，巧妙
民	4	ミン	民族，民主的，国民
		たみ	民
眠		ミン	不眠，安眠，睡眠
		ねむる	眠る，眠り
		ねむい	眠い，眠たい，眠気
矛		ム	矛盾
		ほこ	矛，矛先
務	5	ム	事務，職務，義務
		つとめる	務める，務め
		つとまる	務まる
無	4	ム	無名，無理，皆無
		ブ	無事，無礼，無愛想
		ない	無い，無くす，無くなる
夢	5	ム	夢幻，夢中，悪夢

漢字		音訓	例
		ゆめ	夢，夢見る，初夢
霧		ム	霧笛，濃霧，噴霧器
		きり	霧，霧雨，朝霧
娘		むすめ	娘，娘心，小娘
名	1	メイ	名誉，氏名，有名
		ミョウ	名字，本名，大名
		な	名，名前
命	3	メイ	命令，運命，生命
		ミョウ	寿命
		いのち	命，命拾い
明	2	メイ	明暗，説明，鮮明
		ミョウ	明日，光明，灯明
		あかり	明かり，薄明かり
		あかるい	明るい，明るさ
		あかるむ	明るむ
		あからむ	明らむ
		あきらか	明らかだ
		あける	明ける，夜明け
		あく	明く
		あくる	明くる日，明くる朝
		あかす	明かす，種明かし
迷	5	メイ	迷路，迷惑，低迷
		まよう	迷う，迷い
冥		メイ	冥福
		ミョウ	冥加，冥利
盟	6	メイ	加盟，同盟，連盟
銘		メイ	銘柄，碑銘
鳴	2	メイ	鳴動，悲鳴，雷鳴
		なく	鳴く，鳴き声
		なる	鳴る，耳鳴り
		ならす	鳴らす
滅		メツ	滅亡，消滅，絶滅
		ほろびる	滅びる
		ほろぼす	滅ぼす
免（免）		メン	免許，免除，放免
		まぬかれる	免れる
面	3	メン	面会，顔面，方面
		おも	川の面，面影，面長
		おもて	面，細面
		つら	面，面魂，鼻面
綿	5	メン	綿布，綿密，純綿
		わた	綿，真綿
麺（麵）		メン	麺類
茂		モ	繁茂
		しげる	茂る，茂み
模	6	モ	模範，模型，模倣
		ボ	規模
毛	2	モウ	毛髪，毛細管，不毛
		け	毛，毛糸，抜け毛
妄		モウ	妄信，妄想，迷妄
		ボウ	妄言
盲		モウ	盲点，盲従，文盲
耗		モウ	消耗
		コウ	心神耗弱
猛		モウ	猛烈，猛獣，勇猛
網		モウ	網膜，漁網，通信網
		あみ	網，網戸
目	1	モク	目的，目前，項目
		ボク	面目
		め	目，目立つ，結び目
		ま	目の当たり，目深
黙（默）		モク	黙殺，暗黙，沈黙
		だまる	黙る，黙り込む
門	2	モン	門戸，門下生，専門
		かど	門，門口，門松
紋		モン	紋章，指紋，波紋
問	3	モン	問題，問答，訪問
		とう	問う，問いただす
		とい	問い
		とん	問屋
冶		ヤ	冶金，陶冶
夜	2	ヤ	夜半，深夜，昼夜
		よ	夜が明ける，夜風，月夜

音訓下線なし＝小学校で学習　音訓下線あり＝中学校で学習　音訓二重下線あり＝高校で学習

漢字		音訓	例
		よる	夜，夜昼
野	2	ヤ	野外，野性，分野
		の	野，野原，野放し
弥(彌)		や	
厄		ヤク	厄，厄年，災厄
役	3	ヤク	役所，役目，荷役
		エキ	役務，使役，兵役
約	4	ヤク	約束，約半分，節約
訳(譯)	6	ヤク	訳文，翻訳，通訳
		わけ	訳，内訳，申し訳
薬(藥)	3	ヤク	薬剤，薬局，火薬
		くすり	薬，飲み薬
躍		ヤク	躍動，躍起，飛躍
		おどる	躍る，躍り上がる
闇		やみ	闇夜，暗闇
由	3	ユ	由来，経由
		ユウ	自由，理由，事由
		ユイ	由緒
		よし	……の由
油	3	ユ	油脂，油田，石油
		あぶら	油，油絵，水油
喩*		ユ	比喩
愉		ユ	愉快，愉悦
諭		ユ	諭旨，教諭，説諭
		さとす	諭す，諭し
輸	5	ユ	輸出，輸送，運輸
癒		ユ	癒着，治癒，平癒
		いえる	癒える
		いやす	癒やす
唯		ユイ	唯一，唯物論，唯美主義
		イ	唯々諾々
友	2	ユウ	友好，友情，親友
		とも	友
有	3	ユウ	有益，所有，特有
		ウ	有無，有象無象
		ある	有る，有り金
勇	4	ユウ	勇敢，勇気，武勇
		いさむ	勇む，勇み足，勇ましい
幽		ユウ	幽境，幽玄，幽霊
悠		ユウ	悠然，悠長，悠々
郵	6	ユウ	郵便，郵送，郵券
湧		ユウ	湧水，湧出
		わく	湧く
猶		ユウ	猶予
裕		ユウ	裕福，富裕，余裕
遊	3	ユウ	遊戯，遊離，交遊
		ユ	遊山
		あそぶ	遊ぶ，遊び
雄		ユウ	雄大，英雄，雌雄
		お	雄しべ，雄牛，雄々しい
		おす	雄，雄犬
誘		ユウ	誘惑，誘発，勧誘
		さそう	誘う，誘い水
憂		ユウ	憂愁，憂慮，一喜一憂
		うれえる	憂える，憂え
		うれい	憂い
		うい	憂い，憂き目，物憂い
融		ユウ	融解，融和，金融
優	6	ユウ	優越，優柔，俳優
		やさしい	優しい，優しさ
		すぐれる	優れる
与(與)		ヨ	与党，授与，関与
		あたえる	与える
予(豫)	3	ヨ	予定，予備，猶予
余(餘)	5	ヨ	余剰，余地，残余
		あまる	余る，余り
		あます	余す
誉(譽)		ヨ	名誉，栄誉
		ほまれ	誉れ
預	5	ヨ	預金，預託
		あずける	預ける
		あずかる	預かる，預かり
幼	6	ヨウ	幼児，幼虫，幼稚

赤字＝新常用漢字・音訓　算用数字＝教育漢字の配当学年　＊＝字体注意　《　》＝特別な読みの府県名

漢字		音訓	例
		おさない	幼い，幼友達
用	2	ヨウ	用意，使用，費用
		もちいる	用いる
羊	3	ヨウ	羊毛，綿羊，牧羊
		ひつじ	羊
妖		ヨウ	妖怪，妖艶
		あやしい	妖しい
洋	3	ヨウ	洋楽，洋風，海洋
要	4	ヨウ	要点，要注意，重要
		かなめ	要
		いる	要る
容	5	ヨウ	容易，容器，形容
庸		ヨウ	凡庸，中庸
揚		ヨウ	意気揚々，抑揚，掲揚
		あげる	揚げる，荷揚げ
		あがる	揚がる
揺（搖）		ヨウ	動揺
		ゆれる	揺れる，揺れ
		ゆる	揺り返し，揺り籠
		ゆらぐ	揺らぐ
		ゆるぐ	揺るぐ，揺るぎない
		ゆする	揺する，貧乏揺すり
		ゆさぶる	揺さぶる
		ゆすぶる	揺すぶる
葉	3	ヨウ	葉緑素，落葉，紅葉
		は	葉，枯れ葉，落ち葉
陽	3	ヨウ	陽光，陰陽，太陽
溶		ヨウ	溶解，溶液，水溶液
		とける	溶ける
		とかす	溶かす
		とく	溶く
腰		ヨウ	腰痛，腰部
		こし	腰，腰だめ，物腰
様（樣）	3	ヨウ	様式，様子，模様
		さま	様，○○様
瘍		ヨウ	潰瘍，腫瘍
踊		ヨウ	舞踊
		おどる	踊る
		おどり	踊り
窯		ヨウ	窯業
		かま	窯
養	4	ヨウ	養育，養子，休養
		やしなう	養う
擁		ヨウ	擁護，擁立，抱擁
謡（謠）		ヨウ	謡曲，民謡，歌謡
		うたい	謡，素謡
		うたう	謡う
曜	2	ヨウ	曜日，七曜表，日曜
抑		ヨク	抑圧，抑制，抑揚
		おさえる	抑える，抑え
沃		ヨク	肥沃
浴	4	ヨク	浴場，海水浴
		あびる	浴びる，水浴び
		あびせる	浴びせる
欲	6	ヨク	欲望，食欲，無欲
		ほっする	欲する
		ほしい	欲しい，欲しがる
翌	6	ヨク	翌春，翌年，翌々日
翼		ヨク	左翼，尾翼
		つばさ	翼
拉		ラ	拉致
裸		ラ	裸身，裸体，赤裸々
		はだか	裸，丸裸
羅		ラ	羅列，羅針盤，網羅
来（來）	2	ライ	来年，来歴，往来
		くる	来る，出来心
		きたる	来る○日
		きたす	来す
雷		ライ	雷雨，雷名，魚雷
頼（賴）		ライ	依頼，信頼，無頼漢
		たのむ	頼む，頼み
		たのもしい	頼もしい

音訓下線なし＝小学校で学習　音訓下線あり＝中学校で学習　音訓二重下線あり＝高校で学習

漢字		音訓	例
		たよる	頼る，頼り
絡		ラク	連絡，脈絡
		からむ	絡む，絡み付く
		からまる	絡まる
		からめる	絡める
落	3	ラク	落語，落涙，集落
		おちる	落ちる，落ち着く
		おとす	落とす，力落とし
酪		ラク	酪農
辣		ラツ	辣腕，辛辣
乱（亂）	6	ラン	乱戦，混乱，反乱
		みだれる	乱れる，乱れ
		みだす	乱す
卵	6	ラン	卵黄，鶏卵，産卵
		たまご	卵
覧（覽）	6	ラン	観覧，展覧，一覧
濫		ラン	濫伐，濫費，濫用
藍		ラン	出藍
		あい	藍色，藍染め
欄（欄）		ラン	欄干，欄外，空欄
吏		リ	吏員，官吏，能吏
利	4	リ	利益，鋭利，勝利
		きく	利く，左利き，口利き
里	2	リ	里程，郷里，千里眼
		さと	里，里心，村里
理	2	リ	理科，理由，整理
痢		リ	疫痢，下痢，赤痢
裏	6	リ	裏面，表裏
		うら	裏，裏口
履		リ	履歴，履行，弊履
		はく	履く，履物
璃		リ	浄瑠璃
離		リ	離別，距離，分離
		はなれる	離れる，離れ，乳離れ
		はなす	離す
陸	4	リク	陸地，陸橋，着陸
立	1	リツ	立案，起立，独立
		リュウ	建立
		たつ	立つ，立場，夕立
		たてる	立てる，立て札
律	6	リツ	律動，規律，法律
		リチ	律儀
慄		リツ	慄然，戦慄
略	5	リャク	略称，計略，侵略
柳		リュウ	花柳界，川柳
		やなぎ	柳，柳腰
流	3	リュウ	流行，流動，電流
		ル	流布，流転，流罪
		ながれる	流れる，流れ
		ながす	流す，流し
留	5	リュウ	留意，留学，保留
		ル	留守
		とめる	留める，帯留め
		とまる	留まる，歩留まり
竜（龍）		リュウ	竜，竜頭蛇尾
		たつ	竜巻
粒		リュウ	粒子，粒々辛苦
		つぶ	粒，豆粒
隆（隆）		リュウ	隆起，隆盛，興隆
硫		リュウ	硫安，硫酸，硫化銀
侶		リョ	僧侶，伴侶
旅	3	リョ	旅行，旅情，旅券
		たび	旅，旅先，船旅
虜（虜）		リョ	虜囚，捕虜
慮		リョ	遠慮，考慮，無慮
了		リョウ	了解，完了，校了
両（兩）	3	リョウ	両親，両立，千両
良	4	リョウ	良好，良心，優良
		よい	良い
			《奈良（なら）県》
料	4	リョウ	料金，料理，材料
涼		リョウ	涼味，清涼剤，納涼
		すずしい	涼しい，涼しさ

赤字＝新常用漢字・音訓　算用数字＝教育漢字の配当学年　＊＝字体注意　《　》＝特別な読みの府県名

漢字		音訓	例
		すずむ	涼む，夕涼み
猟(獵)		リョウ	猟師，狩猟，渉猟
陵		リョウ	陵墓，丘陵
		みささぎ	陵
量	4	リョウ	量産，測量，度量
		はかる	量る
僚		リョウ	僚友，官僚，同僚
領	5	リョウ	領土，要領，大統領
寮		リョウ	寮生，寮母，独身寮
療		リョウ	療養，医療，治療
瞭		リョウ	明瞭
糧		リョウ	糧食，糧道
		ロウ	兵糧
		かて	糧
力	1	リョク	権力，努力，能力
		リキ	力量，力作，馬力
		ちから	力，力仕事，底力
緑(綠)	3	リョク	緑茶，緑陰，新緑
		ロク	緑青
		みどり	緑，薄緑
林	1	リン	林業，林立，山林
		はやし	林，松林
厘		リン	一分一厘
倫		リン	倫理，人倫，絶倫
輪	4	リン	輪番，一輪，車輪
		わ	輪，輪切り，首輪
隣		リン	隣室，隣接，近隣
		となる	隣り合う
		となり	隣，両隣
臨	6	リン	臨時，臨床，君臨
		のぞむ	臨む
瑠		ル	浄瑠璃
涙(淚)		ルイ	感涙，声涙，落涙
		なみだ	涙，涙ぐむ，涙ぐましい
累		ルイ	累計，累積，係累
塁(壘)		ルイ	塁審，敵塁，土塁
類(類)	4	ルイ	類型，種類，分類
		たぐい	類い，○○の類い
令	4	レイ	令嬢，法令，命令
礼(禮)	3	レイ	礼儀，謝礼，無礼
		ライ	礼賛，礼拝
冷	4	レイ	冷却，冷淡，寒冷
		つめたい	冷たい，冷たさ
		ひえる	冷える，底冷え
		ひや	冷や，冷や汗，冷ややかだ
		ひやす	冷やす
		ひやかす	冷やかす，冷やかし
		さめる	冷める
		さます	冷ます，湯冷まし
励(勵)		レイ	励行，奨励，精励
		はげむ	励む，励み
		はげます	励ます，励まし
戻(戾)		レイ	戻入，返戻
		もどす	戻す，差し戻し
		もどる	戻る，後戻り
例	4	レイ	例外，例年，用例
		たとえる	例える，例え，例えば
鈴		レイ	電鈴，振鈴，予鈴
		リン	風鈴，呼び鈴
		すず	鈴
零		レイ	零下，零細，零落
霊(靈)		レイ	霊感，霊魂，霊長類
		リョウ	悪霊，死霊
		たま	霊，霊屋
隷		レイ	隷書，隷属，奴隷
齢(齡)		レイ	樹齢，年齢，妙齢
麗		レイ	麗人，端麗，美麗
		うるわしい	麗しい，麗しさ
暦(曆)		レキ	暦年，還暦，太陽暦
		こよみ	暦，花暦
歴(歷)	4	レキ	歴史，歴訪，経歴
列	3	レツ	列外，列車，陳列
劣		レツ	劣等，卑劣，優劣

漢字		音訓	例
		おとる	劣る
烈		レツ	烈火，壮烈，猛烈
裂		レツ	決裂，破裂，分裂
		さく	裂く，八つ裂き
		さける	裂ける，裂け目
恋（戀）		レン	恋愛，恋慕，失恋
		こう	恋い慕う，恋い焦がれる
		こい	恋，初恋，恋する
		こいしい	恋しい，恋しがる
連	4	レン	連合，連続，関連
		つらなる	連なる
		つらねる	連ねる
		つれる	連れる，連れ
廉		レン	廉価，清廉，破廉恥
練（練）	3	レン	練習，試練，熟練
		ねる	練る，練り直す
錬（鍊）		レン	錬金術，鍛錬，精錬
呂		ロ	風呂
炉（爐）		ロ	炉辺，暖炉，原子炉
賂		ロ	賄賂
路	3	ロ	路上，道路
		じ	家路，旅路，山路
露		ロ	露出，露店，雨露
		ロウ	披露
		つゆ	露，夜露
老	4	ロウ	老巧，老人，長老
		おいる	老いる，老い
		ふける	老ける，老け役
労（勞）	4	ロウ	労働，労力，疲労
弄		ロウ	愚弄，翻弄
		もてあそぶ	弄ぶ
郎（郞）		ロウ	新郎
朗（朗）	6	ロウ	朗読，朗々と，明朗
		ほがらか	朗らかだ，朗らかさ
浪		ロウ	浪費，波浪，放浪
廊（廊）		ロウ	廊下，回廊，画廊

漢字		音訓	例
楼（樓）		ロウ	楼閣，鐘楼，望楼
漏		ロウ	漏電，疎漏，脱漏
		もる	漏る，雨漏り
		もれる	漏れる
		もらす	漏らす
籠		ロウ	籠城
		かご	籠
		こもる	籠もる
六	1	ロク	六月，六法，丈六
		む	六月目
		むつ	六つ切り
		むっつ	六つ
		むい	六日
録（錄）	4	ロク	録音，記録，実録
麓		ロク	山麓
		ふもと	麓
論	6	ロン	論証，論理，議論
和	3	ワ	和解，和服，柔和
		オ	和尚
		やわらぐ	和らぐ
		やわらげる	和らげる
		なごむ	和む
		なごやか	和やかだ
話	2	ワ	話題，会話，童話
		はなす	話す，話し合い
		はなし	話，昔話，立ち話
賄		ワイ	収賄，贈賄
		まかなう	賄う，賄い
脇		わき	脇腹，両脇
惑		ワク	惑星，迷惑，誘惑
		まどう	惑う，惑い
枠		わく	枠，枠内，窓枠
湾（灣）		ワン	湾内，湾入，港湾
腕		ワン	腕章，腕力，敏腕
		うで	腕，腕前，細腕

3 常用漢字表 付表

・「本表」と同じく，平成22年内閣告示で追加された語は赤字で示し，変更された語や新たに加えられた表記形には★を付した。
・また，「音訓の小・中・高等学校段階別割り振り表」による割り振りも，本表と同じく示した。下線のない語は小学校段階での学習が適当とされるものである。下線を付したものは中学校段階での，二重下線は高等学校段階での学習が適当とされる語である。

（大修館書店編集部注）

※以下に挙げられている語を構成要素の一部とする熟語に用いてもかまわない。
例「河岸（かし）」→「魚河岸（うおがし）」
「居士（こじ）」→「一言居士（いちげんこじ）」

あす	明日
あずき	小豆
あま	海女 海士★
いおう	硫黄
いくじ	意気地
いなか	田舎
いぶき	息吹
うなばら	海原
うば	乳母
うわき	浮気
うわつく	浮つく
えがお	笑顔
おじ	叔父 伯父
おとな	大人
おとめ	乙女
おば	叔母 伯母
おまわりさん	お巡りさん
おみき	お神酒
おもや	母屋 母家
かあさん	母さん★
かぐら	神楽
かし	河岸
かじ	鍛冶
かぜ	風邪
かたず	固唾
かな	仮名
かや	蚊帳
かわせ	為替
かわら	河原 川原
きのう	昨日
きょう	今日
くだもの	果物
くろうと	玄人
けさ	今朝
けしき	景色
ここち	心地
こじ	居士★
ことし	今年
さおとめ	早乙女
ざこ	雑魚
さじき	桟敷
さしつかえる	差し支える
さつき	五月★
さなえ	早苗
さみだれ	五月雨
しぐれ	時雨
しっぽ	尻尾
しない	竹刀
しにせ	老舗
しばふ	芝生
しみず	清水
しゃみせん	三味線
じゃり	砂利
じゅず	数珠
じょうず	上手
しらが	白髪
しろうと	素人
しわす	師走
（「しはす」とも言う。）	
すきや	数寄屋 数奇屋
すもう	相撲
ぞうり	草履
だし	山車

たち	太刀
たちのく	立ち退く
たなばた	七夕
たび	足袋
ちご	稚児
ついたち	一日
つきやま	築山
つゆ	梅雨
でこぼこ	凸凹
てつだう	手伝う
てんません	伝馬船
とあみ	投網
とうさん	父さん★
とえはたえ	十重二十重
どきょう	読経
とけい	時計
ともだち	友達
なこうど	仲人
なごり	名残
なだれ	雪崩
にいさん	兄さん
ねえさん	姉さん
のら	野良
のりと	祝詞
はかせ	博士
はたち	二十 二十歳
はつか	二十日
はとば	波止場
ひとり	一人
ひより	日和
ふたり	二人
ふつか	二日
ふぶき	吹雪
へた	下手
へや	部屋
まいご	迷子
まじめ	真面目
まっか	真っ赤
まっさお	真っ青
みやげ	土産
むすこ	息子
めがね	眼鏡
もさ	猛者
もみじ	紅葉
もめん	木綿
もより	最寄り
やおちょう	八百長
やおや	八百屋
やまと	大和
やよい	弥生
ゆかた	浴衣
ゆくえ	行方
よせ	寄席
わこうど	若人

4　平成22年告示「常用漢字表」での変更点

・この項は，平成22年内閣告示の「常用漢字表」において，昭和56年内閣告示の「常用漢字表」からどのような変更がなされたかをまとめたものである。
・「改定常用漢字表」（平成22年６月７日文化審議会答申）の「Ⅲ　参考」をもとに，大修館書店編集部で作成した。

（大修館書店編集部注）

1　新たに追加された漢字（196字）

【ア】挨　曖　宛　嵐　畏　萎　椅　彙　茨　咽　淫　唄　鬱
怨　媛　艶　旺　岡　臆　俺

【カ】苛　牙　瓦　楷　潰　諧　崖　蓋　骸　柿　顎　葛　釜
鎌　韓　玩　伎　亀　毀　畿　臼　嗅　巾　僅　錦　惧
串　窟　熊　詣　憬　稽　隙　桁　拳　鍵　舷　股　虎
錮　勾　梗　喉　乞　傲　駒　頃　痕

【サ】沙　挫　采　塞　埼　柵　刹　拶　斬　恣　摯　餌　鹿
叱　嫉　腫　呪　袖　羞　蹴　憧　拭　尻　芯　腎　須
裾　凄　醒　脊　戚　煎　羨　腺　詮　箋　膳　狙　遡
曽　爽　痩　踪　捉　遜

【タ】汰　唾　堆　戴　誰　旦　綻　緻　酎　貼　嘲　捗　椎
爪　鶴　諦　溺　塡　妬　賭　藤　瞳　栃　頓　貪　丼

【ナ】那　奈　梨　謎　鍋　匂　虹　捻

【ハ】罵　剝　箸　氾　汎　阪　斑　眉　膝　肘　阜　訃　蔽
餅　璧　蔑　哺　蜂　貌　頰　睦　勃

【マ】昧　枕　蜜　冥　麺

【ヤ】冶　弥　闇　喩　湧　妖　瘍　沃

【ラ】拉　辣　藍　璃　慄　侶　瞭　瑠　呂　賂　弄　籠　麓

【ワ】脇

2　削除された漢字（５字）（この５字は人名用漢字別表に追加された。）

勺　錘　銑　脹　匁

3　変更された音訓

側：かわ　→　がわ

4　追加された音訓

委：ゆだねる　　育：はぐくむ　　応：こたえる
滑：コツ　　関：かかわる　　館：やかた

鑑:かんがみる　混:こむ　私:わたし
臭:におう　旬:シュン　伸:のべる
振:ふれる　粋:いき　逝:いく
拙:つたない　全:すべて　創:つくる
速:はやまる　他:ほか　中:ジュウ
描:かく　放:ほうる　務:つとまる
癒:いえる・いやす　要:かなめ　絡:からめる
類:たぐい

5　削除された音訓

畝:せ　疲:つからす　浦:ホ

6　変更された「付表」の語

一言居士 → 居士(こじ)
五月晴れ → 五月(さつき)
お母さん → 母さん(かあさん)
お父さん → 父さん(とうさん)
海女 → 海女,海士(あま)

7　追加された「付表」の語

鍛冶(かじ)　固唾(かたず)
尻尾(しっぽ)　老舗(しにせ)
真面目(まじめ)　弥生(やよい)

5 常用漢字の筆順

・従来，筆順はいく通りかのものがおこなわれてきている。昭和33年3月には当時の文部省より学校での漢字指導における統一の必要から，『筆順指導の手びき』が作成され，一つのよりどころとされてきた。同書は当時の教育漢字のみを対象にしているが，それ以外の漢字の筆順には同書に収められた「筆順の原則」が利用されており、一般社会でも広く用いられている。

・この項では，『筆順指導の手びき』に基づき，常用漢字を対象に広く通用していると思われる筆順を示した。

・赤字は，平成22年内閣告示の「常用漢字表」で追加された漢字を示す。漢字横の1～6の算用数字は，「学年別漢字配当表」（次項に掲載）での配当学年を示す。

・常用漢字の筆順一覧の後に，参考資料として，『筆順指導の手びき』に収められた「筆順の原則」を抜粋して掲げた。

（大修館書店編集部注）

常用漢字の筆順一覧

ア

亜
哀
挨
愛 4
曖
悪 3
握
圧 5
扱
宛
嵐
安 3
案 4
暗 3

イ

以 4
衣 4
位 4
囲 4
医 3
依
委 3
威
為
畏
胃 4
尉
異 6
移 5
萎
偉
椅
彙
意 3
違
維
慰
遺 6
緯
域 6
育 3
一 1
壱

逸
茨
芋
引 2
印 4
因 5
咽
姻
員 3
院 3
淫
陰
飲 3
隠
韻

ウ

右 1
宇 6
羽 2
雨 1
唄
鬱
畝
浦
運 3
雲 2

エ

永 5
泳 3
英 4
映 6
栄 4
営 5
詠
影
鋭

衛 5
易 5
疫
益 5
液 5
駅 3
悦
越
謁
閲
円 1
延 6
沿 6
炎
怨
宴
媛
援
園 2
煙
猿
遠 2
鉛
塩 4
演 5
縁
艶

オ

汚
王 1
凹
央 3
応 5
往 5
押
旺
欧

殴
桜 5
翁
奥
横 3
岡
屋 3
億 4
憶
臆
虞
乙
俺
卸
音 1
恩 5
温 3
穏

カ

下 1
化 3
火 1
加 4
可 5
仮 5
何 2
花 1
佳
価 5
果 4
河 5
苛
科 2
架
夏 2
家 2
荷 3
華
菓
貨 4
渦
過 5
嫁
暇
禍
靴
寡
歌 2
箇
稼
課 4
蚊
牙
瓦
我 6
画 2
芽 4
賀 5
雅
餓
介
回 2
灰 6
会 2
快 5
戒
改 4
怪
拐
悔
海 2
界 3
皆
械 4
絵 2

漢字	学年
開	3
階	3
塊	
楷	
解	5
潰	
壊	
懐	
諧	
貝	1
外	2
劾	
害	4
崖	
涯	
街	4
慨	
蓋	
該	
概	
骸	
垣	
柿	
各	4
角	2
拡	6
革	6
格	5
核	
殻	
郭	
覚	4
較	
隔	
閣	6
確	5
獲	
嚇	
穫	
学	1
岳	
楽	2
額	5
顎	
掛	
潟	
括	
活	2
喝	
渇	
割	6
葛	
滑	
褐	
轄	
且	
株	6
釜	
鎌	
刈	
干	6
刊	5
甘	
汗	
缶	
完	4
肝	
官	4
冠	
巻	6
看	6
陥	
乾	
勘	
患	
貫	

寒 3
喚
堪
換
敢
棺
款
間 2
閑
勧
寛
幹 5
感 3
漢 3
慣 5
管 4
関 4
歓
監
緩
憾
還
館 3
環
簡 6
観 4
韓
艦
鑑
丸 2
含
岸 3
岩 2
玩
眼 5
頑
顔 2
願 4

キ

企
伎
危 6
机 6
気 1
岐
希 4
忌
汽 2
奇
祈
季 4
紀 4
軌
既
記 2
起 3
飢
鬼
帰 2
基 5
寄 5
規 5
亀
喜 4
幾
揮 6
期 3
棋
貴 6
棄
毀
旗 4
器 4
畿
輝

機	4
騎	
技	5
宜	
偽	
欺	
義	5
疑	6
儀	
戯	
擬	
犠	
議	4
菊	
吉	
喫	
詰	
却	
客	3
脚	
逆	5
虐	
九	1
久	5
及	
弓	2
丘	
旧	5
休	1
吸	6
朽	
臼	
求	4
究	3
泣	4
急	3
級	3
糾	
宮	3
救	4
球	3
給	4
嗅	
窮	
牛	2
去	3
巨	
居	5
拒	
拠	
挙	4
虚	
許	5
距	
魚	2
御	
漁	4
凶	
共	4
叫	
狂	
京	2
享	
供	6
協	4
況	
峡	
挟	
狭	
恐	
恭	
胸	6
脅	
強	2
教	2
郷	6

境 5
橋 3
矯
鏡 4
競 4
響
驚
仰
暁
業 3
凝
曲 3
局 3
極 4
玉 1
巾
斤
均 5
近 2
金 1
菌
勤 6
琴
筋 6
僅
禁 5
緊
錦
謹
襟
吟
銀 3

ク

区 3
句 5
苦 3
駆

具 3
惧
愚
空 1
偶
遇
隅
串
屈
掘
窟
熊
繰
君 3
訓 4
勲
薫
軍 4
郡 4
群 5

ケ

兄 2
刑
形 2
系 6
径 4
茎
係 3
型 4
契
計 2
恵
啓
掲
渓
経 5
蛍

敬 6
景 4
軽 3
傾
携
継
詣
慶
憬
稽
憩
警 6
鶏
芸 4
迎
鯨
隙
劇 6
撃
激 6
桁
欠 4
穴 6
血 3
決 3
結 4
傑
潔 5
月 1
犬 1
件 5
見 1
券 5
肩
建 4
研 3
県 3
倹
兼
剣
拳
軒
健 4
険 5
圏
堅
検 5
嫌
献
絹 6
遣
権 6
憲 6
賢
謙
鍵
繭
顕
験 4
懸
元 2
幻
玄
言 2
弦
限 5
原 2
現 5
舷
減 5
源 6
厳 6

コ

己 6
戸 2

古 2
呼 6
固 4
股
虎
孤
弧
故 5
枯
個 5
庫 3
湖 3
雇
誇
鼓
錮
顧
五 1
互
午 2
呉
後 2
娯
悟
碁
語 2
誤 6
護 5
口 1
工 2
公 2
勾
孔
功 4
巧
広 2
甲
交 2
光 2
向 3
后 6
好 4
江
考 2
行 2
坑
孝 6
抗
攻
更
効 5
幸 3
拘
肯
侯
厚 5
恒
洪
皇 6
紅 6
荒
郊
香
候 4
校 1
耕 5
航 4
貢
降 6
高 2
康 4
控
梗
黄 2
喉
慌

港 3
硬
絞
項
溝
鉱 5
構 5
綱
酵
稿
興 5
衡
鋼 6
講 5
購
乞
号 3
合 2
拷
剛
傲
豪
克
告 4
谷 2
刻 6
国 2
黒 2
穀 6
酷
獄
骨 6
駒
込
頃
今 2
困 6
昆

恨
根 3
婚
混 5
痕
紺
魂
墾
懇

サ

左 1
佐
沙
査 5
砂 6
唆
差 4
詐
鎖
座 6
挫
才 2
再 5
災 5
妻 5
采
砕
宰
栽
彩
採 5
済 6
祭 3
斎
細 2
菜 4
最 4

裁 6
債
催
塞
歳
載
際 5
埼
在 5
材 4
剤
財 5
罪 5
崎
作 2
削
昨 4
柵
索
策 6
酢
搾
錯
咲
冊 6
札 4
刷 4
刹
拶
殺 4
察 4
撮
擦
雑 5
皿 3
三 1
山 1
参 4

桟
蚕 6
惨
産 4
傘
散 4
算 2
酸 5
賛 5
残 4
斬
暫

シ

士 4
子 1
支 5
止 2
氏 4
仕 3
史 4
司 4
四 1
市 2
矢 2
旨
死 3
糸 1
至 6
伺
志 5
私 6
使 3
刺
始 3
姉 2
枝 5
祉

漢字	学年
肢	
姿	6
思	2
指	3
施	
師	5
恣	
紙	2
脂	
視	6
紫	
詞	6
歯	3
嗣	
試	4
詩	3
資	5
飼	5
誌	6
雌	
摯	
賜	
諮	
示	5
字	1
寺	2
次	3
耳	1
自	2
似	5
児	4
事	3
侍	
治	4
持	3
時	2
滋	
慈	
辞	4
磁	6
餌	
璽	
鹿	
式	3
識	5
軸	
七	1
叱	
失	4
室	2
疾	
執	
湿	
嫉	
漆	
質	5
実	3
芝	
写	3
社	2
車	1
舎	5
者	3
射	6
捨	6
赦	
斜	
煮	
遮	
謝	5
邪	
蛇	
尺	6
借	4
酌	
釈	

漢字	学年
爵	
若	6
弱	2
寂	
手	1
主	3
守	3
朱	
取	3
狩	
首	2
殊	
珠	
酒	3
腫	
種	4
趣	
寿	
受	3
呪	
授	5
需	
儒	
樹	6
収	6
囚	
州	3
舟	
秀	
周	4
宗	6
拾	3
秋	2
臭	
修	5
袖	
終	3
羞	
習	3
週	2
就	6
衆	6
集	3
愁	
酬	
醜	
蹴	
襲	
十	1
汁	
充	
住	3
柔	
重	3
従	6
渋	
銃	
獣	
縦	6
叔	
祝	4
宿	3
淑	
粛	
縮	6
塾	
熟	6
出	1
述	5
術	5
俊	
春	2
瞬	
旬	
巡	
盾	

准
殉
純 6
循
順 4
準 5
潤
遵
処 6
初 4
所 3
書 2
庶
暑 3
署 6
緒
諸 6
女 1
如
助 3
序 5
叙
徐
除 6
小 1
升
少 2
召
匠
床
抄
肖
尚
招 5
承 5
昇
松 4
沼
昭 3
宵
将 6
消 3
症
祥
称
笑 4
唱 4
商 3
渉
章 3
紹
訟
勝 3
掌
晶
焼 4
焦
硝
粧
詔
証 5
象 4
傷 6
奨
照 4
詳
彰
障 6
憧
衝
賞 4
償
礁
鐘
上 1
丈

冗
条 5
状 5
乗 3
城 6
浄
剰
常 5
情 5
場 2
畳
蒸 6
縄
壌
嬢
錠
譲
醸
色 2
拭
食 2
植 3
殖
飾
触
嘱
織 5
職 5
辱
尻
心 2
申 3
伸
臣 4
芯
身 3
辛
侵

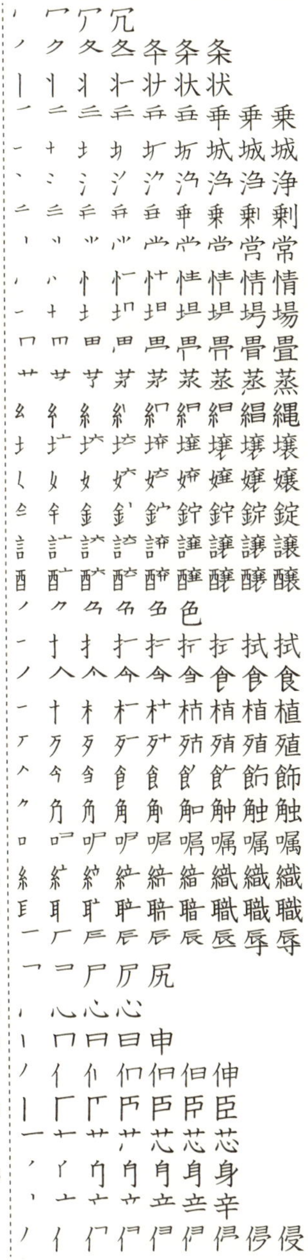

信 4
津
神 3
唇
娠
振
浸
真 3
針 6
深 3
紳
進 3
森 1
診
寝
慎
新 2
審
震
薪
親 2
人 1
刃
仁 6
尽
迅
甚
陣
尋
腎

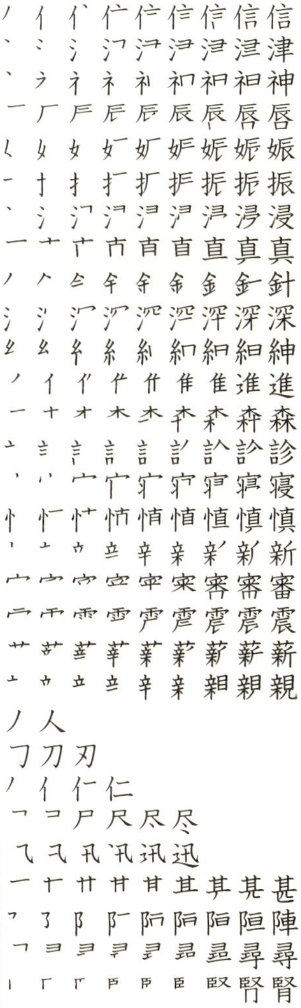

ス

須
図 2
水 1
吹
垂 6
炊

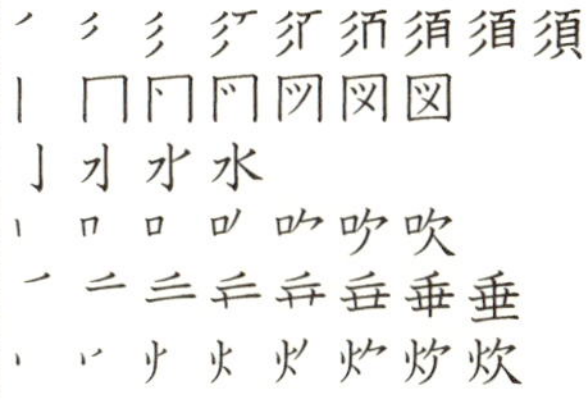

帥
粋
衰
推 6
酔
遂
睡
穂
随
髄
枢
崇
数 2
据
杉
裾
寸 6

セ

瀬
是
井
世 3
正 1
生 1
成 4
西 2
声 2
制 5
姓
征
性 5
青 1
斉
政 5
星 2
牲
省 4

凄
逝
清 4
盛 6
婿
晴 2
勢 5
聖 6
誠 6
精 5
製 5
誓
静 4
請
整 3
醒
税 5
夕 1
斥
石 1
赤 1
昔 3
析
席 4
脊
隻
惜
戚
責 5
跡
積 4
績 5
籍
切 2
折 4
拙
窃
接 5

漢字	学年
設	5
雪	2
摂	
節	4
説	4
舌	5
絶	5
千	1
川	1
仙	
占	
先	1
宣	6
専	6
泉	6
浅	4
洗	6
染	6
扇	
栓	
旋	
船	2
戦	4
煎	
羨	
腺	
詮	
践	
箋	
銭	5
潜	
線	2
遷	
選	4
薦	
繊	
鮮	
全	3
前	2
善	6
然	4
禅	
漸	
膳	
繕	

ソ

漢字	学年
狙	
阻	
祖	5
租	
素	5
措	
粗	
組	2
疎	
訴	
塑	
遡	
礎	
双	
壮	
早	1
争	4
走	2
奏	6
相	3
荘	
草	1
送	3
倉	4
捜	
挿	
桑	
巣	4
掃	

漢字	学年
曹	
曽	
爽	
窓	6
創	6
喪	
痩	
葬	
装	6
僧	
想	3
層	6
総	5
遭	
槽	
踪	
操	6
燥	
霜	
騒	
藻	
造	5
像	5
増	5
憎	
蔵	6
贈	
臓	6
即	
束	4
足	1
促	
則	5
息	3
捉	
速	3
側	4
測	5
俗	
族	3
属	5
賊	
続	4
卒	4
率	5
存	6
村	1
孫	4
尊	6
損	5
遜	

タ

漢字	学年
他	3
多	2
汰	
打	3
妥	
唾	
堕	
惰	
駄	
太	2
対	3
体	2
耐	
待	3
怠	
胎	
退	5
帯	4
泰	
堆	
袋	
逮	
替	

漢字	学年
貸	5
隊	4
滞	
態	5
戴	
大	1
代	3
台	2
第	3
題	3
滝	
宅	6
択	
沢	
卓	
拓	
託	
濯	
諾	
濁	
但	
達	4
脱	
奪	
棚	
誰	
丹	
旦	
担	6
単	4
炭	3
胆	
探	6
淡	
短	3
嘆	
端	
綻	
誕	6
鍛	
団	5
男	1
段	6
断	5
弾	
暖	6
談	3
壇	

チ

漢字	学年
地	2
池	2
知	2
値	6
恥	
致	
遅	
痴	
稚	
置	4
緻	
竹	1
畜	
逐	
蓄	
築	5
秩	
窒	
茶	2
着	3
嫡	
中	1
仲	4
虫	1
沖	
宙	6

忠 6
抽
注 3
昼 2
柱 3
衷
酎
鋳
駐
著 6
貯 4
丁 3
弔
庁 6
兆 4
町 1
長 2
挑
帳 3
張 5
彫
眺
釣
頂 6
鳥 2
朝 2
貼
超
腸 4
跳
徴
嘲
潮 6
澄
調 3
聴
懲
直 2
勅
捗
沈
珍
朕
陳
賃 6
鎮

ツ

追 3
椎
墜
通 2
痛 6
塚
漬
坪
爪
鶴

テ

低 4
呈
廷
弟 2
定 3
底 4
抵
邸
亭
貞
帝
訂
庭 3
逓
停 4
偵

堤
提 5
程 5
艇
締
諦
泥
的 4
笛 3
摘
滴
適 5
敵 5
溺
迭
哲
鉄 3
徹
撤
天 1
典 4
店 2
点 2
展 6
添
転 3
塡
田 1
伝 4
殿
電 2

ト

斗
吐
妬
徒 4
途

都 3
渡
塗
賭
土 1
奴
努 4
度 3
怒
刀 2
冬 2
灯 4
当 2
投 3
豆 3
東 2
到
逃
倒
凍
唐
島 3
桃
討 6
透
党 6
悼
盗
陶
塔
搭
棟
湯 3
痘
登 3
答 2
等 3
筒

統 5
稲
踏
糖 6
頭 2
謄
藤
闘
騰
同 2
洞
胴
動 3
堂 4
童 3
道 2
働 4
銅 5
導 5
瞳
峠
匿
特 4
得 4
督
徳 5
篤
毒 4
独 5
読 2
栃
凸
突
届 6
屯
豚
頓
貪
鈍
曇
丼

ナ

那
奈
内 2
梨
謎
鍋
南 2
軟
難 6

ニ

二 1
尼
弐
匂
肉 2
虹
日 1
入 1
乳 6
尿
任 5
妊
忍
認 6

ネ

寧
熱 4
年 1
念 4
捻
粘

燃 5

ノ

悩
納 6
能 5
脳 6
農 3
濃

ハ

把
波 3
派 6
破 5
覇
馬 2
婆
罵
拝 6
杯
背 6
肺 6
俳 6
配 3
排
敗 4
廃
輩
売 2
倍 3
梅 4
培
陪
媒
買 2
賠
白 1
伯
拍
泊
迫
剝
舶
博 4
薄
麦 2
漠
縛
爆
箱 3
箸
畑 3
肌
八 1
鉢
発 3
髪
伐
抜
罰
閥
反 3
半 2
氾
犯 5
帆
汎
伴
判 5
坂 3
阪
板 3
版 5
班 6
畔

般
販
斑
飯 4
搬
煩
頒
範
繁
藩
晩 6
番 2
蛮
盤

ヒ

比 5
皮 3
妃
否 6
批 6
彼
披
肥 5
非 5
卑
飛 4
疲
秘 6
被
悲 3
扉
費 4
碑
罷
避
尾
眉

美 3
備 5
微
鼻 3
膝
肘
匹
必 4
泌
筆 3
姫
百 1
氷 3
表 3
俵 5
票 4
評 5
漂
標 4
苗
秒 3
病 3
描
猫
品 3
浜
貧 5
賓
頻
敏
瓶

フ

不 4
夫 4
父 2
付 4
布 5

漢字	学年
扶	
府	4
怖	
阜	
附	
訃	
負	3
赴	
浮	
婦	5
符	
富	5
普	
腐	
敷	
膚	
賦	
譜	
侮	
武	5
部	3
舞	
封	
風	2
伏	
服	3
副	4
幅	
復	5
福	3
腹	6
複	5
覆	
払	
沸	
仏	5
物	3
粉	4
紛	
雰	
噴	
墳	
憤	
奮	6
分	2
文	1
聞	2

ヘ

漢字	学年
丙	
平	3
兵	4
併	
並	6
柄	
陛	6
閉	6
塀	
幣	
弊	
蔽	
餅	
米	2
壁	
璧	
癖	
別	4
蔑	
片	6
辺	4
返	3
変	4
偏	
遍	
編	5
弁	5

便 4
勉 3

ホ

歩 2
保 5
哺
捕
補 6
舗
母 2
募
墓 5
慕
暮 6
簿
方 2
包 4
芳
邦
奉
宝 6
抱
放 3
法 4
泡
胞
俸
倣
峰
砲
崩
訪 6
報 5
蜂
豊 5
飽
褒
縫
亡 6
乏
忙
坊
妨
忘 6
防 5
房
肪
某
冒
剖
紡
望 4
傍
帽
棒 6
貿 5
貌
暴 5
膨
謀
頰
北 2
木 1
朴
牧 4
睦
僕
墨
撲
没
勃
堀
本 1
奔
翻

凡
盆

マ

麻
摩
磨
魔
毎 2
妹 2
枚 6
昧
埋
幕 6
膜
枕
又
末 4
抹
万 2
満 4
慢
漫

ミ

未 4
味 3
魅
岬
密 6
蜜
脈 4
妙
民 4
眠

ム

矛
務 5
無 4
夢 5
霧
娘

メ

名 1
命 3
明 2
迷 5
冥
盟 6
銘
鳴 2
滅
免
面 3
綿 5
麺

モ

茂
模 6
毛 2
妄
盲
耗
猛
網
目 1
黙
門 2
紋
問 3

ヤ

冶

夜 2
野 2
弥
厄
役 3
約 4
訳 6
薬 3
躍
闇

ユ

由 3
油 3
喩
愉
諭
輸 5
癒
唯
友 2
有 3
勇 4
幽
悠
郵 6
湧
猶
裕
遊 3
雄
誘
憂
融
優 6

ヨ

与
予 3
余 5
誉
預 5
幼 6
用 2
羊 3
妖
洋 3
要 4
容 5
庸
揚
揺
葉 3
陽 3
溶
腰
様 3
瘍
踊
窯
養 4
擁
謡
曜 2
抑
沃
浴 4
欲 6
翌 6
翼

ラ

拉
裸
羅
来 2

漢字	学年
雷	
頼	
絡	
落	3
酪	
辣	
乱	6
卵	6
覧	6
濫	
藍	
欄	

リ

漢字	学年
吏	
利	4
里	2
理	2
痢	
裏	6
履	
璃	
離	
陸	4
立	1
律	6
慄	
略	5
柳	
流	3
留	5
竜	
粒	
隆	
硫	
侶	
旅	3
虜	
慮	
了	
両	3
良	4
料	4
涼	
猟	
陵	
量	4
僚	
領	5
寮	
療	
瞭	
糧	
力	1
緑	3
林	1
厘	
倫	
輪	4
隣	
臨	6

ル

漢字	学年
瑠	
涙	
累	
塁	
類	4

レ

漢字	学年
令	4
礼	3
冷	4
励	
戻	
例	4

鈴
零
霊
隷
齢
麗
暦
歴 4
列 3
劣
烈
裂
恋
連 4
廉
練 3
錬

ロ

呂
炉
賂
路 3
露
老 4
労 4
弄
郎
朗 6
浪
廊
楼
漏
籠
六 1
緑 4
麓
論 6

ワ

和 3
話 2
賄
脇
惑
枠
湾
腕

◆ ◆ ◆

筆順の原則

・この項は，文部省の『筆順指導の手びき』（昭和33年３月刊）のうち，「4　本書の筆順の原則」を前文を除いて示したものである。
・体裁や表記を変更したため，原文とは必ずしも一致しない箇所がある。

（大修館書店編集部注）

大原則１　上から下へ

上から下へ（上の部分から下の部分へ）書いていく。

a．上の点画から書いていく。

三（一 二 三）　言

工（一 丅 工）

b．上の部分から書いていく。

喜（士 吉 吉 壴 喜）

客（宀 客 客）

築（竹 筑 築）

大原則２　左から右へ

左から右へ（左の部分から右の部分へ）書いていく。

a．左の点画から書いていく。

川(丿 川 川)　順州
学(丶 丷 ⺍)　挙魚
帯(一 卄 卌 卌)
脈(亻 𠂢 永)

b．左の部分から書いていく。

竹(ケ 竹)　羽

へんがさきで，つくりがあと。(この部類の漢字が最も多い。)

休(亻 休)　林語

3つの部分の左から。

例(亻 仮 例)
側湖術

原則1　横画がさき

横画と縦画とが交差する場合は，ほとんどの場合，横画をさきに書く。

(横画があとになるのは原則2の場合)

a．横・縦の順

十(一 十)
計古支草
土(一 十 土)
圧至舎周
士(一 十 士)
志吉喜

縦が交差した後にまがっても

七(一 七)　切
大(一 ナ 大)　太

前後に他の点画が加わっても

告(ノ ㇐ 牛 生)
先任庭
木(一 十 木)　述
寸(一 十 寸)　寺

b．横・縦・縦の順

あとに書く縦画が2つになっただけ。

共(一 卄 丗)　散港
編(冂 冃 冊)
花(一 艹)　荷
算(一 廾)　形鼻

縦画が3つ以上になっても

帯(一 十 卌 卌)
無(𠂉 無 無)

c．横・横・縦の順

さきに書く横画が2つになっただけ。

用(冂 月 用)　通

前後に他の点画が加わっても

末 未妹

横画が3つ以上になっても

耕(三 丰 耒)

縦画が交差した後まがっても

夫(二 夫 夫)
春実

d．横・横・縦・縦の順

横・縦ともに2つになったもの

耕(二 井)　囲

原則2　横画があと

横画と縦画とが交差したときは，次の場合に限って，横画をあとに書く。

a．田

田(冂 冋 冊 田)
男異町細

b．田の発展したもの

由(冂 巾 由 由)
油黄横画
曲(冂 巾 曲 曲 曲)
豊農

角(⺆⺆円円) 解
再(丆丙再再) 構

c．王

王(一丅干王) 玉
主美差義

d．王の発展したもの

(イ) 中の横画が2つになっても

圭※(一丅干王王)
進(亻亻仁隹)
雑集確観
馬(厂⺢⺢馬) 駅

(ロ) 縦画が上につきぬけても

主※(一十キ主) 生
麦表清星

(ハ) 縦画が2つになっても

井※(一十廾⺾丵)
寒構

原則3 中がさき

中と左右があって，左右が1，2画である場合は，中をさきに書く。

小(亅小小) 少京
示宗 糸細
当(丨⺌⺌) 光常
水(亅才水) 氷永
氺※(亅⺅氺) 緑暴
釆※(亻⺅釆) 衆

中が2本になっても

業(丨⺌⺌⺌)
赤(丨⺌⺌) 変

中が少し複雑になっても

楽(白泊泊) 薬
承(⺊承承) 率

〔例外〕

原則3には，2つの例外がある。

忄(丶⺌忄) 性
火(⺌火) 火
秋炭 焼

原則4 外側がさき

くにがまえのように囲む形をとるものは，さきに書く。

国(冂国国) 因
同(冂同) 円
内(冂内) 肉納
司(𠃌司) 詞羽

「日」や「月」なども，これに含まれると考えてよい。

日月目田

注.「区」は下のように書く。「医」も同じ。

区(一㐅区)

原則5 左払いがさき

左払いと右払いとが交差する場合は，左払いをさきに書く。

文(亠ナ文) 父
故支収処

左払いと右払いとが接した場合も同じ。

人入欠金

原則6 つらぬく縦画は最後

字の全体をつらぬく縦画は，最後に書く。

中(口中) 申神
車半事建

下の方がとまっても

書(⺕⺺) 妻

上の方がとまっても

平（亚平）　評
羊洋達拝
手（𠄌手）　争

上にも，下にも，つきぬけない縦画は，上部・縦画・下部の順で書く。

里（曰甲里）　野黒
重（台重重）　動
謹（苎苎堇）　勤

注．「菫」と「莫」との違い

漢（苎莫莫）　難

原則7　つらぬく横画は最後

字の全体をつらぬく横画は，最後に書く。

女（女女）　安努
子（了子）　字存
母毎海　慣
舟→舟船　与

注．世だけは違う。

世（一廿世）

原則8　横画と左払い

横画が長く，左払いが短い字では，左払いをさきに書く。

右（ノナ右）
有布希

横画が短く，左払いが長い字では，横画をさきに書く。

左（一ナ左）
友在存抜

特に注意すべき筆順

A．広く用いられる筆順が，2つ以上あるものについて

1．(A)の字は，もともと㋑の筆順だけである。

(A)　止正足走武
（丨卜）……㋑

(B)の字は㋑も㋺も行われるが，本書では(A)にあわせて，㋑をとる。

注．ただし，行書になると，㋺の方が多く用いられる。

(B)　上点店
（丨卜）……㋑
（一卜）……㋺
上点店

2．「耳」(a)は㋑の筆順が普通である。

(a)　耳（𠀎耳）……㋑

みみへん(b)は㋑も㋺も行われるが，本書では(a)にあわせて，㋑をとる。

(b)　取最職厳
（𠀎耳）……㋑
（丌耳）……㋺

3．「必」の筆順は，いろいろあるが，㋩は熟しておらず，㋺よりも㋑が形をとりやすいので，本書では㋑をとる。

必
（丶ソ乂必必）……㋑
（ノ乂乂必必）……㋺
（心必）……㋩
その他

4．はつがしらの筆順は，いろいろあるが，本書では，左半と対称的で，かつ最も自然な㋑をとる。

発登

{(⺤ 癶 癶)……㋑
{(⺤ 癶 癶)……㋺
{(⺤ ⺤ 癶)……㋩

注.「祭」のかしらは，原則5によって，下の筆順になる。

祭(⺤ 癶)

5.「感」の筆順には，㋑と㋺とがあるが，本書では，字体表の字体と一致し，大原則1にそう㋑をとる。

感

{(戸 咸 感)……㋑
{(戸 戸 感)……㋺

注．当用漢字別表にはないが，「盛」も同じである。

盛 {厂 成 盛
{厂 戸 盛

6.「馬」の筆順には，㋑や㋺などがあるが，本書では，大原則1にそう㋑をとる。

馬

{(厂 冂 馬 馬)……㋑
{(厂 戸 馬 馬)……㋺

注．このようにすれば「隹」とも共通する。

隹※(仁 什 隹 隹)

7.「無」の筆順には，㋑や㋺などがあるが，本書では大原則1にそう㋑をとる。

無

{(仁 無 無)……㋑
{(仁 仁 無)……㋺

8.「興」の筆順としては，㋑と㋺が考えられるが，本書では大原則2にそう㋑をとる。

興

{(扌 同 興)……㋑
{(目 同 興)……㋺

B．原則では説明できないもの

1．にょうには，さきに書くにょう(a)と，あとに書くにょう(b)とがある。

(a) 夂 走 免 是
処 起 勉 題

(b) 辶 廴 乚
近 建 直

2．さきに書く左払い(a)と，あとに書く左払い(b)とがある。

(a) 九 及

(b) 力 刀 万 方 別

6 学年別漢字配当表

・「学年別漢字配当表」は，「小学校学習指導要領」に別表として示された，1,006字の漢字表である。小学校では，この表の配当に従って漢字の指導がなされている。
・平成元年３月15日文部省告示第24号「小学校学習指導要領」によって，字数が1,006字に定められ，以後そのまま継承されている。
・平成20年３月28日文部科学省告示第27号「小学校学習指導要領」における，小学校での漢字指導に関する内容を，以下にまとめる。

⑴ 各学年での漢字指導は，大略以下のように示されている。
　学年別漢字配当表の当該学年までに配当されている漢字を読むこと。また，当該学年の前の学年までに配当されている漢字を書き，文や文章の中で使うとともに，当該学年に配当されている漢字を漸次書き，文や文章の中で使うこと。

⑵ さらに，学年共通で以下のように取り扱うよう，別途示されている。
（ア） 学年ごとに配当されている漢字は，児童の学習負担に配慮しつつ，必要に応じて，当該学年以前の学年又は当該学年以降の学年において指導することもできること。
（イ） 当該学年より後の学年に配当されている漢字及びそれ以外の漢字については，振り仮名を付けるなど，児童の学習負担に配慮しつつ提示することができること。
（ウ） 漢字の指導においては，学年別漢字配当表に示す漢字の字体を標準とすること。

・ここでは，大修館書店編集部で手を加え，読み別に漢字を区切って掲げた。

（大修館書店編集部注）

学年	1	2	3	4	5	6
ア			悪 安 暗	愛 案	圧	
イ	一	引	医 委 意 育 員 院 飲	以 衣 位 囲 胃 印	移 因	異 遺 域
ウ	右 雨	羽 雲	運			宇
エ	円	園 遠	泳 駅	英 栄 塩	永 営 衛 易 益 液 演	映 延 沿
オ	王 音		央 横 屋 温	億	応 往 桜 恩	
カ	下 火 花 貝 学	何 科 夏 家 歌 画 回 会 海 絵 外 角 楽 活 間 丸 岩 顔	化 荷 界 開 階 寒 感 漢 館 岸	加 果 貨 課 芽 改 械 害 街 各 覚 完 官 管 関 観 願	可 仮 価 河 過 賀 快 解 格 確 額 刊 幹 慣 眼	我 灰 拡 革 閣 割 株 干 巻 看 簡

学年	1	2	3	4	5	6
キ	気九休玉金	汽記帰弓牛魚京強教近	起期客究急級宮球去橋業曲局銀	希季紀喜旗器機議求泣救給挙漁共協鏡競極	基寄規技義逆久旧居許境均禁	危机揮貴疑吸供胸郷勤筋
ク	空		区苦具君	訓軍郡	句群	
ケ	月犬見	兄形計元言原	係軽血決研県	径型景芸欠結建健験	経潔件券険検限現減	系敬警劇激穴絹権憲源厳
コ	五口校	戸古午後語工公広交光考行高黄合谷国黒今	庫湖向幸港号根	固功好候航康告	故個護効厚耕鉱構興講混	己呼誤后孝皇紅降鋼刻穀骨困
サ	左三山	才細作算	祭皿	差菜最材昨札刷殺察参産散残	査再災妻採際在財罪雑酸賛	砂座済裁策冊蚕
シ	子四糸字耳七車手十出女小上森人	止市矢姉思紙寺自時室社弱首秋週春書少場色食心新親	仕死使始指歯詩次事持式実写者主守取酒受州拾終習集住重宿所暑助昭消商	士氏史司試児治辞失借種周祝順初松笑唱焼象照賞臣信	支志枝師資飼示似識質舎謝授修述術準序招承証条状常情織職	至私姿視詞誌磁射捨尺若樹収宗就衆従縦縮熟純処署諸除将傷障城蒸針仁

学年	1	2	3	4	5	6
シ			章 勝 乗 植 申 身 神 真 深 進			
ス	水	図 数				垂 推 寸
セ	正 生 青 夕 石 赤 千 川 先	西 声 星 晴 切 雪 船 線 前	世 整 昔 全	成 省 清 静 席 積 折 節 説 浅 戦 選 然	制 性 政 勢 精 製 税 責 績 接 設 舌 絶 銭	盛 聖 誠 宣 専 泉 洗 染 善
ソ	早 草 足 村	組 走	相 送 想 息 速 族	争 倉 巣 束 側 続 卒 孫	祖 素 総 造 像 増 則 測 属 率 損	奏 窓 創 装 層 操 蔵 臓 存 尊
タ	大 男	多 太 体 台	他 打 対 待 代 第 題 炭 短 談	帯 隊 達 単	退 貸 態 団 断	宅 担 探 誕 段 暖
チ	竹 中 虫 町	地 池 知 茶 昼 長 鳥 朝 直	着 注 柱 丁 帳 調	置 仲 貯 兆 腸	築 張	値 宙 忠 著 庁 頂 潮 賃
ツ		通	追			痛
テ	天 田	弟 店 点 電	定 庭 笛 鉄 転	低 底 停 的 典 伝	提 程 適 敵	展
ト	土	刀 冬 当 東 答 頭 同 道 読	都 度 投 豆 島 湯 登 等 動 童	徒 努 灯 堂 働 特 得 毒	統 銅 導 徳 独	討 党 糖 届
ナ		内 南				難
ニ	二 日 入	肉			任	乳 認
ネ	年			熱 念	燃	
ノ			農		能	納 脳
ハ	白 八	馬 売 買 麦 半 番	波 配 倍 箱 畑 発 反 坂 板	敗 梅 博 飯	破 犯 判 版	派 拝 背 肺 俳 班 晩

学年	1	2	3	4	5	6
ヒ	百		皮 悲 美 鼻 筆 氷 表 秒 病 品	飛 費 必 票 標	比 肥 非 備 俵 評 貧	否 批 秘
フ	文	父 風 分 聞	負 部 服 福 物	不 夫 付 府 副 粉	布 婦 富 武 復 複 仏	腹 奮
ヘ		米	平 返 勉	兵 別 辺 変 便	編 弁	並 陛 閉 片
ホ	木 本	歩 母 方 北	放	包 法 望 牧	保 墓 報 豊 防 貿 暴	補 暮 宝 訪 亡 忘 棒
マ		毎 妹 万		末 満		枚 幕
ミ			味	未 脈 民		密
ム				無	務 夢	
メ	名	明 鳴	命 面		迷 綿	盟
モ	目	毛 門	問			模
ヤ		夜 野	役 薬	約		訳
ユ		友	由 油 有 遊	勇	輸	郵 優
ヨ		用 曜	予 羊 洋 葉 陽 様	要 養 浴	余 預 容	幼 欲 翌
ラ		来	落			乱 卵 覧
リ	立 力 林	里 理	流 旅 両 緑	利 陸 良 料 量 輪	略 留 領	裏 律 臨
ル				類		
レ			礼 列 練	令 冷 例 歴 連		
ロ	六		路	老 労 録		朗 論
ワ		話	和			
計	80字	160字	200字	200字	185字	181字

7 人名用漢字別表

・子の名として戸籍に記載できる文字は，以下に掲げた戸籍法施行規則第60条に定められている。「人名用漢字別表」とは，そこに示された「別表第二」を指す。
・平成22年11月30日の「常用漢字表」告示に合わせて，人名用漢字別表も改定された（平成22年11月30日法務省令第40号）。人名用漢字から常用漢字に追加された129字が削除され，常用漢字から削除された５字が人名用漢字に追加された。現在，人名用漢字別表には，861字が掲げられている。
・子の名として用いる際の常用漢字・人名用漢字の読み方については，特別な規定はない。
・原文は縦書き。

（大修館書店編集部注）

戸籍法施行規則　第六十条

戸籍法第五十条第二項の常用平易な文字は，次に掲げるものとする。

一　常用漢字表（平成二十二年内閣告示第二号）に掲げる漢字（括弧書きが添えられているものについては，括弧の外のものに限る。）

二　別表第二に掲げる漢字

三　片仮名又は平仮名（変体仮名を除く。）

別表第二　漢字の表（第六十条関係）

一

丑 丞 乃 之 乎 也 云 亘-亙 些 亦 亥 亨 亮 仔 伊 伍
伽 佃 佑 伶 侃 侑 俄 俠 俣 俐 倭 俱 倦 倖 偲 傭 儲
允 兎 兜 其 冴 凌 凜-凛 凧 凪 凰 凱 函 劉 劫 勁 勺
勿 匁 匡 廿 卜 卯 卿 厨 厩 叉 叡 叢 叶 只 吾 吞 吻
哉 哨 啄 哩 喬 喧 喰 喋 嘩 嘉 嘗 噌 噂 圃 圭 坐 尭-
堯 坦 埴 堰 堺 堵 塙 壕 壬 夷 奄 奎 套 娃 姪 姥 娩
嬉 孟 宏 宋 宕 宥 寅 寓 寵 尖 尤 屑 峨 峻 崚 嵯 嵩
嶺 巌-巖 已 巳 巴 巷 巽 帖 幌 幡 庄 庇 庚 庵 廟 廻
弘 弛 彗 彦 彪 彬 徠 忽 怜 恢 恰 恕 悌 惟 惚 悉 惇
惹 惺 惣 慧 憐 戊 或 戟 托 按 挺 挽 掬 捲 捷 捺 捧
掠 揃 摑 摺 撒 撰 撞 播 撫 擢 孜 敦 斐 斡 斧 斯 於
旭 昂 昊 昏 昌 昴 晏 晃-晄 晒 晋 晟 晦 晨 智 暉 暢
曙 曝 曳 朋 朔 杏 杖 杜 李 杭 杵 杷 枇 柑 柴 柘 柊
柏 柾 柚 桧-檜 栞 桔 桂 栖 桐 栗 梧 梓 梢 梛 梯 桶
梶 椛 梁 棲 椋 椀 楯 楚 楕 椿 楠 楓 椰 楢 楊 榎 樺
榊 榛 槙-槇 槍 槌 樫 槻 樟 樋 橘 樽 橙 檎 檀 櫂 櫛

櫓 欣 欽 歎 此 殆 毅 毘 毬 汀 汝 汐 汲 沌 沓 沫 洸
洲 洵 洛 浩 浬 淵 淳 渚-渚 淀 淋 渥 湘 湊 湛 溢 滉
溜 漱 漕 漣 澪 濡 瀕 灘 灸 灼 烏 焔 焚 煌 煤 煉 熙
燕 燎 燦 燭 燿 爾 牒 牟 牡 牽 犀 狼 猪-猪 獅 玖 珂
珈 珊 珀 玲 琢-琢 琉 瑛 琥 琶 琵 琳 瑚 瑞 瑶 瑳 瓜
瓢 甥 甫 畠 畢 疋 疏 皐 皓 眸 瞥 矩 砦 砥 砧 硯 碓
碗 碩 碧 磐 磯 祇 祢-禰 祐-祐 祷-禱 禄-祿 禎-禎 禽
禾 秦 秤 稀 稔 稟 稜 穣-穰 穹 穿 窄 窪 窺 竣 竪 竺
竿 笈 笹 笙 笠 筈 筑 箕 箔 篇 篠 簞 簾 籾 粥 粟 糊
紘 紗 紐 絃 紬 絆 絢 綺 綜 綴 緋 綾 綸 縞 徽 繫 繡
纂 纏 羚 翔 翠 耀 而 耶 耽 聡 肇 肋 肴 胤 胡 脩 腔
脹 膏 臥 舜 舵 芥 芹 芭 芙 芦 苑 茄 苔 苺 茅 茉 茸
茜 莞 荻 莫 莉 菅 菫 菖 萄 菩 萌-萠 萊 菱 葦 葵 萱
葺 萩 董 葡 蓑 蒔 蒐 蒼 蒲 蒙 蓉 蓮 蔭 蔣 蔦 蓬 蔓
蕎 蕨 蕉 蕃 蕪 薙 蕾 蕗 藁 薩 蘇 蘭 蝦 蝶 螺 蟬 蟹
蠟 衿 袈 袴 裡 裟 裳 襖 訊 訣 註 詢 詫 誼 諏 諄 諒
謂 諺 讃 豹 貰 賑 赳 跨 蹄 蹟 輔 輯 輿 轟 辰 辻 迂
迄 辿 迪 迦 這 逞 逗 逢 遥-遙 遁 遼 邑 祁 郁 鄭 酉
醇 醐 醍 醬 釉 釘 釧 銑 鋒 鋸 錘 錐 錆 錫 鍬 鎧 閃
閏 閤 阿 陀 隈 隼 雀 雁 雛 雫 霞 靖 鞄 鞍 鞘 鞠 鞭
頁 頌 頗 顚 颯 饗 馨 馴 馳 駕 駿 驍 魁 魯 鮎 鯉 鯛
鰯 鱒 鱗 鳩 鳶 鳳 鴨 鴻 鵜 鵬 鷗 鷲 鷺 鷹 麒 麟 麿
黎 黛 鼎

注 「-」は，相互の漢字が同一の字種であることを示したものである。

二

亞（亜）惡（悪）爲（為）逸（逸）榮（栄）衞（衛）謁（謁）圓（円）
緣（縁）薗（園）應（応）櫻（桜）奧（奥）橫（横）溫（温）價（価）
禍（禍）悔（悔）海（海）壞（壊）懷（懐）樂（楽）渴（渇）卷（巻）
陷（陥）寬（寛）漢（漢）氣（気）祈（祈）器（器）僞（偽）戲（戯）
虛（虚）峽（峡）狹（狭）響（響）曉（暁）勤（勤）謹（謹）驅（駆）
勳（勲）薰（薫）惠（恵）揭（掲）鷄（鶏）藝（芸）擊（撃）縣（県）
儉（倹）劍（剣）險（険）圈（圏）檢（検）顯（顕）驗（験）嚴（厳）
廣（広）恆（恒）黃（黄）國（国）黑（黒）穀（穀）碎（砕）雜（雑）
祉（祉）視（視）兒（児）濕（湿）實（実）社（社）者（者）煮（煮）

壽（寿） 收（収） 臭（臭） 從（従） 澁（渋） 獸（獣） 縱（縦） 祝（祝）
暑（暑） 署（署） 緖（緒） 諸（諸） 敍（叙） 將（将） 祥（祥） 涉（渉）
燒（焼） 奬（奨） 條（条） 狀（状） 乘（乗） 淨（浄） 剩（剰） 疊（畳）
孃（嬢） 讓（譲） 釀（醸） 神（神） 眞（真） 寢（寝） 愼（慎） 盡（尽）
粹（粋） 醉（酔） 穗（穂） 瀨（瀬） 齊（斉） 靜（静） 攝（摂） 節（節）
專（専） 戰（戦） 纖（繊） 禪（禅） 祖（祖） 壯（壮） 爭（争） 莊（荘）
搜（捜） 巢（巣） 曾（曽） 裝（装） 僧（僧） 層（層） 瘦（痩） 騷（騒）
增（増） 憎（憎） 藏（蔵） 贈（贈） 臟（臓） 卽（即） 帶（帯） 滯（滞）
瀧（滝） 單（単） 嘆（嘆） 團（団） 彈（弾） 晝（昼） 鑄（鋳） 著（著）
廳（庁） 徵（徴） 聽（聴） 懲（懲） 鎭（鎮） 轉（転） 傳（伝） 都（都）
嶋（島） 燈（灯） 盜（盗） 稻（稲） 德（徳） 突（突） 難（難） 拜（拝）
盃（杯） 賣（売） 梅（梅） 髮（髪） 拔（抜） 繁（繁） 晚（晩） 卑（卑）
祕（秘） 碑（碑） 賓（賓） 敏（敏） 冨（富） 侮（侮） 福（福） 拂（払）
佛（仏） 勉（勉） 步（歩） 峯（峰） 墨（墨） 飜（翻） 每（毎） 萬（万）
默（黙） 埜（野） 彌（弥） 藥（薬） 與（与） 搖（揺） 樣（様） 謠（謡）
來（来） 賴（頼） 覽（覧） 欄（欄） 龍（竜） 虜（虜） 凉（涼） 綠（緑）
淚（涙） 壘（塁） 類（類） 禮（礼） 曆（暦） 歷（歴） 練（練） 鍊（錬）
郞（郎） 朗（朗） 廊（廊） 錄（録）

注　括弧内の漢字は，戸籍法施行規則第六十条第一号に規定する漢字であり，当該括弧外の漢字とのつながりを示すため，参考までに掲げたものである。

8　表外漢字字体表

・平成12年12月８日国語審議会から文部大臣に答申。
・この表は，表外漢字（＝常用漢字表にない漢字）について，「字体選択のよりどころ」を定めたものである。ここでは答申全体の中から「Ⅱ　字体表」のみを大修館書店編集部で以下のように手を加えて掲げた。
　1　簡易慣用字体は，(　) でくくって示した。
　2　表外漢字だけにかかわるデザイン差とされ，その点で別字形をもつとされるものには＊を付した。そのうち，特定の字種に適用される「個別デザイン差」に該当するものには，[　] でその別字形を示した。
　3　〔字体表の見方〕でいう３部首許容に該当するものには◆を付した。
　4　平成22年内閣告示の「常用漢字表」に追加された字体は，赤字で示した。
　5　〔字体表の見方〕は一部を略した。

（大修館書店編集部注）

Ⅱ　字体表

〔字体表の見方〕

1　この表は，常用漢字とともに使われることが比較的多いと考えられる表外漢字（1022字）について，その印刷標準字体を示すものである。1022字のうち22字については，併せて簡易慣用字体を示した。

2　字種は，字音によって五十音順に並べることを原則とした。同音の場合は，おおむね字画の少ないものを先にし，字音のないものは字訓によった。また，字音は片仮名，字訓は平仮名で示した。ただし，この表で用いた音訓は配列のための便宜として用いたもので，これによって音訓を規定するものではない。

字音の採用に当たっては漢音を優先したが，一部の漢字については漢音以外の字音を採用した。また，字音があっても，それによらず字訓を採用したものも若干ある。これらは，いずれも検索の便を考慮してのものである。

3　この字体表においては，明朝体のうちの一種を例に用いて印刷標準字体及び簡易慣用字体を示した。

4　字体表の例示字形は，デザイン差とする複数の字形のうち，表外漢字字形の使用実態を踏まえて，その一つを掲げたもので，特に推奨する字形ということではない。(以下略)

5　３部首（しんにゅう／しめすへん／しょくへん）については，印刷標準字体として「辶／示／飠」の字形を示してあるが，現に印刷文字として「辶／ネ／食」の字形を用いている場合においては，これを印刷標準字体の字形に変更することを求めるものではない。これを３部首許容と呼ぶ。(以下略)

6　「くさかんむり」については，明治以来の明朝体字形に従い，「３画くさかんむり（艹）」を印刷標準字体と考える。ただし，このことは，明朝体以外の印刷書体の字形（例えば，正楷書体における「４画くさかんむり（艹）」）を制限するものではない。

7　漢和辞典などで字源解釈との関係から，
①　明朝体においても，「４画くさかんむり」を用いること
②　漢和辞典における正字体として，「印刷標準字体とされなかった康熙字典の正字体」を掲げること
については，これらを妨げるものではない。
8　「懼」と「惧」のように既に別字意識（使い分け）の生じていると判断できる異体字については別字扱いとし（中略）た。

音訓	字体
ア	啞
	(唖)
ア	蛙
ア	鴉*
アイ	埃
アイ	挨
アイ	曖
アイ	靄
アツ	軋
アツ	斡
アン	按
アン	庵
アン	鞍
アン	闇*
イ	已
イ	夷
イ	畏
イ	韋*
イ	帷
イ	萎
イ	椅
イ	葦*
イ	彙
イ	飴◆
イ	謂
イキ	閾
イツ	溢
いわし	鰯
イン	尹
イン	咽
イン	殷
イン	淫
イン	隕
イン	蔭
ウ	于
ウ	迂◆
ウ	盂
ウ	烏
ウツ	鬱
ウン	云
ウン	暈
エ	穢
エイ	曳
エイ	洩
エイ	裔
エイ	穎
	(頴)
エイ	嬰
エイ	翳
エキ	腋
エツ	曰
エン	奄
エン	宛
エン	怨
エン	俺
エン	冤*
エン	袁
エン	婉
エン	焉
エン	堰
エン	淵
エン	焰
エン	筵
エン	厭
エン	鳶
エン	燕
エン	閻
エン	嚥
オ	嗚
オウ	凰
オウ	嘔
オウ	鴨
オウ	甕
オウ	襖
オウ	謳
オウ	鶯
オウ	鷗
	(鴎)
オウ	鸚
オク	臆*
おもかげ	俤
カ	瓜
カ	呵
カ	苛
カ	珂
カ	迦◆
カ	訛*
カ	訶
カ	跏
カ	嘩*
カ	瑕
カ	榎
カ	窩
カ	蝦
カ	蝸
カ	鍋
カ	顆
ガ	牙*
ガ	瓦
ガ	臥
ガ	俄
ガ	峨
ガ	訝*
ガ	蛾
ガ	衙
ガ	駕
カイ	芥
カイ	乖
カイ	廻
カイ	徊
カイ	恢*
カイ	晦
カイ	堺
カイ	潰
カイ	鞋
カイ	諧
カイ	檜
カイ	蟹
ガイ	咳*
ガイ	崖
ガイ	蓋
ガイ	漑*
ガイ	骸*
ガイ	鎧
カク	喀
カク	廓
カク	摑
カク	攪
	(撹)
ガク	愕
ガク	萼
ガク	諤
ガク	顎
ガク	鰐
かし	樫
かすり	絣
カツ	筈
カツ	葛
カツ	闊

8 表外漢字字体表

音訓	字体
かつお	鰹
かや	萱
カン	奸
カン	串
カン	旱
カン	函
カン	咸
カン	姦
カン	宦
カン	柑
カン	竿
カン	悍
カン	桓
カン	涵
カン	菅
カン	嵌
カン	鉗
カン	澗
カン	翰
カン	諫
カン	瞰
カン	韓*
カン	檻
カン	灌
ガン	玩
ガン	雁
ガン	翫
ガン	頷
ガン	癌
ガン	贋
キ	几
キ	卉*
	[卉]
キ	其
キ	祁◆
キ	耆
キ	埼
キ	悸
キ	揆
キ	毀
キ	箕
キ	畿
キ	窺
キ	諱*
キ	徽
キ	櫃
ギ	妓
ギ	祇◆
ギ	魏
ギ	蟻
キク	掬
キク	麴
	(麹)
キツ	吃
キツ	屹
キツ	拮
ギャク	謔
キュウ	仇
キュウ	臼
キュウ	汲*
キュウ	灸
キュウ	咎
キュウ	邱
キュウ	柩
キュウ	笈*
キュウ	躬
キュウ	廐*
キュウ	嗅
キュウ	舅
キョ	炬*
キョ	渠*
キョ	裾
キョ	嘘
キョ	墟
キョ	鋸
キョ	遽◆
キョ	欅
キョウ	匈
キョウ	怯
キョウ	俠
キョウ	脇
キョウ	莢
キョウ	竟*
キョウ	卿*
キョウ	僑
キョウ	嬌
キョウ	蕎
キョウ	鋏
キョウ	頰
キョウ	橿
キョウ	疆
キョウ	饗*
キョク	棘
キョク	髷
キン	巾
キン	僅
キン	禽
キン	饉◆
ク	狗
ク	惧*
ク	軀
ク	懼
グ	俱*
くう	喰*
グウ	寓
クツ	窟
くめ	粂
ゲ	偈
ケイ	荊*
	[荆]
ケイ	珪
ケイ	畦
ケイ	脛
ケイ	頃
ケイ	痙
ケイ	詣
ケイ	禊◆
ケイ	閨
ケイ	稽*
	[稽]
ケイ	頸
ケイ	髻
ケイ	蹊
ケイ	鮭
ケイ	繫
ゲイ	睨
ゲキ	戟
ゲキ	隙
ケツ	抉
ケツ	頁
ケツ	訣
ケツ	蕨
ケン	妍
ケン	倦
ケン	虔
ケン	捲
ケン	牽
ケン	喧
ケン	硯
ケン	腱
ケン	鍵
ケン	瞼
ケン	鹼
	(鹸)
ゲン	呟
ゲン	眩
ゲン	舷
ゲン	諺
コ	乎
コ	姑
コ	狐
コ	股
コ	涸
コ	菰
コ	袴
コ	壺
コ	跨
コ	糊
ゴ	醐
ゴ	齬
コウ	亢
コウ	勾
コウ	叩
コウ	尻
コウ	吼
コウ	肛
コウ	岡
コウ	庚
コウ	杭
コウ	肴
コウ	咬
コウ	垢
コウ	巷
コウ	恍
コウ	恰
コウ	狡
コウ	桁
コウ	胱
コウ	崗
コウ	梗
コウ	喉
コウ	腔*
	[腔]
コウ	蛤

音訓	字体
コウ	幌
コウ	煌
コウ	鉤
コウ	敲
コウ	睾
コウ	膏
コウ	閤
コウ	膠
コウ	篝*
コウ	縞
コウ	薨
コウ	糠
コウ	藁
コウ	鮫
コウ	壙
コウ	曠
ゴウ	劫
ゴウ	毫
ゴウ	傲
ゴウ	壕
ゴウ	濠
ゴウ	嚙
	(噛)
ゴウ	轟
コク	剋
コク	哭
コク	鵠*
コツ	乞
コツ	忽
コツ	惚
コン	昏
コン	痕
コン	渾
コン	褌
サ	叉
サ	些
サ	嗟
サ	蓑
サ	磋
ザ	坐
ザ	挫
サイ	晒
サイ	柴
サイ	砦
サイ	犀
サイ	賽
サイ	鰓
さかき	榊◆
サク	柵*
サク	炸
サク	窄
サク	簀
サツ	刹
サツ	拶
サツ	紮
サツ	撒
サツ	薩
サン	珊*
サン	餐*
サン	纂
サン	霰
サン	攢
サン	讃
ザン	斬
ザン	懺
シ	仔
シ	弛
シ	此
シ	址
シ	祀◆
シ	屍
シ	屎
シ	柿
シ	茨*
シ	恣*
シ	砥
シ	祠◆
シ	翅
シ	舐
シ	疵
シ	趾
シ	斯
シ	覗
シ	嗜
シ	滓
シ	獅
シ	幟*
シ	摯
シ	嘴
シ	熾*
シ	髭
シ	贄
ジ	而
ジ	峙
ジ	痔
ジ	餌◆
ジク	竺
しずく	雫
シツ	叱*
	[𠮟]
シツ	悉
シツ	蛭
シツ	嫉
シツ	膝
シツ	櫛*
シャ	柘
シャ	洒
シャ	娑
シャ	這◆
シャ	奢
ジャ	闍
シャク	杓*
シャク	灼*
シャク	綽
シャク	錫
ジャク	雀
ジャク	惹
シュ	娶
シュ	腫
シュ	諏
シュ	鬚
ジュ	呪
ジュ	竪
ジュ	綬
ジュ	聚
ジュ	濡
ジュ	襦
シュウ	帚
シュウ	酋
シュウ	袖
シュウ	羞
シュウ	葺
シュウ	蒐
シュウ	箒
シュウ	皺
シュウ	輯
シュウ	鍬
シュウ	繡
	(繍)
シュウ	蹴
シュウ	讐
シュウ	鷲
ジュウ	廿
ジュウ	揉
ジュウ	絨
シュク	粥
シュツ	戌
ジュン	閏*
ジュン	楯
ジュン	馴
ショ	杵
ショ	薯
ショ	藷
ジョ	汝
ジョ	抒
ジョ	鋤
ショウ	妾
ショウ	哨
ショウ	秤
ショウ	娼
ショウ	逍◆
ショウ	廂
ショウ	椒
ショウ	湘
ショウ	竦
ショウ	鈔
ショウ	睫
ショウ	蛸
ショウ	鉦
ショウ	摺
ショウ	蔣
	(蒋)
ショウ	裳
ショウ	誦
ショウ	漿
ショウ	蕭
ショウ	踵
ショウ	鞘
ショウ	篠
ショウ	聳
ショウ	鍾
ショウ	醬
	(醤)
ショウ	囁

音訓	字体
ジョウ	杖
ジョウ	茸
ジョウ	嘗
ジョウ	擾
ジョウ	攘
ジョウ	饒◆
ショク	拭
ショク	埴
ショク	蜀
ショク	蝕◆
ショク	燭
ジョク	褥
シン	沁
シン	芯
シン	呻
シン	宸
シン	疹
シン	蜃
シン	滲
シン	賑
シン	鍼
ジン	壬
ジン	訊
ジン	腎
ジン	靫*
	[靱]
	[靭]
ジン	塵
ジン	儘
ス	笥
スイ	祟
スイ	膵
スイ	誰
スイ	錐
スイ	雖
ズイ	隋
ズイ	隧◆
スウ	芻
スウ	趨
すし	鮨
セイ	丼
セイ	凄
セイ	栖
セイ	棲
セイ	甥
セイ	貰
セイ	蜻
セイ	醒
セイ	錆
セイ	臍
セイ	瀞
セイ	鯖
ゼイ	脆*
	[脆]
ゼイ	贅
セキ	脊
セキ	戚
セキ	晰
セキ	蹟
セツ	泄
セツ	屑
セツ	浙
セツ	啜
セツ	楔
セツ	截
セン	尖
セン	苫
セン	穿*
セン	閃
セン	陝
セン	釧
セン	揃*
セン	煎*
セン	羨
セン	腺
セン	詮
セン	煽*
セン	箋
セン	撰
セン	箭*
セン	賤
セン	蟬
セン	癬
ゼン	喘
ゼン	膳
ソ	狙
ソ	疽
ソ	疏
ソ	甦
ソ	楚
ソ	鼠
ソ	遡◆
ソ	蘇
ソ	齟
ソウ	爪
ソウ	宋
ソウ	炒
ソウ	叟*
ソウ	蚤
ソウ	曾
	(曽)
ソウ	湊
ソウ	葱
ソウ	搔
	(掻)
ソウ	槍
ソウ	漕
ソウ	箏
ソウ	噌
ソウ	瘡
ソウ	瘦*
	(痩)
ソウ	踪
ソウ	艘*
ソウ	薔
ソウ	甑
ソウ	叢
ソウ	藪
ソウ	躁
ソウ	囃
ソウ	竈
ソウ	鰺
ソク	仄
ソク	捉
ソク	塞
ゾク	粟
そま	杣
ソン	遜◆
ソン	噂
ソン	樽
ソン	鱒
タ	侘
タ	咤
タ	詫
ダ	陀
ダ	拿
ダ	荼
ダ	唾
ダ	舵
ダ	楕
ダ	驒
タイ	苔
タイ	殆
タイ	堆
タイ	碓
タイ	腿◆
タイ	頹*
タイ	戴
ダイ	醍
タク	托
タク	鐸
たこ	凧
たすき	襷
タツ	燵◆
タン	坦
タン	疸
タン	耽
タン	啖
タン	蛋
タン	毯
タン	湛
タン	痰
タン	綻
タン	憚
タン	歎
タン	簞
タン	譚*
タン	灘
チ	雉
チ	馳
チ	蜘
チ	緻
チク	筑*
チツ	膣
チュウ	肘
チュウ	冑
チュウ	紐
チュウ	酎
チュウ	厨
チュウ	蛛
チュウ	註*
チュウ	誅
チュウ	疇
チュウ	躊

音訓	字体
チョ	佇
チョ	楮
チョ	箸
チョ	儲
チョ	瀦
チョ	躇
チョウ	吊
チョウ	帖
チョウ	喋
チョウ	貼
チョウ	牒
チョウ	趙
チョウ	銚
チョウ	嘲*
チョウ	諜
チョウ	寵*
チョク	捗
チン	枕
ツイ	槌◆
ツイ	鎚◆
つじ	辻◆
テイ	剃
テイ	挺*
テイ	釘
テイ	掟
テイ	梯
テイ	逞◆*
テイ	啼*
テイ	碇
テイ	鼎
テイ	綴
テイ	鄭
テイ	薙
テイ	諦*
テイ	蹄*
テイ	鵜
テキ	荻
テキ	擢
デキ	溺
テツ	姪
テツ	轍
テン	辿◆
テン	唸
テン	塡
テン	篆
テン	顚
テン	囀*
テン	纏
デン	佃
デン	淀
デン	澱
デン	臀
ト	兎*
ト	妬
ト	兜
ト	堵
ト	屠
ト	賭
トウ	宕
トウ	沓
トウ	套
トウ	疼*
トウ	桶
トウ	淘
トウ	萄
トウ	逗◆
トウ	棹
トウ	樋◆
トウ	蕩
トウ	鄧
トウ	橙
トウ	濤
トウ	檮
トウ	櫂
トウ	禱◆
	(祷)
ドウ	撞*
トク	禿
トク	瀆
とち	栃
トツ	咄
トン	沌
トン	遁◆
トン	頓
ドン	吞*
	[呑]
ドン	貪
ニ	邇◆
におう	匂
にら	韮
ネ	涅
ネ	禰◆
ネツ	捏
ネン	捻
ネン	撚
ノウ	膿
ノウ	囊
ハ	杷
ハ	爬
ハ	琶
ハ	頗
ハ	播
バ	芭
バ	罵
バ	蟇
ハイ	胚
ハイ	徘
ハイ	牌*
ハイ	稗*
バイ	狽
バイ	煤
ハク	帛
ハク	柏
ハク	剝
ハク	粕
ハク	箔
バク	莫
バク	駁
バク	瀑
バク	曝
はたけ	畠
ハツ	捌
ハツ	撥
ハツ	潑
ハツ	醱
バツ	筏
バツ	跋
はなし	噺
ハン	氾
ハン	汎*
ハン	阪
ハン	叛
ハン	袢
ハン	絆
ハン	斑
ハン	槃
ハン	幡
ハン	攀
バン	挽*
バン	磐
バン	蕃
ヒ	屁
ヒ	庇
ヒ	砒
ヒ	脾*
ヒ	痺*
ヒ	鄙
ヒ	誹
ヒ	臂
ビ	枇
ビ	毘
ビ	梶
ビ	媚
ビ	琵
ビ	薇*
ビ	靡
ヒツ	疋
ヒツ	畢*
ヒツ	逼◆
ビュウ	謬
ヒョウ	豹*
ヒョウ	憑
ヒョウ	瓢
ビョウ	屛
	(屏)
ビョウ	廟*
ヒン	牝
ヒン	瀕
ビン	憫
ビン	鬢
フ	斧
フ	阜
フ	訃
フ	俯
フ	釜
フ	腑
フ	孵
フ	鮒
ブ	巫
ブ	葡
ブ	撫
ブ	蕪
フウ	諷
フツ	祓◆

音訓	字体
フン	吻
フン	扮
フン	焚
フン	糞
ヘイ	幷 (并)
ヘイ	聘
ヘイ	蔽
ヘイ	餅◆
ヘイ	斃
ベイ	袂
ヘキ	僻
ヘキ	璧
ヘキ	襞
ベツ	蔑＊
ベツ	瞥
ヘン	扁＊
ヘン	篇＊
ヘン	騙＊
ベン	娩＊
ベン	鞭
ホ	哺
ホ	圃
ホ	蒲
ボ	戊
ボ	牡
ボ	姥
ボ	菩
ホウ	呆
ホウ	彷
ホウ	庖
ホウ	苞
ホウ	疱
ホウ	捧
ホウ	逢◆
ホウ	蜂
ホウ	蓬◆
ホウ	鞄
ホウ	鋒
ボウ	牟
ボウ	芒＊
ボウ	茫＊
ボウ	虻＊
ボウ	榜＊
ボウ	膀＊
ボウ	貌
ボウ	鉾
ボウ	謗＊
ほえる	吠
ボク	卜
ボツ	勃
ボン	梵＊
マイ	昧
マイ	邁◆
ます	枡 (桝)＊
また	俣
マツ	沫
まで	迄◆
マン	曼
マン	蔓
マン	瞞
マン	饅◆
マン	鬘
マン	鰻
ミツ	蜜
ム	鵡
メイ	冥
メイ	瞑
メイ	謎◆
メン	麺 (麵)
モウ	蒙
モウ	朦
モチ	勿
もみ	籾
モン	悶
ヤ	揶
ヤ	爺
やり	鑓◆
ユ	喩
ユ	揄
ユ	愈
ユ	楡
ユウ	尤
ユウ	釉
ユウ	楢
ユウ	猷
ヨ	飫◆
ヨ	輿
ヨウ	孕
ヨウ	妖
ヨウ	拗
ヨウ	涌
ヨウ	痒
ヨウ	傭
ヨウ	熔
ヨウ	瘍
ヨウ	蠅
ヨク	沃
ラ	螺
ライ	萊
ライ	蕾
ラク	洛
ラチ	埒
ラツ	拉
ラツ	辣
ラン	瀾
ラン	爛
ラン	鸞
リ	狸
リ	裡
リ	罹
リ	籬
リク	戮
リツ	慄
リャク	掠
リュウ	笠
リュウ	溜
リュウ	榴
リュウ	劉
リュウ	瘤
リョ	侶
リョウ	梁
リョウ	聊
リョウ	菱
リョウ	寥
リョウ	蓼
リン	淋
リン	燐＊
リン	鱗＊
ル	屢
レイ	蛉
レイ	蠣
レキ	櫟
レキ	礫
レキ	轢
レン	煉
レン	漣◆
レン	憐＊
レン	簾
レン	鰊
レン	攣
ロ	賂
ロ	魯
ロ	濾 (沪)＊
ロ	廬
ロ	櫓
ロ	蘆 (芦)＊
ロ	鷺
ロウ	弄
ロウ	牢
ロウ	狼
ロウ	榔
ロウ	瘻
ロウ	臈＊ [臈]
ロウ	臘
ロウ	朧＊
ロウ	蠟 (蝋)
ロウ	籠＊
ロウ	聾＊
ロク	肋
ロク	勒
ロク	漉
ロク	麓
ワ	窪
ワイ	歪
ワイ	猥
ワイ	隈
ワク	或
わな	罠
ワン	椀
ワン	碗
ワン	彎 (弯)

9　「異字同訓」の漢字の用法

・「『異字同訓』の漢字の用法」は，国語審議会漢字部会が作成し，「当用漢字改定音訓表」の審議が行われた第80回国語審議会総会（昭和47年６月28日）に参考資料として提出された。
・「当用漢字改定音訓表」の答申には含まれなかったが，以後同訓の漢字の使い分けのよりどころとして広く利用されている。
・「改定常用漢字表」（平成22年６月７日文化審議会答申）にも，昭和47年の資料にならって，「『異字同訓』の漢字の用法例（追加字種・追加音訓関連）」が示された。
・ここに掲げるものは，昭和56年の「常用漢字表」告示時の資料に「改定常用漢字表」で示された用法例を追加し，大修館書店編集部で作成したものである。
・平成22年11月30日告示の「常用漢字表」で追加された漢字は，太字で示した。

（大修館書店編集部注）

1　この表は，同音で意味の近い語が，漢字で書かれる場合，その慣用上の使い分けの大体を，用例で示したものである。
2　その意味を表すのに，二つ以上の漢字のどちらかを使うかが一定せず，どちらを用いてもよい場合がある。又，一方の漢字が広く一般的に用いられるのに対して，他方の漢字はある限られた範囲にしか使われないものもある。
3　その意味を表すのに，適切な漢字のない場合，又は漢字で書くことが適切でない場合がある。このときは，当然仮名で書くことになる。

あう

合う――計算が合う。目が合う。服が体に合う。好みに合う。割に合わない仕事。駅で落ち合う。
会う――客と会う時刻。人に会いに行く。
遭う――災難に遭う。にわか雨に遭う。

あがる・あげる

上がる・上げる――地位が上がる。物価が上がる。腕前を上げる。お祝いの品物を上げる。
揚がる・揚げる――花火が揚がる。歓声が揚がる。たこを揚げる。船荷を揚げる。てんぷらを揚げる。
挙げる――例を挙げる。全力を挙げる。国を挙げて。犯人を挙げる。

あく・あける

明く・明ける――背の明いた服。夜が明ける。
空く・空ける――席が空く。空き箱。家を空ける。時間を空ける。
開く・開ける――幕が開く。開いた口がふさがらない。店を開ける。窓を開ける。

あし

足――足の裏。手足。足しげく通う。客足。

脚――机の脚（足）。えり脚（足）。船脚（足）。

あたい

価――価が高くて買えない。商品に価を付ける。

値――そのものの持つ値。未知数xの値を求める。称賛に値する。

あたたかい・あたたかだ・あたたまる・あたためる

暖かい・暖かだ・暖まる・暖める――暖かい心。暖かな毛布。暖まった空気。室内を暖める。

温かい・温かだ・温まる・温める――温かい料理。温かな家庭。心温まる話。スープを温める。

あたる・あてる

当たる・当てる――ボールが体に当たる。任に当たる。予報が当たる。出発に当たって。胸に手を当てる。日光に当てる。当て外れ。

充てる――建築費に充（当）てる。保安要員に充（当）てる。

宛てる――恩師に宛てて手紙を書く。本社に宛てられた書類。

あつい

暑い――今年の夏は暑い。暑い部屋。暑がり屋。

熱い――熱い湯。

厚い――厚い壁で隔てる。支持者の層が厚い。手厚いもてなし。

あと

跡――足の跡。車輪の跡。苦心の跡が見える。容疑者の跡を追う。跡目を継ぐ。父の跡を継ぐ。

後――後の祭り。後を頼んで行く。後から行く。後になり先になり。

痕――傷痕が痛む。壁に残る弾丸の痕。手術の痕（跡）。

あぶら

油――油を流したような海面。ごまの油で揚げる。水と油。火に油を注ぐ。

脂――脂がのる年ごろ。牛肉の脂。脂ぎった顔。

あやしい

怪しい――挙動が怪しい。空模様が怪しい。怪しい人影を見る。

妖しい――妖しい魅力。妖しく輝く瞳。

あやまる

誤る――適用を誤る。誤りを見付ける。

謝る――謝って済ます。手落ちを謝る。

あらい

荒い――波が荒い。気が荒い。金遣いが荒い。

粗い――網の目が粗い。きめが粗い。仕事が粗い。

あらわす・あらわれる

表す・表れる――言葉に表す。喜びを顔に表す。喜びの表れ。

現す・現れる――姿を現す。太陽が現れる。怪獣が現れる。

著す――書物を著す。

ある

有る——財源が有る。子が有る。有り合わせ。有り金。有様。

在る——日本はアジアの東に在る。在り方。

あわせる

合わせる——手を合わせて拝む。時計を合わせる。調子を合わせる。力を合わせる。

併せる——二つの会社を併せる。両者を併せて考える。併せて健康を祈る。

いく

行く——電車で行く。早く行こう。仕事帰りに図書館に行った。

逝く——彼が逝って３年たつ。多くの人に惜しまれながら逝った。

いたむ・いためる

痛む・痛める——足が痛む。腰を痛める。

傷む・傷める——家が傷む。傷んだ果物。建物を傷める。

悼む——死を悼む。故人を悼む。

いる

入る——念の入った話。気に入る。仲間入り。恐れ入る。

要る——金が要る。保証人が要る。親の承諾が要る。何も要らない。

うける

受ける——注文を受ける。命令を受ける。保護を受ける。相談を受ける。

請ける——請け負う。下請け。

うた

歌——歌を歌う。美しい歌声が響く。

唄——小唄の師匠。長唄を習う。馬子唄が聞こえる。

うつ

打つ——くぎを打つ。碁を打つ。電報を打つ。心を打つ話。打ち消す。

討つ——賊を討つ。義士の討ち入り。相手を討ち取る。

撃つ——鉄砲を撃つ。いのししを猟銃で撃つ。

うつす・うつる

写す・写る——書類を写す。写真を写す。風景を文章に写す。写真の中央に写っている人。

映す・映る——幻灯を映す。スクリーンに映す。壁に影が映る。鏡に姿が映る。着物がよく映る。

うむ・うまれる

生む・生まれる——新記録を生む。傑作を生む。下町生まれ。京都に生まれる。

産む・産まれる——卵を産み付ける。産みの苦しみ。産み月。予定日が来てもなかなか産まれない。

うれい・うれえ

憂い・憂え——後顧の憂い（え）。災害を招く憂い（え）がある。

愁い——春の愁い。愁いに沈む。

える

得る——勝利を得る。許可を得る。得物を振り回す。

獲る——獲物をねらう。

おかす

犯す——過ちを犯す。法を犯す。

侵す——権利を侵（犯）す。国境を侵（犯）す。

冒す——危険を冒す。激しい雨を冒して行く。

おくる

送る——荷物を送る。卒業生を送る。順に席を送る。送り状。

贈る——お祝いの品を贈る。感謝状を贈る。故人に位を贈る。

おくれる

遅れる——完成が遅れる。列車が遅れる。会合に遅れる。

後れる——気後れする。人に後れを取る。後れ毛。

おこす・おこる

起こす・起こる——体を起こす。訴訟を起こす。朝早く起こす。事件が起こる。持病が起こる。物事の起こり。

興す・興る——産業を興す。国が興る。

おさえる

押さえる——紙の端を押さえる。証拠を押さえる。要点を押さえる。差し押さえる。

抑える——物価の上昇を抑える。要求を抑える。怒りを抑える。

おさまる・おさめる

収まる・収める——博物館に収まる。争いが収まる。効果を収める。成功を収める。目録に収める。

納まる・納める——品物が納まった。国庫に納まる。税を納める。注文の品を納める。

治まる・治める——国内がよく治まる。痛みが治まる。領地を治める。

修まる・修める——身持ちが修まらない。学を修める。

おす

押す——ベルを押す。横車を押す。押し付けがましい。

推す——会長に推す。推して知るべしだ。

おそれる

恐れる——死を恐れる。報復を恐れて逃亡する。失敗を恐れるな。

畏れる——師を畏れ敬う。神を畏（恐）れる。畏（恐）れ多いお言葉。

おどる

踊る——リズムに乗って踊る。踊らされて動く。盆踊り。踊り子。

躍る——馬が躍り上がる。小躍りして喜ぶ。胸が躍る。

おもて

表——裏と表。表で遊ぶ。表向き。

面——面も振らずまっしぐらに。矢面に立つ。

おりる・おろす

降りる・降ろす――電車を降りる。高所から飛び降りる。月面に降り立つ。霜が降りる。次の駅で降ろして下さい。主役から降ろされた。

下りる・下ろす――幕が下りる。錠が下りる。許可が下りる。枝を下ろす。貯金を下ろす。

卸す――小売りに卸す。卸値。たな卸し。

かえす・かえる

返す・返る――もとの持ち主に返す。借金を返す。恩返し。貸した金が返る。正気に返る。返り咲き。

帰す・帰る――親もとへ帰す。故郷へ帰る。帰らぬ人となる。帰り道。

かえりみる

顧みる――過去を顧みる。顧みて他を言う。

省みる――自らを省みる。省みて恥じるところがない。

かえる・かわる

変える・変わる――形を変える。観点を変える。位置が変わる。心変わりする。声変わり。変わり種。

換える・換わる――物を金に換える。名義を書き換える。車を乗り換える。金に換わる。

替える・替わる――振り替える。替え地。替え歌。二の替わり。入れ替わる。社長が替わる。

代える・代わる――書面をもってあいさつに代える。父に代わって言う。身代わりになる。

かおる

薫る――風薫る。

香り――茶の香り。

かかる・かける

掛かる・掛ける――迷惑が掛かる。腰を掛ける。保険を掛ける。壁掛け。掛け売り。

懸かる・懸ける――月が中天に懸かる。優勝が懸かる。賞金を懸ける。命を懸けて。

架かる・架ける――橋が架かる。橋を架ける。電線を架ける。

係る――本件に係る訴訟。係り結び。係員。

賭ける――大金を賭ける。人生を賭（懸）けた勝負。名誉を賭（懸）けて誓う。

かく

書く――小説を書く。日記を書く。小さな字で書かれた本。

描く――油絵を描く。ノートに地図を描く。

かげ

陰――山の陰。陰の声。陰口を利く。

影――障子に影が映る。影を隠す。影も形もない。影が薄い。

かた

形――自由形。跡形もなく。

型――型にはまる。1970年型。血液型。鋳型。

かたい

堅い――堅い材木。堅炭。手堅い商売。

固い――団結が固い。固練り。頭が固い。固く信じる。

硬い――硬い石。硬い表現。

かわ

皮――皮をはぐ。とらの皮。木の皮。面の皮。化けの皮。

革――革のくつ。なめし革。

かわく

乾く――空気が乾く。干し物が乾く。乾いた土。

渇く――のどが渇く。渇きを覚える。

きく

聞く――物音を聞いた。話し声を聞く。うわさを聞く。聞き流しにする。

聴く――音楽を聴く。国民の声を聴く。

きく

効く――薬が効く。宣伝が効く。効き目がある。

利く――左手が利く。目が利く。機転が利く。

きる

切る――野菜を切る。期限を切る。電源を切る。縁を切る。

斬る――刀で斬（切）る。敵を斬（切）り殺す。世相を斬（切）る。

きわまる・きわめる

窮まる・窮める――進退窮まる。窮まりなき宇宙。真理を窮（究）める。

極まる・極める――不都合極まる言動。山頂を極める。栄華を極める。見極める。極めて優秀な成績。

究める――学を究（窮）める。

くら

倉――倉敷料。倉荷証券。

蔵――蔵座敷。蔵払い。

こう

請う――許可を請（乞）う。紹介を請（乞）う。案内を請（乞）う。

乞う――乞う御期待。命乞いをする。雨乞いの儀式。慈悲を乞う。

こえる・こす

越える・越す――山を越える。峠を越す。年を越す。引っ越す。

超える・超す――現代を超（越）える。人間の能力を超（越）える。百万円を超（越）える額。一千万人を超（越）す人口。

こおる・こおり

凍る――湖水が凍る。土が凍る。

氷――氷が張った。氷をかく。氷砂糖。

こたえる
答える――質問に答える。正確に答える。
応える――期待に応える。時代の要請に応える。

こむ
混む――電車が混（込）む。混（込）み合う店内。人混（込）みを避ける。
込む――負けが込む。手の込んだ細工を施す。仕事が立て込む。

さがす
捜す――うちの中を捜す。犯人を捜す。
探す――空き家を探（捜）す。あらを探（捜）す。

さく
裂く――布を裂く。仲を裂く。引き裂く。
割く――時間を割く。紙面を割く。人手を割く。

さげる
下げる――値段を下げる。軒に下げる。
提げる――手に提げる。手提げかばん。

さす
差す――腰に刀を差す。かさを差す。差しつ差されつ。行司の差し違え。抜き差しならぬ。差し支え。差し出す。
指す――目的地を指して進む。名指しをする。指し示す。
刺す――人を刺す。布を刺す。本塁で刺される。とげが刺さる。

さます・さめる
覚ます・覚める――太平の眠りを覚ます。迷いを覚ます。目が覚める。寝覚めが悪い。
冷ます・冷める――湯冷まし。湯が冷める。料理が冷める。熱が冷める。

しずまる・しずめる
静まる・静める――心が静まる。あらしが静まる。鳴りを静める。気を静める。
鎮まる・鎮める――内乱が鎮まる。反乱を鎮める。痛みを鎮める。
沈める――船を沈める。

しぼる
絞る――手ぬぐいを絞る。絞り染め。
搾る――乳を搾る。搾り取る。

しまる・しめる
締まる・締める――ひもが締まる。引き締まった顔。帯を締める。ねじを締める。心を引き締める。申し込みの締め切り。
絞まる・絞める――首が絞まる。首を絞める。羽交い絞め。
閉まる・閉める――戸が閉まる。ふたを閉める。店を閉める。

すすめる
進める――前へ進める。時計を進める。交渉を進める。
勧める――入会を勧める。転地を勧める。

薦める――候補者として薦める。

する

刷る――名刺を刷る。刷り物。

擦る――転んでひざを擦りむく。擦り傷。洋服が擦り切れる。

そう

沿う――川沿いの家。線路に沿って歩く。

添う――影の形に添うように。連れ添う。付き添い。

そなえる・そなわる

備える・備わる――台風に備える。調度品を備える。老後の備え。必要品はすべて備わっている。人徳が備わる。

供える――お神酒を供える。お供え物。

たえる

堪える――任に堪える。鑑賞に堪えない。遺憾に堪えない。

耐える――重圧に耐（堪）える。風雪に耐（堪）える。困苦欠乏に耐（堪）える。

たずねる

尋ねる――道を尋ねる。由来を尋ねる。尋ね人。

訪ねる――知人を訪ねる。史跡を訪ねる。明日お訪ねします。

たたかう

戦う――敵と戦う。

闘う――病気と闘う。

たつ

断つ――退路を断つ。快刀乱麻を断つ。茶断ち。

絶つ――命を絶つ。縁を絶つ。消息を絶つ。後を絶たない。

裁つ――生地を裁つ。紙を裁つ。裁ちばさみ。

たつ・たてる

立つ・立てる――演壇に立つ。席を立つ。使者に立つ。危機に立つ。見通しが立つ。うわさが立つ。立ち合う。柱を立てる。計画を立てる。手柄を立てる。顔を立てる。立て直す。

建つ・建てる――家が建つ。ビルを建てる。銅像を建てる。建て前。

たっとい・とうとい

尊い――尊い神。尊い犠牲を払う。

貴い――貴い資料。貴い体験。

たま

玉――玉にきず。目の玉。玉をみがく。

球――電気の球。球を投げる。

弾――ピストルの弾。

つかう

使う――機械を使って仕事をする。重油を使う。

遣う――気遣う。心遣い。小遣い銭。仮名遣い。

つく・つける

付く・付ける――墨が顔に付く。味方に付く。利息が付く。名を付ける。気を付ける。条件を付ける。付け加える。

着く・着ける――席に着く。手紙が着く。東京に着く。船を岸に着ける。仕事に手を着ける。衣服を身に着ける。

就く・就ける――床に就く。緒に就く。職に就く。役に就ける。

つぐ

次ぐ――事件が相次ぐ。富士山に次ぐ山。取り次ぐ。次の間。

継ぐ――布を継ぐ。跡を継ぐ。引き継ぐ。継ぎ目。継ぎを当てる。

接ぐ――木を接ぐ。骨を接ぐ。接ぎ木。

つくる

作る――米を作る。規則を作る。詩を作る。刺身に作る。生け作り。

造る――船を造る。庭園を造る。酒を造る。

創る――新しい文化を創（作）る。画期的な商品を創（作）り出す。

つつしむ

慎む――身を慎む。酒を慎む。言葉を慎む。

謹む――謹んで聞く。謹んで祝意を表する。

つとまる・つとめる

努める――完成に努める。解決に努める。努めて早起きする。

勤まる・勤める――私にはこの会社は勤まらない。彼にも十分勤（務）まる仕事だ。会社に勤める。永年勤め上げた人。本堂でお勤めをする。勤め人。

務まる・務める――彼には主役は務まらないだろう。会長が務まるかどうか不安だ。議長を務める。主役を務める。主婦の務めを果たす。

とく・とける

解く・解ける――結び目を解く。包囲を解く。問題を解く。会長の任を解かれる。ひもが解ける。雪解け。疑いが解ける。

溶く・溶ける――絵の具を溶く。砂糖が水に溶ける。地域社会に溶け込む。

ととのう・ととのえる

整う・整える――整った文章。隊列を整える。身辺を整える。調子を整える。

調う・調える――嫁入り道具が調う。晴れ着を調える。味を調える。費用を調える。

とぶ

飛ぶ――鳥が空を飛ぶ。アフリカに飛ぶ。うわさが飛ぶ。海に飛び込む。家を飛び出す。飛び石。

跳ぶ――みぞを跳ぶ。三段跳び。跳びはねる。

とまる・とめる

止まる・止める――交通が止まる。水道が止まる。笑いが止まらない。息を止める。通行止め。

留まる・留める――小鳥が木の枝に留（止）まる。ボタンを留める。留め置く。書留。

泊まる・泊める——船が港に泊まる。宿直室に泊まる。友達を家に泊める。

とらえる

捕らえる——犯人を捕らえる。獲物の捕らえ方。

捉える——文章の要点を捉える。問題の捉え方が難しい。

とる

取る——手に取る。着物の汚れを取る。資格を取る。メモを取る。連絡を取る。年を取る。

採る——血を採る。高校の卒業生を採る。会議で決を採る。

執る——筆を執る。事務を執る。式を執り行う。

捕る——ねずみを捕る。生け捕る。捕り物。

撮る——写真を撮る。映画を撮る。

ない

無い——金が無い。無い物ねだり。

亡い——亡き父をしのぶ。

なおす・なおる

直す・直る——誤りを直す。機械を直す。服装を直す。故障を直す。ゆがみが直る。

治す・治る——風邪を治（直）す。けがが治（直）る。治（直）らない病気。

なか

中——箱の中。両者の中に入る。

仲——仲がいい。仲を取り持つ。仲働き。

ながい

長い——長い髪の毛。長い道。気が長い。枝が長く伸びる。

永い——ついに永い眠りに就く。永の別れ。末永く契る。

ならう

習う——先生にピアノを習う。見習う。

倣う——前例に倣う。

におい・におう

匂い・匂う——梅の花の匂い。香水がほのかに匂う。

臭い・臭う——魚の腐った臭い。生ごみが臭う。

のせる・のる

乗せる・乗る——母を飛行機に乗せて帰す。電波に乗せる。計略に乗せる。電車に乗って行く。馬に乗る。風に乗って飛ぶ。時流に乗る。相談に乗る。

載せる・載る——自転車に貨物を載せる。たなに本を載せる。雑誌に広告を載せる。机に載っている本。新聞に載った事件。

のばす・のびる・のべる

伸ばす・伸びる・**伸べる**——手足を伸ばす。勢力を伸ばす。草が伸びる。身長が伸びる。学力が伸びる。伸び伸びと育つ。手を伸べて助け起こす。救いの手を伸べる。

延ばす・延びる・延べる——出発を延ばす。開会を延ばす。地下鉄が郊外まで延びる。寿命が延びる。支払が延び延びになる。出発の期日を延べる。布団を延べる。金の延べ棒。

のぼる

上る――水銀柱が上る。損害が一億円に上る。川を上る。坂を上る。上り列車。

登る――山に登る。木に登る。演壇に登る。

昇る――日が昇（上）る。天に昇（上）る。

はえ・はえる

映え・映える――夕映え。紅葉が夕日に映える。

栄え――栄えある勝利。見事な出来栄え。見栄えがする。

はかる

図る――合理化を図る。解決を図る。便宜を図る。

計る――時間を計る。計り知れない恩恵。まんまと計られる。

測る――水深を測る。標高を測る。距離を測る。面積を測る。測定器で測る。

量る――目方を量る。升で量る。容積を量る。

謀る――暗殺を謀る。悪事を謀る。

諮る――審議会に諮る。

はじまる・はじめ・はじめて・はじめる

初め・初めて――初めこう思った。初めての経験。

始まる・始め・始める――会が始まる。始めと終わり。御用始め。仕事を始める。

はな

花――花も実もない。花の都。花形。

華――華やか。華々しい。

はなす・はなれる

離す・離れる――間を離す。駅から遠く離れた町。離れ島。職を離れる。離れ離れになる。

放す・放れる――鳥を放す。見放す。放し飼い。矢が弦を放れる。放れ馬。

はやい

早い――時期が早い。気が早い。早く起きる。早変わり。早口。矢継ぎ早。

速い――流れが速い。投手の球が速い。テンポが速い。車の速さ。

はやまる

早まる――出発時間が早まる。順番が早まる。早まった行動。

速まる――回転のスピードが速まる。脈拍が速まる。

はる

張る――氷が張る。テントを張る。策略を張り巡らす。張りのある声。

貼る――ポスターを貼る。切手を貼り付ける。タイル貼（張）りの壁。

ひ

火――火が燃える。火に掛ける。火を見るより明らか。

灯――灯がともる。遠くに町の灯が見える。

ひく

引く——綱を引く。線を引く。例を引く。車を引く。

弾く——ピアノを弾く。ショパンの曲を弾く。

ふえる・ふやす

殖える・殖やす——財産が殖える。財産を殖やす。

増える・増やす——人数が増える。水かさが増える。人数を増やす。

ふく

吹く——風が吹く。笛を吹く。

噴く——火を噴き出す。火山が煙を噴く。

ふける

更ける——夜が更ける。秋が更ける。

老ける——老けて見える。老け込む。

ふた

二——二重。二目と見られない。二つ折り。

双——双子。双葉。

ふね

舟——舟をこぐ。小舟。ささ舟。

船——船の甲板。船で帰国する。船旅。親船。

ふるう

振るう——士気が振るう。事業が振るわない。刀を振るう。

震う——声を震わせる。身震い。武者震い。

奮う——勇気を奮って立ち向かう。奮って参加する。奮い立つ。

ほか

外——思いの外に到着が早かった。想像の外の事件が起こる。

他——この他に用意するものはあるか。他の人にも尋ねる。

まざる・まじる・まぜる

交ざる・交じる・交ぜる——麻が交ざっている。漢字仮名交じり文。交ぜ織り。

混ざる・混じる・混ぜる——酒に水が混ざる。西洋人の血が混じる。異物が混じる。雑音が混じる。セメントに砂を混ぜる。絵の具を混ぜる。

まち

町——町と村。町ぐるみの歓迎。町役場。下町。

街——街を吹く風。学生の街。街の明かり。

まるい

丸い——背中が丸くなる。丸く治める。丸ごと。丸太。日の丸。

円い——円（丸）い窓。円（丸）く輪になる。

まわり

回り——身の回り。胴回り。

周り——池の周り。周りの人。

みる
見る――遠くの景色を見る。エンジンの調子を見る。面倒を見る。
診る――患者を診る。脈を診る。

もと
下――法の下に平等。一撃の下に倒した。
元――火の元。出版元。元が掛かる。
本――本を正す。本と末。
基――資料を基にする。基づく。

や
屋――屋根。酒屋。屋敷。
家――二階家。家主。家賃。

やぶる・やぶれる
破る・破れる――約束を破る。障子が破れる。平和が破れる。
敗れる――競技に敗れる。勝負に敗れる。人生に敗れる。

やわらかい・やわらかだ
柔らかい・柔らかだ――柔らかい毛布。身のこなしが柔らかだ。物柔らかな態度。
軟らかい・軟らかだ――表情が軟（柔）らかい。軟（柔）らかい話。軟（柔）らかな土。

よい
良い――品質が良い。成績が良い。手際が良い。
善い――善い行い。世の中のために善いことをする。

よむ
読む――本を読む。字を読む。人の心を読む。秒読み。
詠む――和歌を詠む。一首詠む。

わかれる
分かれる――道が二つに分かれる。意見が分かれる。勝敗の分かれ目。
別れる――幼い時に両親と別れる。友と駅頭で別れる。家族と別れて住む。

わく
沸く――湯が沸く。風呂が沸く。すばらしい演技に場内が沸く。
湧く――温泉が湧く。勇気が湧く。盛大な拍手が湧（沸）く。

わざ
業――至難の業。離れ業。軽業。業師。
技――柔道の技。技をみがく。

わずらう・わずらわす
煩う・煩わす――思い煩う。人手を煩わす。心を煩わす。
患う――胸を患う。三年ほど患う。

10　同音異義語の使い分け

・音読みが同じで意味が異なるものを集めて，その使い分けを示し，五十音順に配列した。
・最初に漢字を示し，次に意味や使い分けのヒント，最後に用例を示した。
・▼を付けた漢字は，「常用漢字表」外の漢字である。
・この項は，大修館書店編集部で作成した。

（大修館書店編集部注）

あ

哀惜	悲しみ惜しむ	哀惜の念に堪えない
愛惜	名残惜しく思う	行く年を愛惜する
圧制	力で抑えつけること	言論に対する圧制
圧政	力で抑えつける政治	武力による圧政
異義	異なった意味	同音異義語
異議	異なった意見	異議を唱える
異郷	故郷を遠く離れた土地	異郷をさすらう
異境	遠く離れた地。外国	異境の空
異見	他人とは異なる考え	異見を唱える
意見	ある物事に対する考え	意見を述べる
意志	何かをしようという意欲	意志薄弱
意思	何かをしようという考え	意思表示
異状	普通ではない状態	異状を呈する
異常	普通ではないこと	異常な高温が続く
委譲	他に譲り渡して任せる	権限を委譲する
移譲	権利などを譲る	土地を移譲する
移動	位置が変わる	車で町を移動する
異動	地位や職務が変わる	人事異動
引退	職や地位から退く	政界から引退する
隠退	世間を離れて暮らす	郷里に隠退する
運行	バス・電車・天体の場合	列車の運行
運航	船・飛行機の場合	連絡船の運航
英気	優れた才気・気性	英気を養う
鋭気	鋭い気性	相手の鋭気をくじく
映像	映し出されるイメージ	テレビの映像
影像	絵画や彫刻での姿	仏の影像
遠戚	遠い親戚	彼は遠戚に当たる
縁戚	縁続きの関係。親戚	彼とは縁戚関係にある
往事	過ぎ去った出来事	往事を思い起こす
往時	過ぎ去った時	往時をしのぶ
恩情	目下の者への情け深い心	師の恩情に感謝する
温情	思いやりのある心	温情に満ちた言葉

か

回顧	過去を思い返す	回顧録
懐古	過去を懐かしく思う	懐古趣味
海草	海中に生える顕花植物	海草を採る
海藻	海中に生える隠花植物	海藻サラダ
改定	新しく定め直す	価格の改定
改訂	本などの内容を改める	教科書の改訂
回答	質問や要求の答え	アンケートの回答
解答	問題の答え	計算問題の解答
開放	開け放す	市場開放
解放	制限や束縛を解く	人質を解放する
化学	物質の性質・変化の研究	化学反応
科学	一般法則を探究する学問	自然科学
家業	その家の職業	家業を継ぐ
稼業	生計を維持する職業	サラリーマン稼業
格差	格付けに関する差	賃金格差
較差	物事を比較したときの差	気温の較差
学習	学び習う	英語の学習
学修	学んで身につける	仏道を学修する
加重	重さや負担を加える	責任が加重される
過重	重すぎる	過重な刑罰
荷重	構造物が耐えうる重さ	荷重制限
過小	小さすぎる	過小評価
過少	少なすぎる	過少申告
仮説	説明のための仮定	仮説を立てる
仮設	仮に設けた前提条件	命題を仮設する
仮設	一時的に設ける	仮設住宅

架設	架け渡して設ける	橋の架設
学科	学問の科目	専門の学科
学課	修得すべき学業の課程	全学課を修了する
過程	物事の変化の道筋	成長の過程
課程	ある期間に学ばせる学業	中学校の課程
加熱	熱を加える	加熱して食べる
過熱	必要以上に熱くなる	報道が過熱する
科料	犯罪者への財産刑	科料に処する
過料	法令違反者への金銭罰	駐車違反の過料
勘	直感的に感じ取る能力	勘が鋭い　山勘
感	心に生じる思い・感じ	隔世の感
観	外から見た姿・様子	別人の観
監査	監督し検査する	会計監査
鑑査	芸術作品を審査する	無鑑査での出品
監察	調べて取り締まる	行政監察
観察	注意深く見る	生態観察
監視	行動などを見張る	監視カメラ
環視	多くの人が周りで見る	衆人環視の的
幹事	業務の中心になる人	忘年会の幹事
監事	業務を監督する人	法人の監事
観賞	見て楽しむ	草花を観賞する
鑑賞	芸術作品を味わう	映画を鑑賞する
寒心	恐れや不安の気持ち	寒心に堪えない
感心	心を強く動かされる	出来栄えに感心する
関心	心をひかれる	政治に関心を持つ
歓心	うれしいと思う気持ち	上司の歓心を買う
喚声	大きな叫び声	怒号と喚声が起こる
歓声	喜びの叫び声	勝利の歓声にわく
感知	注意深く感じ取る	危険を感知する
関知	関わりを持ち知っている	当社では関知しない
管理	基準を保つよう統制する	品質を管理する
監理	監督し取り締まる	監理技術者
気運	成り行き。傾向	反戦の気運が高まる
機運	巡りあわせ	機運が熟する
器械	動力のない道具	測定器械
機械	動力で動く装置	工作機械
技工	手で加工する技術	歯科技工士
技巧	巧みな技術	技巧を凝らす
基軸	物事の基準となるもの	基軸通貨

機軸	活動の中心となるもの	新機軸を打ち出す
規正	規則によって正しくする	政治資金規正法
規制	規則で制限する	交通規制
既製	既に商品になっている	既製品
既成	既に成り立っている	既成事実
規整	規則立てて正しく整える	度量衡を規整する
規定	決まった形に定める	法律で規定する
規程	事務に関する規則	出張規程
起点	物事が始まる点	鉄道の起点
基点	距離を測るもととなる点	東京を基点として…
急迫	差し迫った状態になる	事態が急迫する
窮迫	経済的に苦しくなる	生活が窮迫する
究明	明らかにする	真相を究明する
糾明	不正などをはっきりさせる	容疑者を糾明する
狂喜	ひどく喜ぶ	優勝に狂喜する
驚喜	驚き喜ぶ	再会に驚喜する
強制	無理に何かをさせる	労働を強制する
強請	無理に頼む	寄付を強請される
競走	走る速さを競う	徒競走
競争	勝負や優劣を競う	生存競争
共同	一緒に何かを行う	共同作業
協同	力を合わせて行う	生活協同組合
脅迫	脅して何かをさせる	脅迫状
強迫	無理に要求する	結婚を強迫する
凶暴	残忍で乱暴なさま	凶暴な性格
狂暴	激しく暴れるさま	狂暴な振る舞い
局限	範囲を限定する	地域を局限する
極限	限界ぎりぎり	極限に達する
局地	限られた土地	局地的な豪雨
極地	最果ての土地	極地探検
極致	最上・最高の境地	美の極致
苦汁	苦しい思い・経験	苦汁をなめる
苦渋	悩み苦しむこと	苦渋に満ちた表情
訓示	教え示す（言葉）	訓示を垂れる
訓辞	教えさとす言葉	校長の訓辞
群集	群がり集まる	群集心理
群衆	群がり集まった人々	群衆が押し寄せる
係数	科学・経済用語	エンゲル係数
計数	数の計算	紙幣計数機

決済	売買取引を終える	現金で決済する
決裁	責任者が可否を決める	部長の決裁を仰ぐ
決定版	出版物の最終形	決定版全集
決定盤	CD などの最終形	日本の歌決定盤
原形	もともとの形	原形を保つ
原型	製作物を作るもとの型	鋳物の原型
原状	変化前のもとの状態	原状を回復する
現状	現在の状態	現状を維持する
好意	好感や親しみの気持ち	好意を寄せる
厚意	思いやりのある気持ち	厚意に感謝する
交換	物を取り換える	部品交換
交歓	親しく交わる	交歓試合
好期	ちょうどよい時期	花見の好期
好機	ちょうどよい機会	好機を逃す
興行	客を集めて催しを行う	地方興行
興業	事業や産業を興す	殖産興業
公言	人前ではっきり言う	世間に公言する
広言	大きなことを言う	広言を吐く
公告	官庁などの通知や報告	競売公告
広告	世の中に広く知らせる	新聞広告
交情	相手への親しみの気持ち	交情を深める
厚情	厚い思いやり	ご厚情を賜る
更正	誤りを改めて正す	更正決定
更生	生き返る。改める	会社更生法
厚生	健康で豊かにする	福利厚生
後世	のちの時代	後世に名を残す
後生	あとから生まれる人	後生に範を示す
口答	口で直接答える	口問口答
口頭	口で言うこと	口頭試問
購読	買って読む	新聞を購読する
講読	書物の内容を説く	古典の講読
公報	官庁の報告文書	選挙公報
広報	業務や活動を知らせる	広報活動
口約	口頭での約束	口約では不十分だ
公約	おおやけの約束	選挙公約
交友	友人として交際する	交友関係
交遊	親しく交際する	異性との交遊
勾留	裁判所の強制処分	未決勾留
拘留	拘留場に拘置する刑罰	30日未満の拘留

さ

再会	別れていた人が再び会う	再会を期す
際会	事件や機会に出あう	困難に際会する
採決	議案の可否を決める	採決をとる
裁決	物事に決定を下す	裁決を下す
債券	借り入れの際の有価証券	債券の発行
債権	貸し手の請求権	債権者
最後	いちばんあと	列の最後
最期	命が終わる時	最期をみとる
再生	生き返る	再生紙
再製	別の物に作り直す	再製品
作為	わざと手を加える	作為の跡
作意	作者の意図	作意がわからない
作成	文章・書類などを作る	予算案の作成
作製	物品・図面などを作る	建具類の作製
時季	盛んに行われる季節	行楽の時季
時期	物事を行う時	時期尚早
時機	物事を行うのによい機会	時機到来
志向	心が向かう	権力志向
指向	ある方向に向いている	指向性アンテナ
支持	支える。賛成する	支持する政党
指示	物事を指し示す	指示を与える
自制	自分の欲望などを抑える	自制心
自省	自分の行いを反省する	自省の念
時世	移り変わる世の中	時世が悪くなる
時勢	世の成り行き・勢い	時勢に逆らう
実践	自分で実際に行う	理論と実践
実戦	実際の戦闘	実戦経験がない
実体	物の本体・正体	実体のない組織
実態	実際のありさま・状態	経営の実態
字典	文字を集めて説明	漢字字典
事典	事柄を集めて説明	百科事典
辞典	言葉を集めて説明	国語辞典
自任	自分で思い込む	天才を自任する
自認	自分で認める	過失を自認する
紙面	新聞の，記事が載った面	紙面をにぎわす
誌面	雑誌の，記事が載った面	誌面を飾る
終局	物事の終結	終局を迎える

語	意味	用例
終極	物事のいちばん終わり	終極に達する
収拾	混乱した状態を収める	事態を収拾する
収集	一か所に集める	切手を収集する
修正	改め直す	軌道修正
修整	写真で，画像を整える	ネガの修整
収束	混乱した状態が収まる	事態が収束に向かう
終息	終わる	戦争が終息する
周知	広く知れ渡る	周知徹底を図る
衆知	多くの人々の知恵	衆知を集める
収得	自分のものにする	無断収得
拾得	落とし物を拾う	拾得物
修得	学科などを履修し終える	単位を修得する
習得	学問などを習い覚える	知識を習得する
収用	公共の目的で取得する	建物の強制収用
収容	一定の場所に入れる	遺体を収容する
終了	物事が終わる	試合終了
修了	学業を修め終える	修了証書
収録	作品や情報を収める	全集に収録する
集録	集めて記録する	民話を集録する
修行	仏法・武道などを修める	武者修行
修業	技芸などを習い修める	料理の修業に努める
粛正	不正を除く	綱紀粛正
粛清	反対者を除く	異分子の粛清
主宰	上に立って物事を行う	雑誌の主宰
主催	催しを中心となって行う	大会の主催者
主旨	中心となる考えや意味	講演の主旨
趣旨	物事の目的や狙い	趣旨に賛同する
受賞	賞を受ける	ノーベル賞受賞
授賞	賞を授ける	授賞式に出席する
受精	精子と卵子が結合する	受精卵
授精	人工的な結合の場合	人工授精
主席	最高責任者	国家主席
首席	第一位の席次	首席で卒業する
主題	中心となる題材や思想	論文の主題
首題	最初に書かれた題目	首題と本文
出処	世に出ることと退くこと	出処進退
出所	刑務所から出る	刑期を終え出所する
需用	用途に従って用いること	電力の需用
需要	必要として求めること	需要の増大

語	意味	用例
紹介	人と人を引き合わせる	友人を紹介する
照会	問い合わせる	残高を照会する
傷害	人にけがをさせる	傷害事件
障害	妨げになる	機能障害
小額	額面が小さい	小額紙幣
少額	少ない金額	少額の融資
召集	国会や軍隊の場合	召集令状
招集	人々を招き集める	株主総会の招集
条令	箇条書きの法令	条令に従う
条例	地方公共団体の法規	公安条例
食料	食べ物	生鮮食料品
食糧	米などの主食物	食糧難
初戦	いちばん初めの戦い	初戦を突破する
緒戦	戦いの始まりの段階	緒戦でリードを奪う
所用	行うべき用件	所用で外出する
所要	ある物事に必要なこと	所要時間
自立	自分の力だけで行う	親から自立する
自律	自分で自分を律する	自律神経
深淵	底知れず深い所	嘆きの深淵に沈む
深遠	理解できないほど奥深い	深遠な真理
新奇	目新しくて珍しい	新奇をてらう
新規	新しく行うこと	新規開店
信実	正直で偽りがない	信実な人柄
真実	うそ偽りがないこと	事件の真実
信書	個人間の手紙	信書を送る
親書	直筆の手紙。元首の手紙	親書をいただく
心情	心の中で感じていること	心情を察する
真情	偽りのない気持ち	真情を吐露する
心身	精神と身体	心身を鍛える
心神	精神	心神喪失
真正	間違いなく本物である	真正の相続人
真性	その病気で間違いない	真性コレラ
深長	意味に深みがある	意味深長
慎重	注意深く行う	慎重を期する
伸展	伸び広がる	事業が伸展する
進展	進行し新しい局面になる	事態が進展する
振動	揺れ動く	電車の振動
震動	震え動く	大地の震動
侵入	不法に入り込む	敵が侵入する

浸入	水などが入り込む	泥水が浸入する
進入	ある場所に進み入る	車両進入禁止
針路	目指すべき方向	党の針路を議論する
進路	これから進んでいく方向	卒業生の進路
推奨	人にすすめる	推奨銘柄
推賞	ほめてすすめる	推賞に値する作品
制圧	力で抑えつける	敵を制圧する
征圧	征服し威圧する	蛮族を征圧する
生育	植物が育つ	稲の生育
成育	人や動物が育つ	愛犬の成育
正確	正しくて間違いがない	正確を期す
精確	精密で間違いがない	精確な時刻
精根	精力と根気	精根が尽きる
精魂	魂。精神	精魂を込める
制作	芸術作品を作る	絵画の制作
製作	物品を作る	機械の製作
清算	後始末をする	借金を清算する
精算	細かく計算する	運賃を精算する
正装	正式な服装	正装して参列する
盛装	華やかに着飾る	盛装に身を包む
生体	生きている体	生体解剖
生態	生物の生きている状態	生態調査
生長	植物が育つ	樹木の生長
成長	人間や動物が育つ	子どもの成長
正当	道理にかなっている	正当防衛
正統	正しい系統・血筋	正統な後継者
成年	成人。大人	成年に達する
青年	若者	青年実業家
勢力	勢いと力	勢力を拡張する
精力	活動するための力	精力を注ぐ
節制	欲望を抑える	飲酒を節制する
摂生	健康に気を配る	摂生に努める
戦火	戦争による火災	戦火が広がる
戦渦	戦争による混乱	戦渦に巻き込まれる
戦禍	戦争による被害	戦禍を免れる
前進	前へ進む	前進と後退
漸進	少しずつ進む	漸進的な改良
占有	自分のものにする	占有権
専有	独り占めする	専有物
占用	自分のものにして使う	道路を占用する
専用	特定の人だけが使う	社長専用車
壮快	元気で気持ちがいい	眠り足りて壮快だ
爽快	気分がすがすがしい	爽快な目覚め
奏功	物事を成し遂げる	作戦が奏功する
奏効	効果がある	投薬が奏効する
壮図	壮大な計画	壮図を抱く
壮途	勇ましい門出	壮途に就く
促成	人工的に生長させる	促成栽培
速成	短期間で仕上げる	速成講座
即製	その場ですぐ作る	即製の料理
即断	その場ですぐ決める	即断即決
速断	早まった判断	速断を避ける
即効	効き目がすぐに現れる	即効薬
速効	効き目がはやく現れる	速効性肥料

た

大義	人として守るべき道	大義名分
大儀	手間がかかって面倒	大儀な仕事
大系	同じ分野でまとめたもの	文学大系
体系	系統立ててまとめた組織	理論体系
体形	体の形	体形が崩れる
体型	体つきの特徴	標準体型
対向	互いに向き合う	対向車線
対抗	互いに競い合う	学校対抗
対称	つり合っている	左右対称
対象	働きかける相手・目標	調査対象
対照	比べ合わせる	対照的な性格
体制	仕組み。様式	資本主義体制
体勢	体の構え。姿勢	不利な体勢
態勢	物事に対応する構え	厳戒態勢
退避	その場から退く	高台に退避する
待避	安全な場所に移る	列車の待避線
探究	真の姿を見極める	真理の探究
探求	さがし求める	幸福の探求
徴収	取り立てる	会費を徴収する
徴集	強制的に集める	物資を徴集する
調製	注文に応じて作る	礼服の調製
調整	よい状態にする	機械の調整

著名　名前が知られている　著名な作家
著明　極めて明らか　著明な反応を示す

沈静　自然に落ち着く　事態が沈静化する
鎮静　人為的に落ち着かせる　暴動を鎮静する

沈痛　心を痛めるさま　沈痛な面持ち
鎮痛　痛みを抑える　鎮痛剤

追及　相手を追い詰める　責任を追及する
追究　真の姿を明らかにする　真理を追究する
追求　欲しい物を追い求める　利潤を追求する

定形　一定している外見の姿　定形の封筒
定型　詩などの決まった型　定型詩

的確　的を外さず確か　的確な判断
適確　適正で確実　適確な措置

適正　適切で正しい　適正価格
適性　ある事柄に適した性質　適性検査

転位　位置が変わる　胎児の転位
転移　他の場所に移る　ガンの転移

転化　別の状態に変わる　質の転化を図る
転嫁　他人になすりつける　責任を転嫁する

展開　繰り広げる　議論を展開する
転回　回って方向を変える　空中転回

天成　自然にできていること　天成の要害
天性　生まれつき備わった性質　天性の芸術家

伝染　病気が他へうつる　伝染病
伝線　ほつれて線状に広がる　靴下の伝線

伝動　動力を他に伝える　伝動装置
伝道　教義を広める　伝道師
伝導　熱や電気が伝わる　電気の伝導

同士　同じ関係にある人　恋人同士
同志　同じ主張を持つ人　同志を集める

特長　特に優れている点　新商品の特長
特徴　特に目立つ点　犯人の特徴

な・は

内向　心の働きが自分に向かう　内向的な性格
内攻　内部に広がりたまる　病気が内攻する

排水　水を外へ流し出す　排水口
廃水　捨てられる汚い水　工場廃水

配布　大勢に行き渡らせる　ちらしの配布
配付　一人一人に渡す　資料の配付

発行　書籍などを世に出す　雑誌の発行
発効　法律などが効力を持つ　条約の発効

反面　反対の面　手軽さの反面…
半面　表面の半分　コートの半面

微小　極めて小さい・細かい　微小な生物
微少　極めて少ない・わずか　微少な量

必死　全力を尽くすこと　必死の形相
必至　必ずそうなること　倒産は必至だ

被爆　原水爆の爆撃を受ける　広島で被爆する
被▼曝　放射線にさらされる　微量の被曝

表決　議案への賛否を示す　表決権
票決　投票で決める　票決に移る

表示　はっきりと示す　価格表示
標示　目印を掲げて示す　道路標示

漂白　脱色して白くする　漂白剤
漂泊　さまよう　船の漂泊

符号　しるし。記号　区切り符号
符合　ぴったりと合う　事実と符合する

不信　信じないこと　不信の念
不審　疑わしく思うこと　不審な行動

夫人　他人の妻　社長夫人
婦人　成人女性　婦人の地位向上

付託　他に委ねる　委員会に付託する
負託　他に責任をもたせ任せる　国民の負託

不断　絶え間ない　不断の努力
普段　いつも　普段の生活

不変　変わらない　不変の法則
不偏　偏らない　不偏不党
普遍　広く行き渡ること　普遍的

付与　与え渡す　権限の付与
賦与　才能を与える　天が賦与した画才

不用　使われない　不用になった家具
不要　必要としない　不要不急の工事

憤然　激しく怒るさま　憤然として席を立つ
奮然　奮い立つさま　奮然として戦う

並行　並んで進む　並行して走る
平行　二直線が交わらない　平行棒
平衡　つり合っている　平衡感覚

別条	普通でない事柄	別条のない毎日
別状	普通でない状態	命に別状はない
変移	移り変わる	世相の変移
変異	異なるものに変わる	突然変異
偏在	かたよって存在する	富の偏在
遍在	どこにでも存在する	全国に遍在する
編修	史書などを作る	国史の編修
編集	書籍などを作る	雑誌の編集
編成	統一ある組織にする	予算の編成
編制	軍隊を組織する	三軍の編制
変体	普通でない形や体裁	変体仮名
変態	性行動が普通と異なる	変態性欲
包容	広い心で受け入れる	包容力
抱擁	抱きかかえる	抱擁を交わす
保険	損害を償う保証	生命保険
保健	健康を保つこと	保健所
補習	学習の不足を補う	補習授業
補修	修理する	補修工事
保証	確かだと請け合う	身元の保証
保障	保護して守る	安全の保障
補償	損害を償う	補償金

未到	主に業績・記録の場合	前人未到
未踏	主に土地の場合	人跡未踏
民俗	民間の風俗や習慣	民俗芸能
民族	人々の集団	少数民族
無常	とどまりなく変わる	無常観
無情	思いやりがない	無情な仕打ち
無想	何も考えないこと	無念無想の境地
夢想	心に思い描くこと	夢想にふける
明快	筋道が通っている	明快な論理
明解	わかりやすい解釈	明解な説明
明記	はっきり書き記す	住所を明記する
銘記	心にとどめて忘れない	教えを銘記する
名答	正しい答え	ご名答
明答	はっきり答えること	明答を避ける
目礼	目で挨拶する	目礼を交わす
黙礼	無言でお辞儀をする	遺影に黙礼する

野生	自然のままに育つ	野生の馬
野性	自然のままの性質	野性に返る
遊技	技を競う娯楽	遊技場
遊戯	遊びたわむれる	言葉の遊戯
優生	優れた遺伝要素	優生学
優性	雑種で顕在化する要素	優性遺伝
優勢	勢いがまさっている	優勢を保つ
用件	用事の内容	用件を話す
要件	必要な事柄	要件を満たす
要項	必要な事項	募集要項
要綱	要約した大綱	研究の要綱
用談	用件を話し合う	客と用談する
要談	重要な相談	大臣との要談
用量	使用すべき分量	薬の用量
容量	容器に入る分量	タンクの容量

両用	二通りに使える	遠近両用
両様	二通りの様式	和戦両様
連係	密接につながる	連係プレー
連携	連絡をとり協力する	連携を深める
路次	目的地へ行く途中	東京への路次
路地	人家の間の狭い通路	路地裏
露地	雨露にさらされた地面	露地栽培
論及	話題が及ぶ	進退問題への論及
論究	道理を究める	原因の論究

11 書き間違えやすい漢字

・漢字の読みや形が似ていて書き間違えやすい語，平仮名で書くのが標準的であるのに誤って漢字で書かれる語などを集め，五十音順に配列した。
・最初に読みを示し，次に正しい表記を色にして例文とともに示した。最後に誤った表記や標準的でない表記を×を付して示した。
・正しい表記の漢字については，「常用漢字表」外の漢字であるものには▼を，「常用漢字表」外の読みであるものには▽を付した。また，「常用漢字表」外の漢字を用いた表記があるものは，適宜（　）で示した。
・この項は，大修館書店編集部で作成した。

（大修館書店編集部注）

あ

読み	例文	誤記
あいくるしい	**愛くるしい**笑顔	愛苦しい
あくがつよい	**あくが強い**男	悪が強い
あくどい	やり方が**あくどい**	悪どい
あしまめ	**足まめ**に出かける	足豆
あっかん	最終楽章は**圧巻**だ	圧観・圧感
あっせん	仕事を**斡旋**する	幹旋・幹施
あっとう	敵を**圧倒**する	圧到
あらた	感動を**新た**にする	改た
あらためて	**改めて**説明する	新ためて
あんど	**安堵**の表情	安度
あんのじょう	**案の定**失敗した	案の条・案の上
あんぴ	**安否**を気遣う	安非
いかん	**遺憾**の意を表す	遺感
いぎ	**威儀**を正す	威義
いきしょうてん	**意気衝天**の勢い	意気昇天
いきづく	現代に**息づく**古典	生きづく
いきとうごう	**意気投合**する	意気統合
いきまく	必ず勝つと**息巻く**	意気巻く
いくどうおん	**異口同音**	異句同音
いこう	新体制に**移行**する	移向
いさい	**委細**承知した	以細
いさぎよい	**潔い**引き際	いさぎ良い
いじょう	権限を**委譲**する	依譲
いしんでんしん	**以心伝心**	意心電信
いせき	他球団に**移籍**する	移席
いぜんけい	動詞の**已然形**	己然形
いちれんたくしょう	**一蓮托生**	一連託生
いっかげん	**一家言**ある	一過言
いっかんのおわり	**一巻の終わり**	一貫の・一環の
いっしょ	**一緒**に出かける	一諸
いっしんどうたい	**一心同体**	一身同体
いっせいに	**一斉に**飛び立つ	一勢に・一斎に
いっちょういっせき	**一朝一夕**	一鳥一石

いっとうちをぬく
一頭地を抜く　一等地を抜く
いっぱいちにまみれる
一敗地にまみれる　一敗血にまみれる
いでん
子どもに**遺伝**する　遣伝
いにん
事後処理を**委任**する　依任
いはつ
衣鉢を継ぐ　遺鉢
いみしんちょう
意味深長な言葉　…慎重・…深重
いやおうなし
否応なしに…　嫌応なし
いやがうえにも
弥が上にも…　嫌が上にも
いわかん
違和感を覚える　異和感
いんが
因果関係　困果
いんがし
印画紙を買う　陰画紙
いんご
隠語を使う　陰語
いんじゅん
因循姑息(こそく)　因盾
いんぜん
隠然たる勢力　陰然
いんそつ
児童を**引率**する　引卒
いんどう
引導を渡す　引道
いんにんじちょう
隠忍自重　陰忍自重
うきめ
憂き目を見る　浮き目
うけにいる
有卦に入る　受けに入る
うしろだて
強力な**後ろ盾**　後ろ立て
うちょうてん
有頂天になる　宇頂点
うらぶれる
独り**うらぶれる**　裏ぶれる
うるさがた
うるさ型の客　うるさ方

えもいわれぬ
得も言われぬ香り　絵も言われぬ
えんがわ
縁側に座る　緑側
えんき
出発を**延期**する　廷期
えんぎ
縁起がいい　緑起
えんきょく
婉曲な表現　遠曲
えんゆうかい
園遊会に招かれる　宴遊会
おうぎ
奥義を究める　奥技
おうこう
王侯貴族　王候
おうしゅう
証拠品を**押収**する　押集
おうたい
電話の**応対**　応待
おうふく
往復三時間かかる　往複
おうぼう
横暴な振る舞い　押暴
おえつ
嗚咽を漏らす　鳴咽
おおいに
大いに結構　多いに
おおばんぶるまい
大盤振る舞い　大判…・大番…
おおもの
大物政治家　大者
おかしらつき
鯛(たい)の**尾頭付き**　御頭付き
おしょく
汚職事件　悪職
おそまき
遅蒔きながら…　遅巻き
おもかげ
亡き人の**面影**(俤)　思影
おやふこう
親不孝を重ねる　親不幸
おんこう
温厚な人柄　温好
おんのじ
これで**御の字**だ　恩の字

か

かいきえん
　怪気炎をあげる　快気炎
かいけつ
　事件が解決する　解結
かいこ
　懐古趣味　壊古
かいこん
　荒れ地を開墾する　開懇
がいたん
　世相を慨嘆(歎)する　概嘆
かいてき
　快適な生活　快的
かいとうらんま
　快刀乱麻を断つ　快投…・怪刀…
がかい
　政権が瓦解する　瓦壊
かくさく
　陰で画策する　画作
かくしつ
　根深い確執　角執
がくふ
　楽譜の読み方　楽符
がくぶち
　額縁で飾る　額緑
がくもん
　学問の自由　学門
かげぼうし
　影法師　陰法師
かげむしゃ
　武田(たけだ)信玄の影武者　陰武者
かごうぶつ
　有機化合物　加合物
かじ
　刀鍛冶　鍛治
かしゃく
　仮借ない批判　苛借
かしゃく
　良心の呵責　可責
がじょう
　牙城を崩す　芽城
かそう
　仮装行列　化装
かたいれ
　母校に肩入れする　片入れ・型入れ

かちく
　家畜を飼育する　家蓄
かっこ
　括弧に入れる　括孤・活弧
がっしゅうこく
　アメリカ合衆国　合州国
かつぼう
　平和を渇望する　喝望
かどまつ
　門松を飾る　角松
かなづかい
　歴史的仮名遣い　仮名遺い
かひ
　可否を決する　可非
かふちょう
　家父長制　家夫長
かへい
　貨幣の流通　貨弊
がりょうてんせい
　画竜点睛を欠く　画竜点晴
かんいっぱつ
　間一髪で助かる　間一発
かんがい
　感慨にふける　感概
かんげい
　参加を歓迎する　観迎・歓仰
かんげん
　差益還元セール　環元
かんこ
　歓呼の声　感呼
かんしょうちたい
　緩衝地帯　干渉…・間衝…
かんすい
　任務を完遂する　完逐
かんせん
　汗腺の働き　汗線
かんぜんちょうあく
　勧善懲悪　勧善徴悪
かんそく
　天体を観測する　歓測・鑑測
かんだかい
　甲(疳)高い声　感高い
かんてつ
　初志貫徹　貫撤
かんねん
　固定観念　歓念

かんぺき
完璧な仕上がり　完壁
かんべん
ご勘弁(辨)ください　堪弁
かんぼう
流行性感冒　寒冒
かんゆう
サークルの勧誘　歓誘・観誘
かんれき
還暦を迎える　還歴
きいたふう
利いた風な口　聞いた風
ぎおん
擬音語　疑音
きかがく
幾何学の問題　幾可学
きかん
消化器官　器管
ききいっぱつ
危機一髪　危機一発
きせまる
鬼気迫る演技　危機迫る
きけつ
当然の帰結　帰決
きけん
身の危険を感じる　危倹・危検
きげん
機嫌を直す　気嫌
きしゃ
浄財を喜捨する　寄捨
きしょく
気色が悪い　奇色
きしょくまんめん
喜色満面の笑み　気色満面
ぎせい
戦争の犠牲者　犠性・儀性
きたい
危殆にひんする　危胎
きてき
汽笛を鳴らす　気笛
きびしい
厳しい寒さ　激しい
ぎゃくてん
形勢が逆転する　逆点
きゅうきょ
急遽出発する　急拠

きゅうくつ
窮屈な暮らし　究屈
きゅうやくせいしょ
旧約聖書　旧訳聖書
きょうい
戦争の脅威　脅異・恐威
きょうい
驚異的な記録　驚偉・驚威
きょうきらんぶ
狂喜乱舞　狂気乱舞
きょうこう
大恐慌の時代　恐荒
きょうこうぐん
強行軍を続ける　強硬軍
きょうこうさいけつ
強行採決　強硬採決
ぎょうせき
業績を上げる　業積
きょうちょう
必要性を強調する　強張
きょうみしんしん
興味津津　興味深深
きょかん
巨漢の力士　巨貫
きんせいひん
禁制品を持ち込む　禁製品
きんちょう
面接で緊張する　緊帳
きんとうわり
税金の均等割り　均頭割り
くい
悔いが残る結果　侮い
ぐうい
寓意に満ちた作品　偶意
くうかんち
空閑地を緑化する　空間地
ぐうわ
寓話を読む　偶話
くきょう
苦境に立つ　苦況
くちきき
口利きを頼む　口聞き・口効き
くちく
害虫を駆逐する　駆遂
くっしん
屈伸運動　屈身

くはい
苦杯(盃)を喫する　苦敗
くびじっけん
首実検をする　首実験・首実見
くめん
旅費を**工面**する　苦面
くもる
表情が**曇る**　雲る
くよう
先祖を**供養**する　供要
ぐんしょう
群小国家　郡小
けいき
失敗を**契機**に見直す　契期
けいすう
膨張**係数**　系数
けいど
経度と緯度　径度
けいとう
仏教に**傾倒**する　傾到
けいふ
哲学の**系譜**　係譜
けいぼ
敬慕する師　敬募
けいゆ
上野**経由**で品川へ　径由
けいるい
係(繫)**累**を断つ　係類
げきぞう
犯罪が**激増**する　劇増
げきやく
劇薬に指定される　激薬
けぎらい
ナスを**毛嫌い**する　気嫌い
げきりん
逆鱗に触れる　激鱗
げざい
下剤を飲む　解剤
けしきばむ
気色ばむ　景色ばむ
けっきょく
結局無駄だった　結極・決局
けっせんとうひょう
決選投票　決戦投票
けつまくえん
結膜炎にかかる　血膜炎
けつろん
結論を出す　決論
げどく
解毒作用　下毒
けんいん
市場の**牽引**役　索引
げんか
原価を試算する　源価
げんかしょうきゃく
減価償却　原価消却
げんしゅ
国家**元首**　元主
げんすい
陸軍**元帥**　元師
けんせい
互いに**牽制**し合う　索制
けんせい
権勢を振るう　権盛
げんせんちょうしゅう
源泉徴収　原泉徴収
けんそ
険阻(嶮岨)な山道　険粗
けんぼうしょう
健忘症の症状　健忘性
けんもほろろ
けんもほろろ　剣もほろろ
こうかんしんけい
交感神経の働き　交換神経
こうがんむち
厚顔無恥　厚顔無知
こうぎ
講義を受ける　講議
こうぐう
厚遇で迎える　高遇
こうけい
ピストルの**口径**　口経
こうしゃく
侯爵夫人　候爵
こうてつ
大臣を**更迭**する　更送
こうどう
鉱山の**坑道**　抗道
こうとうしもん
口頭試問　口答試問
こうほしゃ
候補者の擁立　侯捕者

11
書き間違えやすい漢字

こうまん
高慢な態度　高漫
こうり
功利主義　効利・巧利
こころづかい
心遣いに感謝する　心遺い
ごたぶん
御多分に漏れず　御多聞・御他聞
こときれる
ついに**事切れる**　言切れる
ことばづかい
言葉遣いが悪い　言葉遺い
ごはさん
御破算にする　御破産
ごへい
語弊がある　誤弊・語幣
こべつほうもん
戸別訪問　個別訪問
こりつむえん
孤立無援の状況　孤立無縁
ごりむちゅう
五里霧中　五里夢中
ごんごどうだん
言語道断　言語同断
こんらん
経済の**混乱**　困乱

さ

さいくつ
金を**採掘**する　採堀
さいけつ
採決をとる　採結
さいげん
際限なく続く　最限
ざいげん
財源を確保する　財原
さいこうちょう
最高潮に達する　最高調
さいじょう
市営**斎場**　斉場
さいしょうげん
最小限に抑える　最少限
さいしょくけんび
才色兼備の歌人　才色兼美
さいだいもらさず
細大漏らさず話す　最大漏らさず
さいてい
過去**最低**の水準　最底
さいばい
露地**栽培**　裁倍
さいはて
最果ての地　際果て
さいばん
裁判が始まる　栽判
さいりょう
君の**裁量**に任せる　採量
さくいん
五十音**索引**　策引
さしさわり
差し障りがある　差し触り
ざせつ
挫折を味わう　座折
さっこん
昨今の世界情勢　昨近
さっとう
乗客が**殺到**する　殺倒
さんさく
公園を**散策**する　散索
さんはんきかん
三半規管　三半器官
さんまん
注意力の**散漫**　散慢
さんみいったい
三位一体　三見…・三味…
しおひがり
潮干狩りに行く　潮干刈り
じがじさん
自画自賛する　自我自賛
じきしょうそう
時期尚早　時機…・時季…
しこうさくご
試行錯誤を重ねる　思考錯誤
しこうひん
嗜好品の取引　趣向品
じさん
履歴書を**持参**する　自参
じじもんだい
時事問題を論じる　事時問題
しせい
姿勢を正す　姿正
しそうけんご
志操堅固な人　思想堅固

しつぎおうとう
質疑応答　質議応答
してき
誤りを**指摘**する　指敵・指適
しなん
武術を**指南**する　師南
しぶとい
意外に**しぶとい**　渋太い・渋とい
しめいかん
使命感に燃える　使命観
じゃっかん
若干空席がある　弱干
じゃっかん
弱冠二十歳で…　若冠
しゃれ
洒落を飛ばす　酒落
じゅうおうむじん
縦横無尽の活躍　縦横無人
じゆうきょうそう
自由競争　自由競走
しゅうしふ
終止符を打つ　終止譜
しゅうじんかんし
衆人環視の中　衆人監視
じゅうたい
交通**渋滞**　渋帯
じゅうなん
柔軟な対応　従軟
しゅうび
愁眉を開く　秋眉
しゅくじょ
紳士**淑女**　叔女
しゅじい
頼もしい**主治医**　主事医
しゅとけん
首都圏に住む　主都圏
しゅはん
主犯格の男　首犯
じゅんしん
純真な心　純心
じょういかたつ
上意下達　上位下達
じょうき
常軌を逸する　常気
しょうこ
証拠を固める　証固

しょうこう
小康状態を保つ　少康
しょうこり
性懲りもない　性凝り
じょうじょう
株式を**上場**する　場上
じょうじょうしゃくりょう
情状酌量の余地　状情酌量
しょうしんしょうめい
正真正銘の危機だ　正真証明
じょうたい
健康**状態**を調べる　状熊
じょうちょ
情緒不安定　情諸
しょうとつ
武力**衝突**が起こる　衡突
しょうひざい
耐久**消費財**　消費材
じょうまん
冗漫な文章　冗慢
しょぎょうむじょう
諸行無常　諸業無情
しょさい
書斎にこもる　書斉
じょじょに
徐徐に進む　除除に
しりめつれつ
支離滅裂な言動　四離滅裂
しろみざかな
白身魚が好物だ　白味魚
しんがい
権利の**侵害**　浸害
しんかん
世間を**震撼**させる　震感
しんきいってん
心機一転　心気…・新規…
しんきくさい
辛気臭い話　心気臭い
しんきょう
今の**心境**を語る　心況
しんきんかん
親近感を抱く　身近感
しんく
辛苦の末完成した　心苦
じんこうこきゅう
人工呼吸　人口呼吸

しんこくざい
親告罪の時効　申告罪
じんじいどう
人事異動　人事移動
しんしょうぼうだい
針小棒大な話　針小膨大
しんしんそうしつ
心神喪失　心身喪失
しんすい
床上**浸水**　侵水
しんとう
雨水が**浸**(滲)**透**する　侵透
しんぼうえんりょ
深謀遠慮　辛抱遠慮
しんみょう
神妙な態度　真妙
しんやくせいしょ
新約聖書　新訳聖書
じんよう
陣容を一新する　人容
しんりゃく
敵の**侵略**(掠)を許す　浸略
すうき
数奇な運命　数寄
ずがいこつ
頭蓋骨の標本　頭骸骨
ずぶとい
図太い性格　頭太い
せいさんざい
生産財メーカー　生産材
せいしんせいい
誠心誠意対応する　精神誠意
せいせき
成績が向上する　成積
せいぞんきょうそう
自然界の**生存競争**　生存競走
せいてんはくじつ
青天白日の身　晴天白日
ぜかひか
天道**是か非か**　是か否か
せきつい
脊椎動物　背椎
せきにんてんか
責任転嫁　責任転化
ぜったいぜつめい
絶体絶命のピンチ　絶対絶命

せっぱく
切迫した事態　切泊
ぜひ
是非を問う　是否
せんかい
急**旋回**する　施回
せんきょ
不法**占拠**　専拠
せんげん
開会を**宣言**する　宜言
ぜんごさく
善後策を講じる　前後策
せんざいいちぐう
千載一遇の好機　…一偶・…一隅
ぜんじ
漸次発達する　漸時
ぜんぜん
全然理解できない　全全
せんせんきょうきょう
戦戦恐恐(兢兢)　戦戦競競
ぜんだいみもん
前代未聞の出来事　…未問・…見聞
せんたくし
選択肢がない　選択枝
せんべつ
餞別を贈る　銭別
せんもん
専門用語　専問
そいそしょく
粗衣粗食　粗衣素食
ぞうか
人口が**増加**する　増化
そうかいてい
掃海艇の派遣　捜海艇
そうくつ
悪の**巣窟**　巣屈
そうこう
戦車の**装甲**　装鋼
そうごん
荘厳な儀式　壮厳
そうちょう
荘重な調べ　壮重
そうへき
双璧をなす　双壁
そうらんざい
騒乱罪の適用　争乱罪

そえん
疎遠になる　疎縁・粗遠
そくせいさいばい
促成栽培　速成…・即製…
そくせんそっけつ
速戦即決　速戦速決
そくほう
選挙速報　即報
そこをつく
食糧が底を突く　底を尽く
そしき
救助隊を組織する　組識
そっとう
朝礼中に卒倒した　率倒
そらんじる
歌詞を諳んじる　空んじる
そんぞく
直系尊属　尊族

た

たいがい
大概の詩は読んだ　大慨
たいき
自宅で待機する　侍機・待期
たいぎめいぶん
大義名分が立つ　大儀名分
たいきょめいれい
退去命令が出る　退居命令
たいこう
方針の大綱を示す　大網
たいこうしゃ
対向車とすれ違う　対抗車・対行車
たいてい
大抵九時には来る　大低
たいほ
容疑者を逮捕する　逮補
だかい
難局を打開する　打解
たかねのはな
彼女は高嶺の花だ　高値の花
だしおしみ
出し惜しみをする　出し惜し身
だそく
蛇足ですが…　駄足
たちおうじょう
車が立ち往生する　立ち往上

だっきゃく
危機から脱却する　脱脚
だっこく
稲の脱穀　脱殻
たつせ
立つ瀬がない　立つ背
たまのこし
玉の輿に乗る　玉の腰
たゆまぬ
弛まぬ努力の成果　絶ゆまぬ
だらく
堕落した暮らし　惰落
だんか
檀家制度　壇家
だんがい
弾劾裁判　弾該
たんしょ
端緒につく　端初
たんてき
端的に言うと…　単的
たんとうちょくにゅう
単刀直入な質問　短刀直入
たんぺいきゅう
短兵急に進める　単兵急
ちがいほうけん
治外法権　地外法権
ちぐう
知遇を得る　知偶
ちめいしょう
致命傷となる　到命症
ちめいてき
致命的なエラー　到命的
ちゃくふく
収益を着服する　着腹
ちゅうさい
仲裁に入る　仲栽
ちゅうもん
注(註)文を取る　注問
ちょういきん
弔慰金の支給　弔意金
ちょうこうぜつ
長広舌をふるう　長口舌・長講説
ちょうしゅう
聴衆に呼びかける　聴集
ちょうだい
ご意見を頂戴する　頂載

読み	正	誤
ちょうふく	内容が**重複**する	重復
ちょうれいぼかい	**朝令暮改**	朝礼暮改
ちょちく	財形**貯蓄**	貯畜
ちょとつもうしん	**猪突猛進**の勢い	猪突盲進
ちんせいざい	**鎮静剤**を投与する	沈静済
ついちょうきん	**追徴金**を取る	追懲金
ていこう	権力に**抵抗**する	低坑
ていさい	**体裁**を整える	体栽・丁裁
ていしょく	法律に**抵**(牴・觝)**触**する	低触
ていそくすう	**定足数**に達する	定則数
ていたい	前線が**停滞**する	低滞・停帯
てきざいてきしょ	**適材適所**	適才適所
てっけん	**鉄拳**制裁	鉄挙
てつどうもう	首都圏の**鉄道網**	鉄道綱
でむかえ	**出迎え**を受ける	出向かえ
てんしゅきょう	**天主教**の教え	天守教
でんどうし	キリスト教の**伝道師**	伝導師
でんどうたい	有機**伝導体**	伝道体
でんぱ	情報が**伝播**する	伝波
てんぷく	ボートが**転**(顚)**覆**する	転復
てんぺんちい	**天変地異**が起こる	転変地異
どうこう	景気の**動向**	道向・動行
とうじしゃ	事件の**当事者**	当時者
とうしゃばん	**謄写版**印刷	騰写判
とうじょういん	宇宙船の**搭乗員**	塔乗員
とうじん	遺産を**蕩尽**する	湯尽
とうそつ	部下を**統率**する	統卒
とうた	自然**淘汰**	陶汰
とうのむかし	**疾うの昔**に諦めた	遠の・当の
とうほん	**謄本**を請求する	騰本
とくさく	あまり**得策**でない	特策
どくぜつ	**毒舌**をふるう	毒説
どくそうてき	**独創的**な作品	独想的
どくだんせんこう	**独断専行**で進める	独断先行
とっさ	**咄嗟**の判断	咄差
どようなみ	**土用波**	土曜波
どろじあい	**泥仕合**を演じる	泥試合
どんよく	何事にも**貪欲**だ	貧欲

な

読み	正	誤
なかば	二十代**半ば**の青年	中ば
ながや	**長屋**暮らし	永屋
なや	**納屋**で遊ぶ	納家
なんぱせん	**難破船**の救助	難波船
にんじょうざた	**刃傷沙汰**になる	人情沙汰
にんずる	芸術家を**任ずる**	認ずる
ぬれぎぬ	**濡れ衣**を着せる	濡れ絹

ぬれてであわ
濡れ手で粟　濡れ手で泡
ねむる
ぐっすりと眠る　寝むる
ねんぽう
野球選手の年俸　年棒
のらしごと
野良仕事　農良仕事

は

はいぐうしゃ
配偶者控除　配遇者
はいけい
拝啓　拝敬
はいけつしょう
敗血症にかかる　肺血症
はいしゅつ
大臣を輩出する　排出
ばいしょう
損害賠償　倍賞・陪償
ばいしん
陪審員を務める　倍審・培審
ばいばい
株の売買　買売
ばくしん
ゴールへ驀進する　爆進
はくちゅう
実力が伯仲する　伯中
はくないしょう
白内障にかかる　白内症
はけん
人材派遣会社　派遺
はちょう
波長が合う　波調
はっくつ
人材を発掘する　発堀
はで
派手な生活　派出
はてんこう
破天荒な試み　破天候
はなざかり
桜の花盛り　花咲かり
はもん
波紋を呼ぶ発言　破紋
はらん
波乱(瀾)を起こす　破乱

はんたいせい
反体制運動　反対制
はんばい
通信販売　販買
はんぷ
カタログの頒布　頒付
はんぷく
基礎を反復する　反複
ひきにげ
轢き逃げ事件　引き逃げ
ひきょう
秘境を探検する　秘郷・秘峡
ひご
弱者を庇護する　被護
ひじゅん
条約を批准する　比准・批準
ひそう
皮相な理解　皮想
ひってき
月給に匹敵する額　匹適
ひとごこち
人心地がつく　一心地
ひとこま
歴史の一齣　一駒
ひとめぼれ
一目惚れする　人目惚れ
ひへい
国力が疲弊する　疲幣
ひょうしょう
優勝者を表彰する　表賞
ひんし
瀕死の重症　頻死
ひんそう
貧相な体つき　貧素
びんぼう
貧乏に甘んじる　貧棒
ふかけつ
不可欠の栄養素　不可決
ふきょうわおん
不協和音が生じる　不響和音
ふくざつ
複雑な表情　復雑
ふくさよう
薬の副作用　服作用
ふくしゃ
文書を複写する　復写

ふくしゅう
英語を**復習**する　複習

ふくすう
複数の人物　復数

ふくぞう
腹蔵なく話す　腹臓

ぶしょ
所属**部署**　部所

ふそくのじたい
不測の事態に陥る　不足の事態

ぶっこ
物故者の名簿　物古

ふどうひょう
浮動票を獲得する　不動票

ふとうふくつ
不撓不屈の精神　不倒不屈

ふへん
普遍的な真理　普偏

ふるいおこす
勇気を**奮い起こす**　震い起こす

ふんいき
和やかな**雰囲気**　零囲気

ふんがい
身勝手さに**憤慨**する　憤概

ふんかこう
巨大な**噴火口**　噴火孔

ふんき
奮起を促す　憤起・奮気

ふんげき
憤激を買う　噴激

ふんこつさいしん
粉骨砕身する　粉骨細心

ふんさい
敵を**粉砕**する　紛砕

ふんしょく
粉飾決算　紛飾

ふんする
王様に**扮する**　紛する・粉する

ふんそう
紛争が起こる　粉争

ぶんめいかいか
明治の**文明開化**　文明開花

へいがい
弊害をもたらす　幣害

へいたん
平坦な道のり　平担

べんぎ
便宜をはかる　便宣

べんたつ
ご指導ご**鞭撻**の…　鞭達

ほうがちょう
奉加帳を回す　奉賀帳

ほうき
民衆が**蜂起**する　峰起

ほうけん
封建的な考え　封権

ぼうけん
一人で**冒険**する　冒検

ほうじゅう
放縦な生活　放従

ぼうとう
価格が**暴騰**する　暴謄

ほうまつ
泡沫候補　泡末

ほうもん
友人宅を**訪問**する　訪門

ほうようりょく
包容力のある人　抱擁力

ほそく
説明を**補足**する　捕足

ぼんさい
盆栽を眺める　盆裁

ぼんのう
煩悩を断つ　煩脳

ま

まさつ
貿易**摩擦**　磨擦

ますい
麻(痲)酔をかける　摩酔

まっしょう
登録を**抹消**する　末消

まんかんしょく
満艦飾の装い　万艦色

まんきつ
夏休みを**満喫**する　万喫・漫喫

まんしん
慢心を戒める　漫心

まんせい
慢性鼻炎　漫性

みいり
実入りが悪い　身入り

みかえし
本の**見返し**　身返し

みすい
未遂に終わる　末遂・未逐

みにくい
醜い財産争い　見憎い

むがむちゅう
無我夢中になる　…霧中・…無中

むぼう
無謀な計画　無暴

めいがら
銘柄を指定する　名柄

めいし
名刺を差し出す　名剌

めいろう
明朗快活な人柄　明郎

もうじゃ
金の**亡者**　妄者・猛者

もうじゅう
権威に**盲従**する　妄従

もうまく
網膜の構造　盲膜・綱膜

もぎ
模(摸)**擬**試験　模疑・模凝

もくひけん
黙秘権を行使する　黙否権

もほう
模(摸)**倣**品の被害　模放

や

やつあたり
八つ当たりする　奴当たり

やろうじだい
夜郎自大　野郎自大

ゆうたい
会長が**勇退**する　雄退・優退

ゆうち
工場を**誘致**する　誘地・誘置

ゆうひ
海外に**雄飛**する　勇飛

ゆそう
ピストン**輸送**　輪送

よういん
保安**要員**　用員

ようご
人権を**擁護**する　要護

ようじんぼう
用心棒を雇う　用人棒

ようりょう
薬品の**用量**　要量

よぎない
余儀ない事情　予儀ない

よくそう
浴槽のリフォーム　浴漕

よご
予後不良　余後

よせい
余生を送る　余世

よせん
予選を突破する　予戦

よだん
予断を許さない　余断

よろん
世(輿)**論**に訴える　与論

ら

らっかんてき
楽観的な人　楽感的

りさい
大雨で**罹災**する　羅災

りしょく
株で**利殖**する　利植

りっしでん
立志伝中の人　立士伝

りゅうげんひご
ネット上の**流言飛**(蜚)**語**　流言非語

れんきんじゅつ
錬金術師　練金術

ろうきゅうか
老朽化した建物　老旧化

ろてんしょう
露天商の組合　露店商

ろんちょう
新聞の**論調**　論潮

12　間違えやすい慣用表現

・間違って使われやすい慣用表現を集めて，五十音順に配列した。
・最初に×を付けて間違った表現（標準的ではない表現も含む）を示し，次に○を付けて正しい表現を示した。
・この項は，大修館書店編集部で作成した。

（大修館書店編集部注）

あ

× 合いの手を打つ
→ ○ 合いの手を入れる／相槌（あいづち）を打つ
× 明るみになる
→ ○ 明るみに出る／明らかになる
× 足蹴りにする
→ ○ 足蹴（あしげ）にする
× 足元をすくう
→ ○ 足をすくう
× 怒り心頭に達する
→ ○ 怒り心頭に発する
× 異存が出ない
→ ○ 異論が出ない／異存がない
× 一抹（いちまつ）の望み
→ ○ 一縷（いちる）の望み／一抹の不安
× 嫌気がする
→ ○ 嫌気が差す／嫌気を起こす
× 上や下への大騒ぎ
→ ○ 上を下への大騒ぎ
× 薄皮を剝（は）ぐように
→ ○ 薄紙を剝ぐように
× 裏舞台での交渉
→ ○ 舞台裏での交渉
× 恨み骨髄（こつずい）に達す
→ ○ 恨み骨髄に徹（てっ）す
× 上前をかすめる
→ ○ 上前をはねる
× 屋上屋（おくじょうおく）を重ねる
→ ○ 屋上屋を架（か）する
× おぼつかぬ／おぼつきません
→ ○ おぼつかない
× 女手一人
→ ○ 女手一つ

か

× 風下にも置けぬ
→ ○ 風上にも置けぬ
× 喝采（かっさい）を叫ぶ
→ ○ 喝采を送る／快哉（かいさい）を叫ぶ
× 間髪（かんはつ）を移さず
→ ○ 間髪を容（い）れず／時を移さず
× 疑心暗鬼を抱く
→ ○ 疑心暗鬼を生じる／疑心暗鬼になる
× 期待倒れ
→ ○ 期待外れ／評判倒れ／看板倒れ
× 肝に据えかねる
→ ○ 腹に据えかねる
× 口車を合わせる
→ ○ 口裏を合わせる／口車に乗る・乗せる
× 口先三寸
→ ○ 舌先三寸
× 口をつむる
→ ○ 口をつぐむ
× 苦杯にまみれる
→ ○ 苦杯をなめる・喫する／一敗地にまみれる
× 蜘蛛（くも）を散らすように
→ ○ 蜘蛛の子を散らすように
× 碁を指す
→ ○ 碁を打つ

さ

× 策士策に敗れる
→ ○ 策士策に溺れる

× 舌の先の乾かぬうち
→ ○ 舌の根の乾かぬうち
× 将棋を打つ
→ ○ 将棋を指す
× 照準を当てる
→ ○ 照準を合わせる・定める
× 上手の腕から水が漏れる
→ ○ 上手の手から水が漏れる
× 食指をそそる
→ ○ 食指が動く／食欲をそそる
× 白羽の矢を当てる
→ ○ 白羽の矢を立てる
× 素人はだし
→ ○ 素人離れ／玄人はだし
× 心血を傾ける
→ ○ 心血を注ぐ／心魂を傾ける
× 正鵠を突く
→ ○ 正鵠を射る／核心を突(衝)く
× 雪辱を晴らす
→ ○ 雪辱する／雪辱を果たす／屈辱を晴らす

た・な

× 血と涙の結晶
→ ○ 血と汗の結晶
× 取り付く暇もない
→ ○ 取り付く島もない
× 苦虫を噛んだような
→ ○ 苦虫を噛みつぶしたような
× 二の句が出ない
→ ○ 二の句が継げない
× 二の舞いを繰り返す／二の舞いを踏む
→ ○ 二の舞いを演じる／二の舞いになる
× 眠気眼
→ ○ 寝ぼけ眼

は

× 腹が煮えくり返る
→ ○ はらわたが煮えくり返る
× 微に入り細にわたって
→ ○ 微に入り細をうがって
× 火蓋が切って落とされる
→ ○ 火蓋が切られる／幕が切って落とされる
× 日を夜に継ぐ
→ ○ 夜を日に継ぐ／日に夜を継ぐ
× 貧すれば通ず
→ ○ 窮すれば通ず／貧すれば鈍する
× 骨身をやつす
→ ○ 骨身を削る／憂き身をやつす

ま・や

× 的を得た
→ ○ 的を射た／当を得た
× 見かけ倒れ
→ ○ 見かけ倒し
× 三日とあけず／三日と上げず／三日に開けず
→ ○ 三日に上げず
× 胸先三寸に納める
→ ○ 胸三寸に納める／胸三寸に畳む
× 焼けぼっくりに火が付く
→ ○ 焼けぼっくいに火が付く
× 弓矢を引く
→ ○ 弓を引く／矢を放つ
× 横車を入れる
→ ○ 横槍を入れる／横車を押す
× 寄る年には勝てぬ
→ ○ 寄る年波には勝てぬ
× 弱気を吐く
→ ○ 弱音を吐く

ら・わ

× 溜飲を晴らす
→ ○ 溜飲を下げる／恨みを晴らす
× 論議を醸す
→ ○ 物議を醸す／論議を呼ぶ
× 論戦を張る
→ ○ 論陣を張る
× 藁をもすがる
→ ○ 藁にもすがる

13 同音の漢字による書きかえ

・昭和31年7月5日に国語審議会から文部大臣に報告された。
・各方面で参照され，多くは，公用文や新聞・雑誌を始め広く行われている。
・当時の「当用漢字表」にない漢字を対象とするため，昭和56年及び平成22年告示の「常用漢字表」に追加された「磨」や「臆」なども含まれている。
・ここでは原文のまま掲げた。ただし，原文で×の付されている「当用漢字表にない漢字」のうち，平成22年告示の「常用漢字表」に漢字・音訓のあるものには○，漢字はあるがその音訓のないものには▽を付した。

（大修館書店編集部注）

1　当用漢字の使用を円滑にするため，当用漢字表以外の漢字を含んで構成されている漢語を処理する方法の一つとして，表中同音の別の漢字に書きかえることが考えられる。ここには，その書きかえが妥当であると認め，広く社会に用いられることを希望するものを示した。

2　同字で，単に字体の異なるだけのものも掲げてある。

（例　糺明　→　糾明）

3　字音の中には，いわゆる慣用音によったものもある。

（例　撒水　→　散水）

矢印の左は当用漢字表にない漢字で書かれる漢語，右は書きかえである。

1字のものは，左の字は右の字に書きかえてさしつかえないことを示す。

（法）	法令用語改正例	（物）	学術用語集（物理学編）
（土）	〃（土木工学編）	（鉱）	〃（採鉱ヤ金学編）
（化）	〃（化学編）	（船）	〃（船舶工学編）
（建）	〃（建築学編）	（医）	医学用語集（第1次選定）

×……当用漢字表にない漢字

あ

愛慾　→　愛欲
闇　→　暗
安佚　→　安逸
暗翳　→　暗影
暗誦　→　暗唱
按分　→　案分
闇夜　→　暗夜

い

意嚮　→　意向
慰藉料　→　慰謝料（法）
衣裳　→　衣装
遺蹟　→　遺跡
一挺　→　一丁
陰翳　→　陰影

え

叡智　→　英知
穎才　→　英才
焰　→　炎
掩護　→　援護
苑地　→　園地（法）

お

臆説　→　憶説
臆測　→　憶測
恩誼　→　恩義

か

誡　→　戒
廻　→　回
外廓　→　外郭（法）
快濶　→　快活
皆既蝕　→　皆既食
誡告　→　戒告

- 開鑿 → 開削
- 廻送 → 回送
- 蛔虫 → 回虫 (医)
- 廻転 → 回転
- 恢復 → 回復
- 潰滅 → 壊滅
- 潰乱 → 壊乱
- 廻廊 → 回廊
- 火焰 → 火炎
- 劃 → 画
- 廓 → 郭
- 劃然 → 画然
- 廓大 → 郭大
- 挌闘 → 格闘
- 劃期的 → 画期的
- 活潑 → 活発
- 旱害 → 干害
- 間歇 → 間欠
- 管絃楽 → 管弦楽
- 肝腎 → 肝心
- 旱天 → 干天
- 乾溜 → 乾留 (化)

き

- 畸 → 奇
- 稀 → 希
- 気焰 → 気炎
- 饑餓 → 飢餓
- 企劃 → 企画
- 畸形 → 奇形
- 稀元素 → 希元素
- 稀釈 → 希釈 (化)
- 稀少 → 希少
- 徽章 → 記章
- 奇蹟 → 奇跡
- 稀代 → 希代
- 綺談 → 奇談
- 機智 → 機知
- 吃水 → 喫水 (法) (船)
- 稀薄 → 希薄
- 糺 → 糾
- 糺弾 → 糾弾
- 糺明 → 糾明
- 旧蹟 → 旧跡
- 馭 → 御
- 兇 → 凶
- 兇悪 → 凶悪
- 饗応 → 供応 (法)
- 教誨 → 教戒
- 兇漢 → 凶漢
- 兇器 → 凶器
- 鞏固 → 強固
- 兇行 → 凶行
- 兇刃 → 凶刃
- 兇変 → 凶変
- 兇暴 → 凶暴
- 馭者 → 御者
- 漁撈 → 漁労
- 稀硫酸 → 希硫酸
- 技倆 → 技量
- 吟誦 → 吟唱

く

- 区劃 → 区画
- 掘鑿 → 掘削 (鉱)
- 訓誡 → 訓戒
- 燻製 → 薫製

け

- 繫船 → 係船 (法) (船)
- 繫争 → 係争
- 繫属 → 係属 (法)
- 繫留 → 係留 (法)
- 下剋上 → 下克上
- 決潰 → 決壊
- 蹶起 → 決起
- 月蝕 → 月食
- 訣別 → 決別
- 絃 → 弦
- 絃歌 → 弦歌
- 元兇 → 元凶
- 嶮岨 → 険阻
- 研磨 → 研摩 (鉱)
- 儼然 → 厳然

こ

- 倖 → 幸
- 宏 → 広
- 礦 → 鉱
- 交驩 → 交歓
- 礦業 → 鉱業
- 鯁骨 → 硬骨
- 交叉 → 交差 (法)
- 扣除 → 控除 (法)
- 甦生 → 更生
- 礦石 → 鉱石 (鉱)
- 宏壮 → 広壮
- 宏大 → 広大
- 香奠 → 香典
- 昂騰 → 高騰
- 広汎 → 広範
- 昂(亢)奮 → 興奮
- 弘報 → 広報 (法)
- 曠野 → 広野
- 昂揚 → 高揚
- 強慾 → 強欲
- 媾和 → 講和
- 涸渇 → 枯渇
- 古稀 → 古希
- 古蹟 → 古跡
- 骨骼 → 骨格 (動) (医)
- 雇傭 → 雇用 (法)
- 混淆 → 混交
- 根柢 → 根底
- 昏迷 → 混迷

さ

- 坐 → 座
- 醋酸 → 酢酸 (化)
- 坐視 → 座視
- 坐礁 → 座礁 (船)
- 坐洲 → 座州

雑沓 → 雑踏
讃 → 賛
三絃 → 三弦
讃仰 → 賛仰
讃辞 → 賛辞
撒水 → 散水
讃嘆 → 賛嘆
讃美 → 賛美
撒布 → 散布

し

色慾 → 色欲
刺戟 → 刺激
史蹟 → 史跡
屍体 → 死体（医）
七顚八倒 → 七転八倒
死歿 → 死没
射倖心 → 射幸心
車輛 → 車両
洲 → 州
輯 → 集
蒐荷 → 集荷
蒐集 → 収集
終熄 → 終息
聚落 → 集落
手蹟 → 手跡
駿才 → 俊才
陞 → 昇
銷 → 消
銷夏 → 消夏
銷却 → 消却（法）
障碍 → 障害（法）
情誼 → 情義
称（賞）讃 → 称（賞）賛
陞叙 → 昇叙
焦躁 → 焦燥
銷沈 → 消沈
牆壁 → 障壁（法）
蒸溜 → 蒸留（化）
書翰 → 書簡
蝕甚 → 食尽
食慾 → 食欲（医）
抒情 → 叙情
試煉 → 試練
鍼術 → 針術
侵蝕 → 侵食（法）
浸蝕 → 浸食（化）
真蹟 → 真跡
伸暢 → 伸長
滲透 → 浸透
侵掠 → 侵略
訊問 → 尋問

す

衰頽 → 衰退

せ

制馭（禦） → 制御
棲（栖）息 → 生息
性慾 → 性欲（医）
蹟 → 跡
絶讃 → 絶賛
尖鋭 → 先鋭
全潰 → 全壊
銓衡 → 選考
煽情 → 扇情
洗滌 → 洗浄（法）（医）
戦々兢々 → 戦々恐々
船艙 → 船倉（船）
尖端 → 先端
擅断 → 専断
煽動 → 扇動
戦歿 → 戦没

そ

沮 → 阻
惣 → 総
象嵌 → 象眼
蒼惶 → 倉皇
綜合 → 総合
相剋 → 相克
惣菜 → 総菜
装釘（幀） → 装丁
剿滅 → 掃滅
簇生 → 族生
沮止 → 阻止
疏水 → 疎水
沮喪 → 阻喪
疏通 → 疎通
疏明 → 疎明（法）

た

褪色 → 退色
頽勢 → 退勢
頽廃 → 退廃
颱風 → 台風
大慾 → 大欲
奪掠 → 奪略
歎 → 嘆
歎願 → 嘆願
炭礦 → 炭鉱
端坐 → 端座
短篇 → 短編
煖房 → 暖房（建）
煖炉 → 暖炉（建）

ち

智 → 知
智慧 → 知恵
智能 → 知能
智謀 → 知謀
註 → 注
註解 → 注解
註釈 → 注釈
註文 → 注文
長篇 → 長編
沈澱 → 沈殿（化）

て

彽徊 → 低回
牴（觝）触 → 抵触（法）
鄭重 → 丁重
叮嚀 → 丁寧
碇泊 → 停泊（法）

手帖 → 手帳
顚倒 → 転倒
顚覆 → 転覆（法）

と

蹈 → 踏
倒潰 → 倒壊
蹈襲 → 踏襲
特輯 → 特集
杜絶 → 途絶

に

日蝕 → 日食

は

悖徳 → 背徳
破毀 → 破棄（法）
曝露 → 暴露（法）
破摧 → 破砕
醱酵 → 発酵
薄倖 → 薄幸
抜萃 → 抜粋
叛 → 反
叛旗 → 反旗
叛逆 → 反逆
蕃殖 → 繁殖（法）
蕃族 → 蛮族
反撥 → 反発
叛乱 → 反乱

ひ

蜚語 → 飛語
筆蹟 → 筆跡
病歿 → 病没

ふ

諷刺 → 風刺
腐蝕 → 腐食
符牒 → 符丁
物慾 → 物欲
腐爛 → 腐乱

へ

篇 → 編
辺疆 → 辺境
編輯 → 編集

ほ

輔 → 補
哺育 → 保育
崩潰 → 崩壊
妨碍 → 妨害
抛棄 → 放棄（法）
防禦 → 防御
繃帯 → 包帯（医）
厖大 → 膨大
庖丁 → 包丁
抛物線 → 放物線（物）
輔佐 → 補佐
鋪装 → 舗装
歿 → 没
輔導 → 補導
保姆 → 保母

ま

磨滅 → 摩滅（土）

む

無智 → 無知
無慾 → 無欲

め

名誉慾 → 名誉欲
棉花 → 綿花

も

摸 → 模
妄動 → 盲動
摸索 → 模索

や

野鄙 → 野卑

よ

熔・鎔 → 溶
鎔解 → 溶解（鉱）
熔岩 → 溶岩（鉱）
鎔鉱炉 → 溶鉱炉（鉱）
熔接 → 溶接（船）（鉱）
慾 → 欲

ら

落磐 → 落盤（鉱）（法）

り

理窟 → 理屈
悧巧 → 利口
理智 → 理知
離叛 → 離反
掠 → 略
掠奪 → 略奪
俚謡 → 里謡
諒 → 了
輛 → 両
諒解 → 了解
諒承 → 了承
輪廓 → 輪郭

れ

聯 → 連
連繫 → 連係
聯合 → 連合
連坐 → 連座
聯想 → 連想
聯珠 → 連珠
煉炭 → 練炭（化）
煉乳 → 練乳（医）
聯邦 → 連邦
聯盟 → 連盟
聯絡 → 連絡
聯立 → 連立

わ

彎 → 湾
彎曲 → 湾曲（法）
彎入 → 湾入

14　現代仮名遣い

・昭和61年7月1日内閣告示第1号。「現代かなづかい」（昭和21年11月16日内閣告示第33号）を改定したもの。
・平成22年11月30日の「常用漢字表」告示に伴い，同日，内閣告示第4号によって，一部改正された。

（大修館書店編集部注）

前書き

1　この仮名遣いは，語を現代語の音韻に従つて書き表すことを原則とし，一方，表記の慣習を尊重して一定の特例を設けるものである。

2　この仮名遣いは，法令，公用文書，新聞，雑誌，放送など，一般の社会生活において，現代の国語を書き表すための仮名遣いのよりどころを示すものである。

3　この仮名遣いは，科学，技術，芸術その他の各種専門分野や個々人の表記にまで及ぼそうとするものではない。

4　この仮名遣いは，主として現代文のうち口語体のものに適用する。原文の仮名遣いによる必要のあるもの，固有名詞などでこれによりがたいものは除く。

5　この仮名遣いは，擬声・擬態的描写や嘆声，特殊な方言音，外来語・外来音などの書き表し方を対象とするものではない。

6　この仮名遣いは，「ホオ・ホホ（頰）」「テキカク・テッカク（的確）」のような発音にゆれのある語について，その発音をどちらかに決めようとするものではない。

7　この仮名遣いは，点字，ローマ字などを用いて国語を書き表す場合のきまりとは必ずしも対応するものではない。

8　歴史的仮名遣いは，明治以降，「現代かなづかい」（昭和21年内閣告示第33号）の行われる以前には，社会一般の基準として行われていたものであり，今日においても，歴史的仮名遣いで書かれた文献などを読む機会は多い。歴史的仮名遣いが，我が国の歴史や文化に深いかかわりをもつものとして，尊重されるべきことは言うまでもない。また，この仮名遣いにも歴史的仮名遣いを受け継いでいるところがあり，この仮名遣いの理解を深める上で，歴史的仮名遣いを知ることは有用である。付表において，この仮名遣いと歴史的仮名遣いとの対照を示すのはそのためである。

本文

凡例

1　原則に基づくきまりを第1に示し，表記の慣習による特例を第2に示した。

2　例は，おおむね平仮名書きとし，適宜，括弧内に漢字を示した。常用漢字表に掲げられていない漢字及び音訓には，それぞれ＊印及び△印をつけた。

第1　語を書き表すのに，現代語の音韻に従って，次の仮名を用いる。

ただし，下線を施した仮名は，第２に示す場合にだけ用いるものである。

1　直音

あ　い　う　え　お
か　き　く　け　こ　　が　ぎ　ぐ　げ　ご
さ　し　す　せ　そ　　ざ　じ　ず　ぜ　ぞ
た　ち　つ　て　と　　だ　ぢ　づ　で　ど
な　に　ぬ　ね　の
は　ひ　ふ　へ　ほ　　ば　び　ぶ　べ　ぼ
　　　　　　　　　　　ぱ　ぴ　ぷ　ぺ　ぽ
ま　み　む　め　も
や　　　ゆ　　　よ
ら　り　る　れ　ろ
わ　　　　　　　を

例　あさひ（朝日）　きく（菊）　さくら（桜）　ついやす（費）　にわ（庭）　ふで（筆）　もみじ（紅葉）　ゆずる（譲）　れきし（歴史）　わかば（若葉）　えきか（液化）　せいがくか（声楽家）　さんぽ（散歩）

2　拗音

きゃ　きゅ　きょ　　ぎゃ　ぎゅ　ぎょ
しゃ　しゅ　しょ　　じゃ　じゅ　じょ
ちゃ　ちゅ　ちょ　　ぢゃ　ぢゅ　ぢょ
にゃ　にゅ　にょ
ひゃ　ひゅ　ひょ　　びゃ　びゅ　びょ
　　　　　　　　　　ぴゃ　ぴゅ　ぴょ
みゃ　みゅ　みょ
りゃ　りゅ　りょ

例　しゃかい（社会）　しゅくじ（祝辞）　かいじょ（解除）　りゃくが（略画）

〔注意〕拗音に用いる「や，ゆ，よ」は，なるべく小書きにする。

3　撥音

ん

例　まなんで（学）　みなさん　しんねん（新年）　しゅんぶん（春分）

4　促音

っ

例　はしって（走）　かっき（活気）　がっこう（学校）　せっけん（石*鹸）

〔注意〕促音に用いる「つ」は，なるべく小書きにする。

5　長音

(1)　ア列の長音

ア列の仮名に「あ」を添える。

例　おかあさん　おばあさん

(2)　イ列の長音

イ列の仮名に「い」を添える。

例　にいさん　おじいさん

⑶　ウ列の長音

ウ列の仮名に「う」を添える。

例　おさむうございます（寒）　くうき（空気）　ふうふ（夫婦）
　うれしゅう存じます　きゅうり　ぼくじゅう（墨汁）　ちゅうもん（注文）

⑷　エ列の長音

エ列の仮名に「え」を添える。

例　ねえさん　ええ（応答の語）

⑸　オ列の長音

オ列の仮名に「う」を添える。

例　おとうさん　とうだい（灯台）
　わこうど（若人）　おうむ
　かおう（買）　あそぼう（遊）　おはよう（早）
　おうぎ（扇）　ほうる（放）　とう（塔）
　よいでしょう　はっぴょう（発表）
　きょう（今日）　ちょうちょう（*蝶々）

第2　特定の語については，表記の慣習を尊重して，次のように書く。

1　助詞の「を」は，「を」と書く。

例　本を読む　岩をも通す　失礼をばいたしました
　やむをえない　いわんや…をや　よせばよいものを
　てにをは

2　助詞の「は」は，「は」と書く。

例　今日は日曜です　山では雪が降りました
　あるいは　または　もしくは
　いずれは　さては　ついては　ではさようなら　とはいえ
　惜しむらくは　恐らくは　願わくは
　これはこれは　こんにちは　こんばんは
　悪天候もものかは

〔注意〕次のようなものは，この例にあたらないものとする。
　いまわの際　すわ一大事
　雨も降るわ風も吹くわ　来るわ来るわ　きれいだわ

3　助詞の「へ」は，「へ」と書く。

例　故郷へ帰る　…さんへ　母への便り　駅へは数分

4　動詞の「いう（言）」は，「いう」と書く。

例　ものをいう（言）　いうまでもない　昔々あったという
　どういうふうに　人というもの　こういうわけ

5　次のような語は，「ぢ」「づ」を用いて書く。

⑴ 同音の連呼によって生じた「ぢ」「づ」

例 ちぢみ（縮） ちぢむ ちぢれる ちぢこまる

つづみ（鼓） つづら つづく（続） つづめる（△約） つづる（*綴）

〔注意〕「いちじく」「いちじるしい」は，この例にあたらない。

⑵ 二語の連合によって生じた「ぢ」「づ」

例 はなぢ（鼻血） そえぢ（添乳） もらいぢち そこぢから（底力） ひぢりめん

いれぢえ（入知恵） ちゃのみぢゃわん

まぢか（間近） こぢんまり

ちかぢか（近々） ちりぢり

みかづき（三日月） たけづつ（竹筒） たづな（手綱） ともづな にいづま（新妻） けづめ ひづめ ひげづら

おこづかい（小遣） あいそづかし わしづかみ こころづくし（心尽） てづくり（手作） こづつみ（小包） ことづて はこづめ（箱詰） はたらきづめ みちづれ（道連）

かたづく こづく（小突） どくづく もとづく うらづける ゆきづまる ねばりづよい

つねづね（常々） つくづく つれづれ

なお，次のような語については，現代語の意識では一般に二語に分解しにくいもの等として，それぞれ「じ」「ず」を用いて書くことを本則とし，「せかいぢゅう」「いなづま」のように「ぢ」「づ」を用いて書くこともできるものとする。

例 せかいじゅう（世界中）

いなずま（稲妻） かたず（固唾） きずな（*絆） さかずき（杯） ときわず ほおずき みみずく

うなずく おとずれる（訪） かしずく つまずく ぬかずく ひざまずく

あせみずく くんずほぐれつ さしずめ でずっぱり なかんずく

うでずく くろずくめ ひとりずつ

ゆうずう（融通）

〔注意〕次のような語の中の「じ」「ず」は，漢字の音読みでもともと濁っているものであって，上記⑴，⑵のいずれにもあたらず，「じ」「ず」を用いて書く。

例 じめん（地面） ぬのじ（布地）

ずが（図画） りゃくず（略図）

6 次のような語は，オ列の仮名に「お」を添えて書く。

例 おおかみ おおせ（仰） おおやけ（公） こおり（氷・△郡） こおろぎ ほお（頬・△朴） ほおずき ほのお（炎） とお（十）

いきどおる（憤） おおう（覆） こおる（凍） しおおせる とおる（通） とどこおる（滞） もよおす（催）

いとおしい おおい（多） おおきい（大） とおい（遠）

おおむね おおよそ

これらは，歴史的仮名遣いでオ列の仮名に「ほ」又は「を」が続くものであって，オ列の長音として発音されるか，オ・オ，コ・オのように発音されるかにかかわらず，オ列の仮名に「お」を添えて書くものである。

付記

次のような語は，エ列の長音として発音されるか，エイ，ケイなどのように発音されるかにかかわらず，エ列の仮名に「い」を添えて書く。

例　かれい　せい（背）
　かせいで（稼）　まねいて（招）　春めいて
　へい（塀）　めい（銘）　れい（例）
　えいが（映画）　とけい（時計）　ていねい（丁寧）

付表

凡　例

1　現代語の音韻を目印として，この仮名遣いと歴史的仮名遣いとの主要な仮名の使い方を対照させ，例を示した。

2　音韻を表すのには，片仮名及び長音符号「ー」を用いた。

3　例は，おおむね漢字書きとし，仮名の部分は歴史的仮名遣いによった。常用漢字表に掲げられていない漢字及び音訓には，それぞれ＊印及び△印をつけ，括弧内に仮名を示した。

4　ジの音韻の項には，便宜，拗音の例を併せ挙げた。

現代語の音韻	この仮名遣いで用いる仮名	歴史的仮名遣いで用いる仮名	例
イ	い	い	石 報いる 赤い 意図 愛
		ゐ	井戸 居る 参る 胃 権威
		ひ	貝 合図 費やす 思ひ出 恋しさ
ウ	う	う	歌 馬 浮かぶ 雷雨 機運
		ふ	買ふ 吸ふ 争ふ 危ふい
エ	え	え	柄 枝 心得 見える 栄誉
		ゑ	声 植ゑる 絵 円 知恵
		へ	家 前 考へる 帰る 救へ
	へ	へ	西へ進む
オ	お	お	奥 大人 起きる お話 雑音
		を	男 十日 踊る 青い 悪寒
		ほ	顔 氷 滞る 直す 大きい
		ふ	仰ぐ 倒れる
	を	を	花を見る
カ	か	か	蚊 紙 静か 家庭 休暇
		くわ	火事 歓迎 結果 生活 愉快
ガ	が	が	石垣 学問 岩石 生涯 発芽
		ぐわ	画家 外国 丸薬 正月 念願
ジ	じ	じ	初め こじあける 字 自慢 術語
		ぢ	味 恥ぢる 地面 女性 正直

	ぢ	ぢ	縮む 鼻血 底力 近々 入れ知恵
ズ	ず	ず	鈴 物好き 知らずに 人数 洪水
		づ	水 珍しい 一つづつ 図画 大豆
	づ	づ	鼓 続く 三日月 塩漬け 常々
ワ	わ	わ	輪 泡 声色 弱い 和紙
		は	川 回る 思はず 柔らか ＊琵＊琶（びは）
	は	は	我は海の子 又は
ユー	ゆう	ゆう	勇気 英雄 金融
		ゆふ	夕方
		いう	遊戯 郵便 勧誘 所有
		いふ	都＊邑（といふ）
	いう	いふ	言ふ
オー	おう	おう	負うて 応答 欧米
		あう	桜花 奥義 中央
		あふ	扇 押収 凹凸
		わう	弱う 王子 往来 卵黄
		はう	買はう 舞はう 怖うございます
コー	こう	こう	功績 拘束 公平 気候 振興
		こふ	＊劫（こふ）
		かう	咲かう 赤う かうして 講義 健康
		かふ	甲乙 太＊閤（たいかふ）
		くわう	光線 広大 恐慌 破天荒
ゴー	ごう	ごう	皇后
		ごふ	業 永＊劫（えいごふ）
		がう	急がう 長う 強引 豪傑 番号
		がふ	合同
		ぐわう	＊轟音（ぐわうおん）
ソー	そう	そう	僧 総員 競争 吹奏 放送
		さう	話さう 浅う さうして 草案 体操
		さふ	挿話
ゾー	ぞう	ぞう	増加 憎悪 贈与
		ざう	象 蔵書 製造 内臓 仏像
		ざふ	雑煮
トー	とう	とう	弟 統一 冬至 暴投 北東
		たう	峠 勝たう 痛う 刀剣 砂糖
		たふ	塔 答弁 出納
ドー	どう	どう	どうして 銅 童話 運動 空洞
		だう	堂 道路 ＊葡＊萄（ぶだう）
		だふ	問答
ノー	のう	のう	能 農家 濃紺
		のふ	昨日
		なう	死なう 危なうございます 脳 苦悩
		なふ	納入
ホー	ほう	ほう	奉祝 俸給 豊年 霊峰
		ほふ	法会
		はう	葬る 包囲 芳香 解放
		はふ	はふり投げる はふはふの体 法律
ボー	ぼう	ぼう	某 貿易 解剖 無謀
		ぼふ	正法
		ばう	遊ばう 飛ばう 紡績 希望 堤防
		ばふ	貧乏
ポー	ぽう	ぽう	本俸 連峰
		ぽふ	説法
		ぱう	鉄砲 奔放 立方
		ぱふ	立法
モー	もう	もう	もう一つ 啓＊蒙（けいもう）
		まう	申す 休まう 甘う 猛獣 本望
ヨー	よう	よう	見よう ようございます 用 容易 中庸
		やう	八日 早う 様子 洋々 太陽
		えう	幼年 要領 童謡 日曜
		えふ	紅葉
ロー	ろう	ろう	楼 漏電 披露
		ろふ	かげろふ ふくろふ
		らう	祈らう 暗う 廊下 労働 明朗
		らふ	候文 ＊蠟＊燭（らふそく）
キュー	きゅう	きゆう	弓術 宮殿 貧窮
		きう	休養 丘陵 永久 要求
		きふ	及第 急務 給与 階級

ギュー	ぎゅう	ぎう	牛乳
シュー	しゅう	しゆう	宗教 衆知 終了
		しう	よろしう 周囲 収入 晩秋
		しふ	執着 習得 襲名 全集
ジュー	じゅう	じゆう	充実 従順 臨終 猟銃
		じう	柔軟 野獣
		じふ	十月 渋滞 墨汁
		ぢゆう	住居 重役 世界中
チュー	ちゅう	ちゆう	中学 衷心 注文 昆虫
		ちう	抽出 鋳造 宇宙 白昼
ニュー	にゅう	にゆう	乳酸
		にう	柔和
		にふ	＊埴△生（はにふ） 入学
ヒュー	ひゅう	ひう	△日△向（ひうが）
ビュー	びゅう	びう	誤＊謬（ごびう）
リュー	りゅう	りゆう	竜 隆盛
		りう	留意 流行 川柳
		りふ	粒子 建立
キョー	きょう	きよう	共通 恐怖 興味 吉凶
		きやう	兄弟 鏡台 経文 故郷 熱狂
		けう	教育 矯正 絶叫 鉄橋
		けふ	今日 脅威 協会 海峡
ギョー	ぎょう	ぎよう	凝集
		ぎやう	仰天 修行 人形
		げう	今暁
		げふ	業務
ショー	しょう	しよう	昇格 承諾 勝利 自称 訴訟
		しやう	詳細 正直 商売 負傷 文章
		せう	見ませう 小説 消息 少年 微笑
		せふ	交渉

ジョー	じょう	じよう	冗談 乗馬 過剰
		じやう	成就 上手 状態 感情 古城
		ぜう	＊饒舌（ぜうぜつ）
		ぢやう	定石 丈夫 市場 令嬢
		でう	箇条
		でふ	一＊帖（いちでふ） 六畳
	ぢょう	ぢやう	盆△提△灯（ぼんぢやうちん）
		でう	一本調子
チョー	ちょう	ちよう	徴収 清澄 尊重
		ちやう	腸 町会 聴取 長短 手帳
		てう	調子 朝食 弔電 前兆 野鳥
		てふ	＊蝶（てふ）
ニョー	にょう	によう	女房
		ねう	尿
ヒョー	ひょう	ひよう	氷山
		ひやう	拍子 評判 兵糧
		へう	表裏 土俵 投票
ビョー	びょう	びやう	病気 平等
		べう	秒読み 描写
ピョー	ぴょう	ぴよう	結氷 信＊憑性（しんぴようせい）
		ぴやう	論評
		ぺう	一票 本表
ミョー	みょう	みやう	名代 明日 寿命
		めう	妙技
リョー	りょう	りよう	丘陵
		りやう	領土 両方 善良 納涼 分量
		れう	寮 料理 官僚 終了
		れふ	漁 猟

15 現代仮名遣い 語例集

・前項「現代仮名遣い」のうち，混同されやすい「う・お」，「い・え」，「じ・ぢ」，「ず・づ」，「は・わ」の語例を４項目に分けて五十音順に配列した。
・混同されやすい箇所に，下線を付した。
・許容がある場合は，本則の仮名遣いの次に，１字下げて許容の仮名遣いを示した。
・前項と同様，括弧内の漢字については，「常用漢字表」に掲げられていない漢字及び音訓に，それぞれ＊印及び△印を付けた。
・この項は，大修館書店編集部で作成した。

（大修館書店編集部注）

1 「う」と「お」

あそぼう（遊）
いきどおる（憤）
いとおしい
おうぎ（扇）
おうむ
おおい（多）
おおう（覆）
おおかみ
おおきい（大）
おおせ（仰）
おおむね
おおやけ（公）
おおよそ
おとうさん
おはよう（早）
かおう（買）
きょう（今日）
こおり（氷・△郡）
こおる（凍）
こおろぎ
しおおせる
ちょうちょう（*蝶々）
とう（塔）
とうだい（灯台）
とお（十）
とおい（遠）
とおる（通）
とどこおる（滞）
はっぴょう（発表）
ほうる（放）
ほお（頬・△朴）
ほおずき
ほのお（炎）
もよおす（催）
よいでしょう
わこうど（若人）

2 「い」と「え」

えいが（映画）
ええ（応答の語）
かせいで（稼）
かれい
せい（背）
ていねい（丁寧）
とけい（時計）
ねえさん
春めいて
へい（塀）
まねいて（招）
めい（銘）
れい（例）

3 「じ・ず」と「ぢ・づ」

あいそづかし
あせみずく
　あせみづく
いちじく
いちじるしい
いなずま（稲妻）
　いなづま
いれぢえ（入知恵）
うでずく
　うでづく
うなずく
　うなづく
うらづける
おこづかい（小遣）
おとずれる（訪）
　おとづれる
かしずく
　かしづく
かたず（固唾）
　かたづ
かたづく
きずな（*絆）
　きづな
くろずくめ
　くろづくめ
くんずほぐれつ

　くんづほぐれつ
けづめ
こころづくし（心尽）
こぢんまり
こづく（小突）
こづつみ（小包）
ことづて
さかずき（杯）
　さかづき
さしずめ
　さしづめ
じめん（地面）
ずが（図画）
せかいじゅう（世界中）
　せかいぢゅう
そえぢ（添乳）
そこぢから（底力）
たけづつ（竹筒）
たづな（手綱）
ちかぢか（近々）
ちぢこまる
ちぢみ（縮）
ちぢむ
ちぢれる
ちゃのみぢゃわん
ちりぢり
つくづく
つづく（続）
つづみ（鼓）
つづめる（△約）
つづら
つづる（*綴）
つねづね（常々）
つまずく
　つまづく
つれづれ
でずっぱり
　でづっぱり
てづくり（手作）
ときわず
　ときわづ
どくづく
ともづな
なかんずく
　なかんづく
にいづま（新妻）
ぬかずく
　ぬかづく
ぬのじ（布地）
ねばりづよい
はこづめ（箱詰）
はたらきづめ
はなぢ（鼻血）
ひげづら
ひざまずく
　ひざまづく
ひぢりめん
ひづめ
ひとりずつ
　ひとりづつ
ほおずき
　ほおづき
まぢか（間近）
みかづき（三日月）
みちづれ（道連）
みみずく
　みみづく
もとづく
もらいぢち
ゆうずう（融通）
　ゆうづう
ゆきづまる
りゃくず（略図）
わしづかみ

4　「は」と「わ」

悪天候もものかは
雨も降るわ風も吹くわ
あるいは
いずれは
いまわの際
惜しむらくは
恐らくは
今日は日曜です
きれいだわ
来るわ来るわ
これはこれは
こんにちは
こんばんは
さては
すわ一大事
ついては
ではさようなら
とはいえ
願わくは
または
もしくは
山では雪が降りました

16　送り仮名の付け方

・昭和48年6月18日内閣告示第2号。「送りがなのつけ方」（昭和34年7月11日内閣告示第1号）を改定したもの。
・その後，「常用漢字表」告示に伴い，昭和56年10月1日内閣告示第3号，さらに平成22年11月30日内閣告示第3号によって，一部改正された。
・原文は，「本文」以外は縦書き。

（大修館書店編集部注）

前　書　き

一　この「送り仮名の付け方」は，法令・公用文書・新聞・雑誌・放送など，一般の社会生活において，「常用漢字表」の音訓によって現代の国語を書き表す場合の送り仮名の付け方のよりどころを示すものである。

二　この「送り仮名の付け方」は，科学・技術・芸術その他の各種専門分野や個々人の表記にまで及ぼそうとするものではない。

三　この「送り仮名の付け方」は，漢字を記号的に用いたり，表に記入したりする場合や，固有名詞を書き表す場合を対象としていない。

「本文」の見方及び使い方

一　この「送り仮名の付け方」の本文の構成は，次のとおりである。

単独の語

1　活用のある語

通則1（活用語尾を送る語に関するもの）

通則2（派生・対応の関係を考慮して，活用語尾の前の部分から送る語に関するもの）

2　活用のない語

通則3（名詞であって，送り仮名を付けない語に関するもの）

通則4（活用のある語から転じた名詞であって，もとの語の送り仮名の付け方によって送る語に関するもの）

通則5（副詞・連体詞・接続詞に関するもの）

複合の語

通則6（単独の語の送り仮名の付け方による語に関するもの）

通則7（慣用に従って送り仮名を付けない語に関するもの）

付表の語

1（送り仮名を付ける語に関するもの）

2（送り仮名を付けない語に関するもの）

二　通則とは，単独の語及び複合の語の別，活用のある語及び活用のない語の別等に応じて考えた送り仮名の付け方に関する基本的な法則をいい，必要に応じ，例外的な事項又は許容的な事項を加えてある。

したがって，各通則には，本則のほか，必要に応じて例外及び許容を設けた。ただし，通則７は，通則６の例外に当たるものであるが，該当する語が多数に上るので，別の通則として立てたものである。

三　この「送り仮名の付け方」で用いた用語の意義は，次のとおりである。

単独の語………漢字の音又は訓を単独に用いて，漢字一字で書き表す語をいう。

複合の語………漢字の訓と訓，音と訓などを複合させ，漢字二字以上を用いて書き表す語をいう。

付表の語………「常用漢字表」の付表に掲げてある語のうち，送り仮名の付け方が問題となる語をいう。

活用のある語…動詞・形容詞・形容動詞をいう。

活用のない語…名詞・副詞・連体詞・接続詞をいう。

本則……………送り仮名の付け方の基本的な法則と考えられるものをいう。

例外……………本則には合わないが，慣用として行われていると認められるものであって，本則によらず，これによるものをいう。

許容……………本則による形とともに，慣用として行われていると認められるものであって，本則以外に，これによってよいものをいう。

四　単独の語及び複合の語を通じて，字音を含む語は，その字音の部分には送り仮名を要しないのであるから，必要のない限り触れていない。

五　各通則において，送り仮名の付け方が許容によることのできる語については，本則又は許容のいずれに従ってもよいが，個々の語に適用するに当たって，許容に従ってよいかどうか判断し難い場合には，本則によるものとする。

本　文

単独の語

1　活用のある語

通則１

本則

活用のある語（通則２を適用する語を除く。）は，活用語尾を送る。

〔例〕　憤る　承る　書く　実る　催す
生きる　陥れる　考える　助ける
荒い　潔い　賢い　濃い
主だ

例外

(1)　語幹が「し」で終わる形容詞は，「し」から送る。

〔例〕　著しい　惜しい　悔しい　恋しい　珍しい

(2)　活用語尾の前に「か」，「やか」，「らか」を含む形容動詞は，その音節から送る。

〔例〕　暖かだ　細かだ　静かだ
穏やかだ　健やかだ　和やかだ
明らかだ　平らかだ　滑らかだ　柔らかだ

(3) 次の語は，次に示すように送る。

明らむ　味わう　哀れむ　慈しむ　教わる　脅かす（おどかす）　脅かす（おびやかす）　関わる　食らう　異なる　逆らう　捕まる　群がる　和らぐ　揺する

明るい　危ない　危うい　大きい　少ない　小さい　冷たい　平たい

新ただ　同じだ　盛んだ　平らだ　懇ろだ　惨めだ

哀れだ　幸いだ　幸せだ　巧みだ

許容

次の語は，（　）の中に示すように，活用語尾の前の音節から送ることができる。

表す（表わす）　著す（著わす）　現れる（現われる）　行う（行なう）　断る（断わる）　賜る（賜わる）

（注意）

語幹と活用語尾との区別がつかない動詞は，例えば，「着る」，「寝る」，「来る」などのように送る。

通則2

本則

活用語尾以外の部分に他の語を含む語は，含まれている語の送り仮名の付け方によって送る。（含まれている語を〔　〕の中に示す。）

〔例〕

(1) 動詞の活用形又はそれに準ずるものを含むもの。

動かす〔動く〕　照らす〔照る〕

語らう〔語る〕　計らう〔計る〕　向かう〔向く〕

浮かぶ〔浮く〕

生まれる〔生む〕　押さえる〔押す〕　捕らえる〔捕る〕

勇ましい〔勇む〕　輝かしい〔輝く〕　喜ばしい〔喜ぶ〕

晴れやかだ〔晴れる〕

及ぼす〔及ぶ〕　積もる〔積む〕　聞こえる〔聞く〕

頼もしい〔頼む〕

起こる〔起きる〕　落とす〔落ちる〕

暮らす〔暮れる〕　冷やす〔冷える〕

当たる〔当てる〕　終わる〔終える〕　変わる〔変える〕　集まる〔集める〕　定まる〔定める〕　連なる〔連ねる〕　交わる〔交える〕

混ざる・混じる〔混ぜる〕

恐ろしい〔恐れる〕

(2) 形容詞・形容動詞の語幹を含むもの。

重んずる〔重い〕　若やぐ〔若い〕

怪しむ〔怪しい〕　悲しむ〔悲しい〕　苦しがる〔苦しい〕

確かめる〔確かだ〕

重たい〔重い〕 憎らしい〔憎い〕 古めかしい〔古い〕
細かい〔細かだ〕 柔らかい〔柔らかだ〕
清らかだ〔清い〕 高らかだ〔高い〕 寂しげだ〔寂しい〕

(3) 名詞を含むもの。
汗ばむ〔汗〕 先んずる〔先〕 春めく〔春〕
男らしい〔男〕 後ろめたい〔後ろ〕

許容

読み間違えるおそれのない場合は，活用語尾以外の部分について，次の（ ）の中に示すように，送り仮名を省くことができる。

〔例〕 浮かぶ（浮ぶ） 生まれる（生れる） 押さえる（押える） 捕らえる（捕える）
晴れやかだ（晴やかだ）
積もる（積る） 聞こえる（聞える）
起こる（起る） 落とす（落す） 暮らす（暮す） 当たる（当る） 終わる（終る） 変わる（変る）

（注意）

次の語は，それぞれ〔 〕の中に示す語を含むものとは考えず，通則1によるものとする。

明るい〔明ける〕 荒い〔荒れる〕 悔しい〔悔いる〕 恋しい〔恋う〕

2 活用のない語

通則3

本則

名詞（通則4を適用する語を除く。）は，送り仮名を付けない。

〔例〕 月 鳥 花 山
男 女
彼 何

例外

(1) 次の語は，最後の音節を送る。
辺り 哀れ 勢い 幾ら 後ろ 傍ら 幸い 幸せ 全て 互い 便り 半ば 情け 斜め 独り 誉れ 自ら 災い

(2) 数をかぞえる「つ」を含む名詞は，その「つ」を送る。
〔例〕 一つ 二つ 三つ 幾つ

通則4

本則

活用のある語から転じた名詞及び活用のある語に「さ」，「み」，「げ」などの接尾語が付いて名詞になったものは，もとの語の送り仮名の付け方によって送る。

〔例〕

(1) 活用のある語から転じたもの。

動き　仰せ　恐れ　薫り　曇り　調べ　届け　願い　晴れ
当たり　代わり　向かい
狩り　答え　問い　祭り　群れ
憩い　愁い　憂い　香り　極み　初め
近く　遠く

(2)「さ」,「み」,「げ」などの接尾語が付いたもの。
暑さ　大きさ　正しさ　確かさ
明るみ　重み　憎しみ
惜しげ

例外

次の語は，送り仮名を付けない。
謡　虞　趣　氷　印　　頂　帯　畳
卸　煙　恋　志　次　隣　富　恥　話　光　舞
折　係　掛（かかり）　組　肥　並（なみ）　巻　割

（注意）

ここに掲げた「組」は,「花の組」,「赤の組」などのように使った場合の「くみ」であり，例えば,「活字の組みがゆるむ。」などとして使う場合の「くみ」を意味するものではない。「光」,「折」,「係」なども，同様に動詞の意識が残っているような使い方の場合は，この例外に該当しない。したがって、本則を適用して送り仮名を付ける。

許容

読み間違えるおそれのない場合は，次の（　）の中に示すように，送り仮名を省くことができる。
〔例〕 曇り（曇）　届け（届）　願い（願）　晴れ（晴）
当たり（当り）　代わり（代り）　向かい（向い）
狩り（狩）　答え（答）　問い（問）　祭り（祭）　群れ（群）
憩い（憩）

通則5

本則

副詞・連体詞・接続詞は，最後の音節を送る。
〔例〕 必ず　更に　少し　既に　再び　全く　最も
来る　去る
及び　且つ　但し

例外

(1) 次の語は，次に示すように送る。
明くる　大いに　直ちに　並びに　若しくは
(2) 次の語は，送り仮名を付けない。
又

(3) 次のように，他の語を含む語は，含まれている語の送り仮名の付け方によって送る。(含まれている語を〔　〕の中に示す。)

〔例〕 併せて〔併せる〕 至って〔至る〕 恐らく〔恐れる〕 従って〔従う〕
絶えず〔絶える〕 例えば〔例える〕 努めて〔努める〕
辛うじて〔辛い〕 少なくとも〔少ない〕
互いに〔互い〕
必ずしも〔必ず〕

複合の語

通則6

本則

複合の語（通則7を適用する語を除く。）の送り仮名は，その複合の語を書き表す漢字の，それぞれの音訓を用いた単独の語の送り仮名の付け方による。

〔例〕

(1) 活用のある語

書き抜く　流れ込む　申し込む　　打ち合わせる　向かい合わせる　長引く　若返る　裏切る　旅立つ

聞き苦しい　薄暗い　草深い　心細い　待ち遠しい　軽々しい　若々しい　女々しい

気軽だ　望み薄だ

(2) 活用のない語

石橋　竹馬　山津波　後ろ姿　斜め左　花便り　独り言　卸商　水煙　目印

田植え　封切り　物知り　落書き　雨上がり　墓参り　日当たり　夜明かし　先駆け　巣立ち　手渡し

入り江　飛び火　教え子　合わせ鏡　生き物　落ち葉　預かり金

寒空　深情け

愚か者

行き帰り　伸び縮み　乗り降り　抜け駆け　作り笑い　暮らし向き　売り上げ　取り扱い　乗り換え　引き換え　歩み寄り　申し込み　移り変わり

長生き　早起き　苦し紛れ　大写し

粘り強さ　有り難み　待ち遠しさ

乳飲み子　無理強い　立ち居振る舞い　呼び出し電話

次々　常々

近々　深々

休み休み　行く行く

許容

読み間違えるおそれのない場合は，次の（　）の中に示すように，送り仮名を省くことができる。

〔例〕 書き抜く（書抜く） 申し込む（申込む） 打ち合わせる（打ち合せる・打合せる） 向かい合わせる（向い合せる） 聞き苦しい（聞苦しい） 待ち遠しい（待遠しい）

田植え（田植） 封切り（封切） 落書き（落書） 雨上がり（雨上り） 日当たり（日当り） 夜明かし（夜明し）

入り江（入江） 飛び火（飛火） 合わせ鏡（合せ鏡） 預かり金（預り金）

抜け駆け（抜駆け） 暮らし向き（暮し向き） 売り上げ（売上げ・売上） 取り扱い（取扱い・取扱） 乗り換え（乗換え・乗換） 引き換え（引換え・引換） 申し込み（申込み・申込） 移り変わり（移り変り）

有り難み（有難み） 待ち遠しさ（待遠しさ）

立ち居振る舞い（立ち居振舞い・立ち居振舞・立居振舞） 呼び出し電話（呼出し電話・呼出電話）

（注意）

「こけら落とし（こけら落し）」，「さび止め」，「洗いざらし」，「打ちひも」のように，前又は後ろの部分を仮名で書く場合は，他の部分については，単独の語の送り仮名の付け方による。

通則７

複合の語のうち，次のような名詞は，慣用に従って，送り仮名を付けない。

〔例〕

(1) 特定の領域の語で，慣用が固定していると認められるもの。

ア 地位・身分・役職等の名。

関取 頭取 取締役 事務取扱

イ 工芸品の名に用いられた「織」，「染」，「塗」等。

《博多》織 《型絵》染 《春慶》塗 《鎌倉》彫 《備前》焼

ウ その他。

書留 気付 切手 消印 小包 振替 切符 踏切

請負 売値 買値 仲買 歩合 両替 割引 組合 手当

倉敷料 作付面積

売上《高》 貸付《金》 借入《金》 繰越《金》 小売《商》 積立《金》 取扱《所》 取扱《注意》 取次《店》 取引《所》 乗換《駅》 乗組《員》 引受《人》 引受《時刻》 引換《券》 《代金》引換 振出《人》 待合《室》 見積《書》 申込《書》

(2) 一般に，慣用が固定していると認められるもの。

奥書 木立 子守 献立 座敷 試合 字引 場合 羽織 葉巻 番組 番付 日付 水引 物置 物語 役割 屋敷 夕立 割合

合図 合間 植木 置物 織物 貸家 敷石 敷地 敷物 立場 建物 並木 巻紙

受付　受取

浮世絵　絵巻物　仕立屋

（注意）

⑴ 「《博多》織」，「売上《高》」などのようにして掲げたものは，《　》の中を他の漢字で置き換えた場合にも，この通則を適用する。

⑵ 通則７を適用する語は，例として挙げたものだけで尽くしてはいない。したがって，慣用が固定していると認められる限り，類推して同類の語にも及ぼすものである。通則７を適用してよいかどうか判断し難い場合には，通則６を適用する。

付表の語

「常用漢字表」の「付表」に掲げてある語のうち，送り仮名の付け方が問題となる次の語は，次のようにする。

1　次の語は，次に示すように送る。

浮つく　お巡りさん　差し支える　立ち退く　手伝う　最寄り

なお，次の語は，（　）の中に示すように，送り仮名を省くことができる。

差し支える（差支える）　立ち退く（立退く）

2　次の語は，送り仮名を付けない。

息吹　桟敷　時雨　築山　名残　雪崩　吹雪　迷子　行方

17 送り仮名の付け方 語例集

・この項では，前項「送り仮名の付け方」と次項「公用文における漢字使用等について」に挙げられた語例から以下のものを集め，五十音順に配列した。
　1 「送り仮名の付け方」の，各通則の例外と許容，通則７（慣用に従うもの），付表の語。通則７の語（並びにそれに準ずる語）には★を付けた。
　2 「公用文における漢字使用等について」の「２ 送り仮名の付け方について」で，「送り仮名の付け方」通則６の許容を適用するとして挙げている語。この語例には＊を付けた。
・許容の語例は，その本則の送り仮名も示した。その際，本則をまず示し，次行に１字下げて許容を示した。
・《 》のある語例は，《 》内に示したような語が伴うときの送り仮名の形を表す。《 》を伴わない場合の本則の送り仮名も併せて示した。
・「送り仮名の付け方」の通則４の例外には，「組」のように，別の送り仮名の形（「組み」）を持つものもある。前項「送り仮名の付け方」の通則４の「注意」を参照されたい。
・この項は，大修館書店編集部で作成した。

（大修館書店編集部注）

あ

合図★
合間★
明らむ
明るい
明らかだ
明くる
明け渡し
　明渡し＊
味わう
預かり金
　預り金＊
暖かだ
辺り
当たり
　当り
当たる
　当る
危ない
雨上がり
　雨上り
危うい
新ただ
表す
　表わす
著す
　著わす
現れる
　現われる
有り難み
　有難み
合わせ鏡
　合せ鏡
併せて
哀れ
哀れだ
哀れむ

い

言い渡し
　言渡し＊
勢い
幾つ
幾ら
憩い
　憩
頂
至って
著しい
慈しむ
息吹
入り江
　入江
入れ替え
　入替え＊

う

植木★
植え付け
　植付け＊
魚釣り用具
　魚釣用具＊
浮かぶ
　浮ぶ
浮世絵★
受け入れ
　受入れ＊
請負★

受け皿
　受皿＊
受付★
受取★
受け持ち
　受持ち＊
受け渡し
　受渡し＊
後ろ
渦巻き
　渦巻＊
謡
打ち合わせ
　打合せ＊
　打合せ会＊
打ち合わせる
　打ち合せる
　打合せる
打ち切り
　打切り＊
内払い
　内払＊
移し替え
　移替え＊
移り変わり
　移り変り
生まれる
　生れる
埋め立て
　埋立て＊
売り上げ
　売上げ＊
　売上
売上《金・高・残高》★
売り惜しみ
　売惜しみ＊
売り出し
　売出し＊
売値★
売り場
　売場＊
売り払い
　売払い＊
売り渡し
　売渡し＊
売れ行き
　売行き＊
浮つく

え・お

絵巻物★
縁組み
　縁組＊
追い越し
　追越し＊
大いに
大きい
置き場
　置場＊
置物★
奥書★
贈り物
　贈物＊
行う
　行なう
起こる
　起る
押さえる
　押える
惜しい
恐らく
虞
教わる
穏やかだ
脅かす（おどかす）
落とす
　落す
同じだ
帯
帯留め
　帯留＊
脅かす（おびやかす）
お巡りさん
趣
折
織り
《博多・西陣》織★
折り詰め
　折詰＊
織物★
卸
終わる
　終る

か

買い上げ
　買上げ＊
買い入れ
　買入れ＊
買い受け
　買受け＊
買い換え
　買換え＊
買い占め
　買占め＊
買い取り
　買取り＊
買値★
買い戻し
　買戻し＊
買い物
　買物＊
係
掛（かかり）
関わる
書き換え
　書換え＊

書留★
書き抜く
　書抜く
格付け
　格付＊
掛け金
　掛金＊
貸し切り
　貸切り＊
貸し金
　貸金＊
貸し越し
　貸越し＊
貸し倒れ
　貸倒れ＊
貸し出し
　貸出し＊
貸し付け
　貸付け＊
貸付《金・額》★
貸家★
傍ら
必ずしも
狩り
　狩
借り入れ
　借入れ＊
借入《金・残高》★
借り受け
　借受け＊
借り換え
　借換え＊
刈り取り
　刈取り＊
辛うじて
代わり
　代り
変わる
　変る

缶切り
　缶切＊

き

聞き苦しい
　聞苦しい
期限付き
　期限付＊
聞こえる
　聞える
気付★
切手★
切符★
切り上げ
　切上げ＊
切り替え
　切替え＊
切り下げ
　切下げ＊
切り捨て
　切捨て＊
切り土
　切土＊
切り取り
　切取り＊
切り離し
　切離し＊

く

靴下留め
　靴下留＊
組
組合★
組み合わせ
　組合せ＊
組み入れ
　組入れ＊
組み替え
　組替え＊

組み立て
　組立て＊
くみ取り便所
　くみ取便所＊
曇り
　曇
悔しい
食らう
倉敷料★
暮らし向き
　暮し向き
暮らす
　暮す
繰り上げ
　繰上げ＊
繰り入れ
　繰入れ＊
繰り替え
　繰替え＊
繰り越し
　繰越し＊
繰越《金》★
繰り下げ
　繰下げ＊
繰り延べ
　繰延べ＊
繰り戻し
　繰戻し＊

け・こ

消印★
煙
恋
恋しい
小売り
小売《商・店・業》★
肥
氷
志

答え
　答
木立★
小包★
異なる
断る
　断わる
細かだ
子守★
献立★

さ

幸い
幸いだ
逆らう
盛んだ
作付面積★
差し押さえ
　差押え＊
桟敷
座敷★
差し支える
　差支える
差し止め
　差止め＊
差し引き
　差引き＊
差し戻し
　差戻し＊
砂糖漬け
　砂糖漬＊

し

試合★
幸せ
幸せだ
敷石★
敷地★
敷物★
時雨
静かだ
下請け
　下請＊
従って
仕立屋★
字引★
事務取扱★
締め切り
　締切り＊
条件付き
　条件付＊
印
仕分け
　仕分＊

す

据え置き
　据置き＊
据え付け
　据付け＊
少ない
少なくとも
健やかだ
捨て場
　捨場＊
全て
座り込み
　座込み＊

せ・そ

関取★
栓抜き
　栓抜＊
備え置き
　備置き＊
備え付け
　備付け＊
染め
《型絵》染★
染め物
　染物＊

た

平らかだ
平らだ
田植え
　田植＊
絶えず
互い
互いに
巧みだ
直ちに
畳
立ち会い
　立会い＊
立ち居振る舞い
　立ち居振舞い
　立ち居振舞
　立居振舞
立ち入り
　立入り＊
立ち退く
　立退く
立場★
立て替え
　立替え＊
立て札
　立札＊
建物★
例えば
賜る
　賜わる
便り

ち・つ

小さい
捕まる

次
月掛け
　月掛＊
付き添い
　付添い＊
月払い
　月払＊
築山
努めて
積み卸し
　積卸し＊
積み替え
　積替え＊
積み込み
　積込み＊
積み出し
　積出し＊
積み立て
　積立て＊
積立《金》★
積み付け
　積付け＊
冷たい
積もる
　積る
釣り合い
　釣合い＊
釣り鐘
　釣鐘＊
釣り銭
　釣銭＊
釣り針
　釣針＊

て・と

手当★
手伝う
手続き
　手続＊
問い
　問
問い合わせ
　問合せ＊
頭取★
届け
　届
届け出
　届出＊
隣
飛び火
　飛火
富
捕らえる
　捕える
取り上げ
　取上げ＊
取り扱い
　取扱い＊
　取扱
取扱《所・高・注意》★
取り卸し
　取卸し＊
取り替え
　取替え＊
取り決め
　取決め＊
取り崩し
　取崩し＊
取り消し
　取消し＊
取り壊し
　取壊し＊
取り下げ
　取下げ＊
取り締まり
　取締り＊
取締役★
取り調べ
　取調べ＊
取り立て
　取立て＊
取り次ぎ
　取次ぎ＊
取次《店・所》★
取り付け
　取付け＊
取り引き
取引《所・先》★
取り戻し
　取戻し＊

な

仲買★
半ば
投げ売り
　投売り＊
和やかだ
名残
情け
雪崩
斜め
並（なみ）
並木★
滑らかだ
並びに

ぬ・ね・の

抜き取り
　抜取り＊
抜け駆け
　抜駆け
塗り
《春慶》塗★
願い
　願
懇ろだ
飲み物

飲物＊
乗り換え
乗換え＊
乗換
乗換《駅・券》★
乗り組み
乗組み＊
乗組《員》★

は

場合★
羽織★
恥
話
話し合い
話合い＊
葉巻★
払い込み
払込み＊
払い下げ
払下げ＊
払い出し
払出し＊
払い戻し
払戻し＊
払い渡し
払渡し＊
払渡済み＊
貼り付け
貼付け＊
晴れ
晴
晴れやかだ
晴やかだ
番組★
番付★

ひ

日当たり
日当り
光
引き上げ
引上げ＊
引き揚げ
引揚げ＊
引き受け
引受け＊
引受《時刻・人・額》★
引き起こし
引起し＊
引き換え
引換え＊
引換
引換《券》★
《代金》引換★
引き込み
引込み＊
引き下げ
引下げ＊
引き締め
引締め＊
引き継ぎ
引継ぎ＊
引き取り
引取り＊
引き渡し
引渡し＊
日付★
一つ
独り
日雇い
日雇＊
平たい

ふ

歩合★
封切り
封切
二つ
歩留まり
歩留り＊
船着き場
船着場＊
不払い
不払＊
賦払い
賦払＊
吹雪
踏切★
振替★
振り出し
振出し＊
振出《人・局》★

ほ

誉れ
彫り
《鎌倉》彫★

ま

舞
迷子
前払い
前払＊
巻
巻紙★
巻き付け
巻付け＊
巻き取り
巻取り＊
又
待ち合い
待合《室》★
待ち遠しい
待遠しい
待ち遠しさ
待遠しさ

祭り
　祭

み

見合わせ
　見合せ*
惨めだ
自ら
水引★
三つ
見積もり
　見積り*
見積《書・額》★
見習い
　見習*
未払い
　未払*

む

向かい
　向い
向かい合わせる
　向い合せる
群がる
群れ
　群

め・も

珍しい
申し合わせ
　申合せ*
　申合せ事項*
申し入れ
　申入れ*
申し込み
　申込み*
　申込
申込《書・人》★
申し込む
　申込む
申し立て
　申立て*
申し出
　申出*
若しくは
持ち家
　持家*
持ち込み
　持込み*
持ち分
　持分*
元請け
　元請*
戻し入れ
　戻入れ*
物置★
物語★
催し物
　催物*
最寄り
盛り土
　盛土*

や

焼き
《備前》焼★
焼き付け
　焼付け*
役割★
屋敷★
雇い入れ
　雇入れ*
雇い主
　雇主*
柔らかだ
和らぐ

ゆ

夕立★
行方
譲り受け
　譲受け*
譲り渡し
　譲渡し*
揺する

よ

夜明かし
　夜明し
呼び出し
　呼出し*
呼び出し電話
　呼出し電話
　呼出電話
読み替え
　読替え*

ら・り

落書き
　落書
両替★

わ

災い
割
割合★
割り当て
　割当て*
割引★
割り増し
　割増し*
割り戻し
　割戻し*

18　公用文における漢字使用等について

・平成22年11月30日内閣訓令第１号。
・同日の「常用漢字表」告示に伴い，昭和56年10月１日事務次官等会議申合せを改正したもの。

（大修館書店編集部注）

1　漢字使用について

(1)　公用文における漢字使用は，「常用漢字表」（平成22年内閣告示第２号）の本表及び付表（表の見方及び使い方を含む。）によるものとする。

なお，字体については通用字体を用いるものとする。

(2)「常用漢字表」の本表に掲げる音訓によって語を書き表すに当たっては，次の事項に留意する。

ア　次のような代名詞は，原則として，漢字で書く。

例　俺　彼　誰　何　僕　私　我々

イ　次のような副詞及び連体詞は，原則として，漢字で書く。

例　（副詞）

余り　至って　大いに　恐らく　概して　必ず　必ずしも　辛うじて　極めて　殊に　更に　実に　少なくとも　少し　既に　全て　切に　大して　絶えず　互いに　直ちに　例えば　次いで　努めて　常に　特に　突然　初めて　果たして　甚だ　再び　全く　無論　最も　専ら　僅か　割に

（連体詞）

明くる　大きな　来る　去る　小さな　我が（国）

ただし，次のような副詞は，原則として，仮名で書く。

例　かなり　ふと　やはり　よほど

ウ　次の接頭語は，その接頭語が付く語を漢字で書く場合は，原則として，漢字で書き，その接頭語が付く語を仮名で書く場合は，原則として，仮名で書く。

例　御案内（御＋案内）　御挨拶（御＋挨拶）　ごもっとも（ご＋もっとも）

エ　次のような接尾語は，原則として，仮名で書く。

例　げ（惜しげもなく）　ども（私ども）　ぶる（偉ぶる）　み（弱み）　め（少なめ）

オ　次のような接続詞は，原則として，仮名で書く。

例　おって　かつ　したがって　ただし　ついては　ところが　ところで　また　ゆえに

ただし，次の４語は，原則として，漢字で書く。

及び　並びに　又は　若しくは

カ　助動詞及び助詞は，仮名で書く。

例　ない（現地には，行かない。）　ようだ（それ以外に方法がないようだ。）

ぐらい（二十歳ぐらいの人）　だけ（調査しただけである。）
ほど（三日ほど経過した。）

キ　次のような語句を，（　）の中に示した例のように用いるときは，原則として，仮名で書く。

例　ある（その点に問題がある。）　いる（ここに関係者がいる。）
こと（許可しないことがある。）　できる（だれでも利用ができる。）
とおり（次のとおりである。）　とき（事故のときは連絡する。）
ところ（現在のところ差し支えない。）　とも（説明するとともに意見を聞く。）
ない（欠点がない。）　なる（合計すると1万円になる。）
ほか（そのほか…，特別の場合を除くほか…）　もの（正しいものと認める。）
ゆえ（一部の反対のゆえにはかどらない。）　わけ（賛成するわけにはいかない。）
…かもしれない（間違いかもしれない。）　…てあげる（図書を貸してあげる。）
…ていく（負担が増えていく。）　…ていただく（報告していただく。）
…ておく（通知しておく。）　…てください（問題点を話してください。）
…てくる（寒くなってくる。）　…てしまう（書いてしまう。）
…てみる（見てみる。）　…てよい（連絡してよい。）
…にすぎない（調査だけにすぎない。）　…について（これについて考慮する。）

2　送り仮名の付け方について

(1)　公用文における送り仮名の付け方は，原則として，「送り仮名の付け方」（昭和48年内閣告示第2号）の本文の通則1から通則6までの「本則」・「例外」，通則7及び「付表の語」（1のなお書きを除く。）によるものとする。

ただし，複合の語（「送り仮名の付け方」の本文の通則7を適用する語を除く。）のうち，活用のない語であって読み間違えるおそれのない語については，「送り仮名の付け方」の本文の通則6の「許容」を適用して送り仮名を省くものとする。なお，これに該当する語は，次のとおりとする。

明渡し　預り金　言渡し　入替え　植付け　魚釣用具　受入れ　受皿
受持ち　受渡し　渦巻　打合せ　打合せ会　打切り　内払　移替え
埋立て　売上げ　売惜しみ　売出し　売場　売払い　売渡し　売行き
縁組　追越し　置場　贈物　帯留　折詰　買上げ　買入れ　買受け
買換え　買占め　買取り　買戻し　買物　書換え　格付　掛金　貸切り
貸金　貸越し　貸倒れ　貸出し　貸付け　借入れ　借受け　借換え
刈取り　缶切　期限付　切上げ　切替え　切下げ　切捨て　切土　切取り
切離し　靴下留　組合せ　組入れ　組替え　組立て　くみ取便所　繰上げ
繰入れ　繰替え　繰越し　繰下げ　繰延べ　繰戻し　差押え　差止め

差引き　差戻し　砂糖漬　下請　締切り　条件付　仕分　据置き　据付け　捨場　座込み　栓抜　備置き　備付け　染物　田植　立会い　立入り　立替え　立札　月掛　付添い　月払　積卸し　積替え　積込み　積出し　積立て　積付け　釣合い　釣鐘　釣銭　釣針　手続　問合せ　届出　取上げ　取扱い　取卸し　取替え　取決め　取崩し　取消し　取壊し　取下げ　取締り　取調べ　取立て　取次ぎ　取付け　取戻し　投売り　抜取り　飲物　乗換え　乗組み　話合い　払込み　払下げ　払出し　払戻し　払渡し　払渡済み　貼付け　引上げ　引揚げ　引受け　引起し　引換え　引込み　引下げ　引締め　引継ぎ　引取り　引渡し　日雇　歩留り　船着場　不払　賦払　振出し　前払　巻付け　巻取り　見合せ　見積り　見習　未払　申合せ　申合せ事項　申入れ　申込み　申立て　申出　持家　持込み　持分　元請　戻入れ　催物　盛土　焼付け　雇入れ　雇主　譲受け　譲渡し　呼出し　読替え　割当て　割増し　割戻し

(2)　(1)にかかわらず，必要と認める場合は，「送り仮名の付け方」の本文の通則２，通則４及び通則６（(1)のただし書の適用がある場合を除く。）の「許容」並びに「付表の語」の１のなお書きを適用して差し支えない。

3　その他

(1)　１及び２は，固有名詞を対象とするものではない。

(2)　専門用語又は特殊用語を書き表す場合など，特別な漢字使用等を必要とする場合には，１及び２によらなくてもよい。

(3)　専門用語等で読みにくいと思われるような場合は，必要に応じて，振り仮名を用いる等，適切な配慮をするものとする。

4　法令における取扱い

法令における漢字使用等については，別途，内閣法制局からの通知による。

19　公用文作成の要領

・昭和27年４月４日依命通知（内閣閣甲第16号）。
・「公用文を，感じのよく意味のとおりやすいものとするとともに，執務能率の増進をはかる」（「まえがき」より）ための書き表し方の基準を示したもの。
・ここでは，「まえがき」を除く本文を収録した。昭和56年告示の「常用漢字表」や，昭和61年告示の「現代仮名遣い」，平成22年告示の「常用漢字表」によって生じた改められるべき部分については，必要な読み替えや省略がなされている。
・用語や用字は，原則として昭和27年当時のままである。

（大修館書店編集部注）

第１　用字用語について

１　用語について

1　特殊なことばを用いたり，かたくるしいことばを用いることをやめて，日常一般に使われているやさしいことばを用いる。（×印は，常用漢字表にない漢字であることを示す。）

たとえば

稟(×)請→申請　　措置→処置・取扱い　　救援する→救う
懇請する→お願いする　　一環として→一つとして
充当する→あてる　　即応した→かなった

2　使い方の古いことばを使わず，日常使いなれていることばを用いる。

たとえば

牙保→周旋・あっせん　　彩紋→模様・色模様

3　言いにくいことばを使わず，口調の良いことばを用いる。

たとえば

拒否する→受け入れない　　はばむ→さまたげる

4　音読することばはなるべくさけ，耳で聞いて意味のすぐわかることばを用いる。

たとえば

橋梁(×)→橋　　塵(×)埃(×)→ほこり　　眼瞼(×)→まぶた
充塡する→うめる・つめる　　堅持する→かたく守る
陳述する→のべる

5　音読することばで，意味の２様にとれるものは，なるべくさける。

たとえば

協調する（強調する とまぎれるおそれがある。）→歩調を合わせる
勧奨する（干渉する）→すすめる　　衷心（中心）→心から
潜行する（先行する）→ひそむ　　出航（出講）→出帆・出発

6　漢語をいくつもつないでできている長いことばは，むりのない略し方をきめる。

たとえば

経済安定本部→経本　　中央連絡調整事務局→連調

7　同じ内容のものを違ったことばで言い表わすことのないように統一する。

たとえば

提起・起訴・提訴　　口頭弁論・対審・公判

2　用字について

1　漢字は，常用漢字表による。

(1)　常用漢字表を使用するにあたっては，特に次のことがらに留意する。

1　(省略)

2　外国の地名・人名および外来語は，かたかな書きにする。(一部省略)

たとえば

イタリア　　スウェーデン　　フランス　　ロンドン　等

エジソン　　ヴィクトリア　等

ガス　　ガラス　　ソーダ　　ビール　　ボート　　マージャン

マッチ　等

ただし，外来語でも「かるた」「さらさ」「たばこ」などのように，外来語の意識のうすくなっているものは，ひらがなで書いてよい。

3　動植物の名称は，常用漢字表で認めている漢字は使ってもよい。(一部省略)

たとえば

ねずみ　　らくだ　　いぐさ　　からむし　等

犬　　牛　　馬　　桑　　桜　等

4　(省略)

(2)　常用漢字表で書き表わせないものは，次の標準によって書きかえ，言いかえをする。(言いかえをするときは，「**1　用語について**」による。)

1　かな書きにする。(一部省略)

たとえば

ア　佃煮→つくだ煮　　艀→はしけ　　看做す→みなす

イ　漢語でも，漢字をはずしても意味のとおる使いなれたものは，そのままかな書きにする。

たとえば

でんぷん　　あっせん　等

ウ　他に良い言いかえがなく，または言いかえをしてはふつごうなものは，常用漢字表にはずれた漢字だけをかな書きにする。

たとえば

改竄→改ざん　　口腔→口こう

この場合，読みにくければ，音読する語では，横に点をうってもよい(縦書きの場合)。

2　常用漢字表中の，音が同じで，意味の似た漢字で書きかえる。(一部省略)

たとえば

車輛→車両　煽動→扇動　碇泊→停泊　編輯→編集

抛棄→放棄　傭人→用人　聯合→連合　煉乳→練乳

3　同じ意味の漢語で言いかえる。（一部省略）

ア　意味の似ている，用い慣れたことばを使う。

たとえば

印顆→印形　改悛→改心

イ　新しいことばをくふうして使う。

たとえば

罹災救助金→災害救助金　剪除→切除　擾乱→騒乱

溢水→出水　譴責→戒告　瀆職→汚職

4　漢語をやさしいことばで言いかえる。（一部省略）

たとえば

庇護する→かばう　牴触する→ふれる

漏洩する→漏らす　酩酊する→酔う　趾→あしゆび

2　かなは，ひらがなを用いることとする。かたかなは特殊な場合に用いる。

注1　地名は，さしつかえのないかぎり，かな書きにしてもよい。

2　事務用書類には，さしつかえのない限り，人名をかな書きにしてもよい。

3　外国の地名・人名および外来語・外国語は，かたかな書きにする。

4　左横書きに用いるかなは，かたかなによることができる。

3　（省略）

3　法令の用語用字について

1　法令の用語用字についても，特にさしつかえのない限り，「1　用語について」および「2　用字について」に掲げた基準による。

2　法令の一部を改正する場合および法令名を引用する場合には，特に，次のような取扱いをする。

(1)　法令の一部を改正する場合について

1　文語体・かたかな書きを用いている法令を改正する場合は，改正の部分が一つのまとまった形をしているときは，その部分は，口語体を用い，ひらがな書きにする。

2　にごり読みをすべきかなに，にごり点をつけていない法令を改正する場合は，改正の部分においては，にごり点を付ける。

3　常用漢字表の通用字体を用いていない法令を改正する場合は，改正の部分においては，常用漢字表の通用字体を用いる。

4　旧かな遣いによる口語体を用いている法令を改正する場合は，改正の部分においては，現代仮名遣いを用いる。

5　（省略）

⑵　法令名を引用する場合について

題名のつけられていない法令で，件名のある法令を引用する場合には，件名の原文にかかわらずその件名はひらがなおよび現代仮名遣いによる口語体を用い，漢字は，常用漢字表による。

4　地名の書き表わし方について

1　地名はさしつかえのない限り，かな書きにしてもよい。
2　地名をかな書きにするときは，現地の呼び名を基準とする。ただし，地方的ななまりは改める。
3　地名をかな書きにするときは，現代仮名遣いを基準とする。（ふりがなの場合も含む。）
4　特に，ジ・ヂ，ズ・ヅについては，区別の根拠のつけにくいものは，ジ・ズに統一する。
5　さしつかえのない限り，常用漢字表の通用字体を用いる。常用漢字表以外の漢字についても，常用漢字表の通用字体に準じた字体を用いてもよい。

5　人名の書き表わし方について

1　人名もさしつかえのない限り，常用漢字表の通用字体を用いる。
2　事務用書類には，さしつかえのない限り，人名をかな書きにしてもよい。人名をかな書きにするときは，現代仮名遣いを基準とする。

第2　文体について

1　公用文の文体は，原則として「である」体を用いる。ただし，公告・告示・掲示の類ならびに往復文書（通達・通知・供覧・回章・伺い・願い・届け・申請書・照会・回答・報告等を含む。）の類はなるべく「ます」体を用いる。

注1.「だ，だろう，だった」の形は，「である，であろう，であった」の形にする。

2.「まするが，まするけれども」は，「ますが，ますけれども」とする。「ますれば，くださいませ（―まし）」の表現は用いない。

3. 打ち消しの「ぬ」は，「ない」の形にする。「ん」は，「ません」のほかは用いない。「せねば」は，「しなければ」とする。

2　文語脈の表現はなるべくやめて，平明なものとする。

注1. **口語化の例**

これが処理→その処理
せられんことを→されるよう
ごとく・ごとき→のような・のように

進まんとする→進もうとする

貴管下にして→貴管下で（あって）

2.「おもなる・必要なる・平等なる」などの「なる」は，「な」とする。ただし，「いかなる」は用いてもよい。

3.「べき」は，「用いるべき手段」「考えるべき問題」「論ずべきではない」「注目すべき現象」のような場合には用いてもよい。「べく」「べし」の形は，どんな場合にも用いない。「べき」がサ行変格活用の動詞に続くときには，「するべき」としないで「すべき」とする。

4. 漢語につづく，「せられる，せさせる，せぬ」の形は，「される，させる，しない」とする。「せない，せなければ」を用いないで，「しない，しなければ」の形を用いる。

5. 簡単な注記や表などの中では，「あり，なし，同じ」などを用いてもよい。

例 「配偶者・・・あり」
「ムシバ・・・上1，下なし」
「現住所・・・本籍地に同じ」

3　文章はなるべくくぎって短くし，接続詞や接続助詞などを用いて文章を長くすることをさける。

4　文の飾り，あいまいなことば，まわりくどい表現は，できるだけやめて，簡潔な，論理的な文章とする。

敬語についても，なるべく簡潔な表現とする。

注1. 時および場所の起点を示すには，「から」を用いて，「より」は用いない。「より」は，比較を示す場合にだけ用いる。

例 東京から京都まで。
午後1時から始める。
恐怖から解放される。
長官から説明があった。

2. 推量を表わすには「であろう」を用い，「う，よう」を用いない。「う，よう」は意志を表わす場合にだけ用いる。

例 役に立つであろう
そのように思われるであろうか ｝推量
対等の関係に立とうとする
思われようとして ｝意志

3. 並列の「と」は，まぎらわしいときには最後の語句にも付ける。

例 横浜市と東京都の南部との間

4.「ならば」の「ば」は略さない。

5　文書には，できるだけ，一見して内容の趣旨がわかるように，簡潔な標題を付ける。また，「通達」「回答」のような，文書の性質を表わすことばを付ける。

注 例 公団の性質に関する件→公団の性質について（依命通達）
閣議付議事項の取扱いについて→1月27日閣甲第19号第8項の責任者に

ついて（回答）

6　内容に応じ，なるべく箇条書きの方法をとりいれ，一読して理解しやすい文章とする。

第3　書き方について

執務能率を増進する目的をもって，書類の書き方について，次のことを実行する。

1　一定の猶予期間を定めて，なるべく広い範囲にわたって左横書きとする。

2　左横書きに用いるかなは，かたかなによることができる。

3　左横書きの場合は，特別の場合を除き，アラビア数字を使用する。

注1．横書きの文書の中でも「一般に，一部分，一間（ひとま），三月（みつき）」のような場合には漢字を用いる。

「100億，30万円」のような場合には，億・万を漢字で書くが，千・百は，たとえば「５千」「３百」としないで，「5,000」「300」と書く。

2．日付は，場合によっては，「昭和24. 4. 1」のように略記してもよい。

3．大きな数は，「5,000」「62,250円」のように三けたごとにコンマでくぎる。

4　タイプライタの活用を期するため，タイプライタに使用する漢字は，常用漢字表のうちから選んださらに少数の常時必要なものに限り，それ以上の漢字を文字盤から取り除くことなどに努める。ぜひとも文字盤にない漢字を使用する必要がある場合には，手書きする。

5　人名・件名の配列は，アイウエオ順とする。

注1．文の書き出しおよび行を改めたときには１字さげて書き出す。

2．句読点は，横書きでは「，」および「。」を用いる。

事物を列挙するときには「・」（なかてん）を用いることができる。

3．同じ漢字をくりかえすときには「々」を用いる。

4．項目の細別は，たとえば次のような順序を用いる。

（横書きの場合）				
第１	１	（１）	ア	（ア）
第２	２	（２）	イ	（イ）
第３	３	（３）	ウ	（ウ）

（縦書きの場合）					
第一	一	１	(一)	（１）	ア
第二	二	２	(二)	（２）	イ
第三	三	３	(三)	（３）	ウ

5．文書の宛て名は，たとえば「東京都知事殿」「文部大臣殿」のように官職名だけを書いて，個人名は省くことができる。

20　横書きの場合の書き方

・『国語の書き表わし方』（文部省編，昭和25年12月刊）の付録から転載。
・原文は，縦書き。

（大修館書店編集部注）

1　横書きの場合は，左横書きとする。
2　くり返し符号は，「々」以外は用いない。
3　くぎり符号の使い方は，縦書きの場合と同じである。ただし，横書きの場合は「、」を用いず，「，」を用いる。
4　数字を書く場合は，算用数字を用いる。
（例）　第38回総会，午後１時開会，４時散会。
男子15人，女子８人，合計23人です。
ただし，慣用的な語，または数量的な意味の薄い語は，漢数字を用いる。
（例）　現在二十世紀の世の中では
一般　　一種独得の　　「七つのなぞ」

21　数の書き表し方（横書きの場合）

・『四訂 公文書の書式と文例』（文部省編，平成７年３月）から転載。

（大修館書店編集部注）

1　左横書きの文章では，算用数字（アラビア数字）を用いることを原則とする。
2　数のけたの区切りについては，三けたごとにコンマ（，）を用いる。
3　小数，分数，帯分数を示すには，原則として下の例による。
例　小数　　0.375
分数　　½　　又は　$\frac{1}{2}$
帯分数　1½　　又は　$1\frac{1}{2}$
4　日付は，「平成６年４月１日」のように書く。必要があれば，「平成６．４．１」などと略して書いてもよい。
5　次の場合には，漢字を用いることとする。
ア　数の感じの少なくなった場合
例　一般，一部（一部分の意），一時保留
イ　「ひとつ」「ふたつ」「みっつ」などと読む場合
例　一つずつ，二間続き，三月ごと，五日目
6　次のような場合には，漢字を用いることができる。
ア　万以上の数を書き表すときの単位として，最後にのみ用いる場合
例　100億，　1,000万
イ　概数を示す場合
例　数十日，　四，五人，　五，六十万

22 くぎり符号の使い方

・『国語の書き表わし方』(文部省編, 昭和25年12月刊) の付録から転載。
・原文は, 縦書き。そのため, 一部手を加えた箇所がある。
・用語や用字は, 原則として昭和25年当時のままである。

(大修館書店編集部注)

くぎり符号は、文章の構造や語句の関係を明らかにするために用いる。
くぎり符号には、次の五種がある。

1	。	まる
2	、	てん
3	・	なかてん
4	(　)	かっこ
5	「　」『　』	かぎ

1 「。」は、一つの文を完全に言い切ったところに必ず用いる。
「　」および(　)の中でも、文の終止には「。」を用いる。
「……すること・もの・者・とき・場合」などで終る項目の列記にも「。」を用いる。
ただし、次のような場合には「。」を用いない。
イ　題目・標語など、簡単な語句を掲げる場合。
ロ　事物の名称だけを列記する場合。
(例)　下の事項を書いた申請書を提出してください。
一　申請者の氏名・住所
二　建築の目的
三　建築する場所
ハ　言い切ったものを「　」を用いずに「と」で受ける場合。
(例)　すべての国民は、健康で文化的な最低限度の生活を営む権利を有すると保障してあるが、現実は必ずしもこのとおりでない。

2 「、」は、文の中で、ことばの切れ続きを明らかにしないと、誤解される恐れのあるところに用いる。
(例)　その別荘は、そのころのフランスの有名な芸術家たちとよく交際し、また自分自身もすぐれた女の文学者であったジョルジュ＝サンドの所有で、アンというところにあった。
物理では、光の、ある属性が写真にとられ、その動きが見られるようになった。
科学的な、眼球運動の実験調査報告書。
いんげんと、とうもろこしの種子。

そのころの人がどのようであったかは、はっきりわからない。

対等の関係で並ぶ同じ種類の語句の間に用いる。

(例)　漢字の制限、かなづかいの改定、口語文の普及が、ようやくその緒についた。

ただし、題目や標語、簡単な語句を並べる場合には付けない。

(例)　昭和二十四年四月には、「当用漢字字体表の実施に関する件」が、内閣訓令第一号で発表された。

国語の文法や音韻に関する知識を得させる。

3　「・」は、名詞の並列の場合に用いる。

(例)　対話・講演・演劇・映画・放送などにわたる諸問題については、…………

ローマ字のつづり方には、いわゆる訓令式・日本式・標準式の三種がある。

日付や時刻を略して表わす場合に用いる。

(例)　昭和二五・七・一　　　午後二・三五

称号を略して表わす場合に用いる。

(例)　N・H・K　　　Y・M・C・A

ただし、名詞以外の語句を列挙するとき、数詞を並列する場合は、「・」を用いない。

(例)　イ　社会的、歴史的考察。

ロ　鳥が三、四羽飛んで行く。　　　会員は四、五十人です。

4　(　)は、語句または文の次に、それについて特に注記を加えるときに用いる。

(例)　外国の地名・人名(中国・朝鮮を除く。)は、かたかなで書く。

教育漢字(八八一字)の選定については、…………

5　「　」は、会話または語句を引用するとき、あるいは特に注意を喚起する語句をさしはさむ場合に用いる。

(例)　イ「どうぞこちらへ、わたくしが御案内いたします。」と主人がさきに立って歩き出した。

ロ「国民の権利および義務」に規定された内容について、…………

ハ「現代かなづかい」には、次のような「まえがき」がついている。

『　』は、「　」の中にさらに語句を引用する場合に用いる。

(例)「Aさんの本の中に、『人間は環境の中に生きている』ということが書いてあります。」と先生は静かに語り始めた。

原則として、「?」「!」等の符号は用いない。

23 くり返し符号の使い方

・『国語の書き表わし方』（文部省編，昭和25年12月刊）の付録から転載。
・原文は，縦書き。そのため，一部手を加えた箇所がある。
・「々」「〃」以外の符号は，現在ではあまり用いられない。
（大修館書店編集部注）

くり返し符号は，「々」以外は，できるだけ使わないようにするのが望ましい。

「々」は，漢字一字のくり返しの場合に用いる。
（例） 人々　国々　年々　日々
ただし次のような場合には「々」を用いない。
（例） 民主主義　大学学術局　学生生活課　当用漢字字体表

「ゝ」は，一語の中で，同音をくり返すとき。
（例） あゝ　たゝみ　とゝのえる　じゝ
次のような場合は「ゝ」を用いない。
（例） バナナ　ココア　かわいい　くまざさ　手がかり
そののち　いままで　あわてて　そうはいうものの
……のことと　……とともに

「ゞ」は一語の中でくり返された下の音が濁るとき。
（例） たゞし　かゞみ　すゞり　さゞ波
次のような場合には「ゞ」を用いない。
（例） 読んだだけ　すべてです

「〻」は，用いないのを原則とする。

「〃」は，表や簿記などには用いる。

「〱」は、二字のかなをくり返すとき。
（例） いろ〱
わざ〱
しみ〲と
ただし、三字以上にわたる場合、および二字以上の漢語や、横書きの場合には用いない。

24　外来語の表記

・平成３年６月28日内閣告示第２号。
・「付録（用例集）」は，その凡例にあるとおり，語形やその書き表し方の一例を示したものであって，他の書き方を否定するものではない。
（大修館書店編集部注）

前　書　き

1　この『外来語の表記』は，法令，公用文書，新聞，雑誌，放送など，一般の社会生活において，現代の国語を書き表すための「外来語の表記」のよりどころを示すものである。

2　この『外来語の表記』は，科学，技術，芸術その他の各種専門分野や個々人の表記にまで及ぼそうとするものではない。

3　この『外来語の表記』は，固有名詞など（例えば，人名，会社名，商品名等）でこれによりがたいものには及ぼさない。

4　この『外来語の表記』は，過去に行われた様々な表記（「付」参照）を否定しようとするものではない。

5　この『外来語の表記』は，「本文」と「付録」から成る。「本文」には「外来語の表記」に用いる仮名と符号の表を掲げ，これに留意事項その１（原則的な事項）と留意事項その２（細則的な事項）を添えた。「付録」には，用例集として，日常よく用いられる外来語を主に，留意事項その２に例示した語や，その他の地名・人名の例などを五十音順に掲げた。

本　　文

「外来語の表記」に用いる仮名と符号の表

1　第１表に示す仮名は，外来語や外国の地名・人名を書き表すのに一般的に用いる仮名とする。

2　第２表に示す仮名は，外来語や外国の地名・人名を原音や原つづりになるべく近く書き表そうとする場合に用いる仮名とする。

3　第１表・第２表に示す仮名では書き表せないような，特別な音の書き表し方については，ここでは取決めを行わず，自由とする。

4　第１表・第２表によって語を書き表す場合には，おおむね留意事項を適用する。

第1表

ア	イ	ウ	エ	オ
カ	キ	ク	ケ	コ
サ	シ	ス	セ	ソ
タ	チ	ツ	テ	ト
ナ	ニ	ヌ	ネ	ノ
ハ	ヒ	フ	ヘ	ホ
マ	ミ	ム	メ	モ
ヤ		ユ		ヨ
ラ	リ	ル	レ	ロ
ワ				
ガ	ギ	グ	ゲ	ゴ
ザ	ジ	ズ	ゼ	ゾ
ダ			デ	ド
バ	ビ	ブ	ベ	ボ
パ	ピ	プ	ペ	ポ
キャ		キュ		キョ
シャ		シュ		ショ
チャ		チュ		チョ
ニャ		ニュ		ニョ
ヒャ		ヒュ		ヒョ
ミャ		ミュ		ミョ
リャ		リュ		リョ
ギャ		ギュ		ギョ
ジャ		ジュ		ジョ
ビャ		ビュ		ビョ
ピャ		ピュ		ピョ

ン（撥音）
ッ（促音）
ー（長音符号）

			シェ	
			チェ	
ツァ			ツェ	ツォ
	ティ			
ファ	フィ		フェ	フォ
			ジェ	
	ディ			
		デュ		

第2表

			イェ	
	ウィ		ウェ	ウォ
クァ	クィ		クェ	クォ
	ツィ			
		トゥ		
グァ				
		ドゥ		
ヴァ	ヴィ	ヴ	ヴェ	ヴォ
		テュ		
		フュ		
		ヴュ		

留意事項その１（原則的な事項）

1　この『外来語の表記』では，外来語や外国の地名・人名を片仮名で書き表す場合のことを扱う。

2　「ハンカチ」と「ハンケチ」，「グローブ」と「グラブ」のように，語形にゆれのあるものについて，その語形をどちらかに決めようとはしていない。

3　語形やその書き表し方については，慣用が定まっているものはそれによる。分野によって異なる慣用が定まっている場合には，それぞれの慣用によって差し支えない。

4　国語化の程度の高い語は，おおむね第１表に示す仮名で書き表すことができる。一方，国語化の程度がそれほど高くない語，ある程度外国語に近く書き表す必要のある語――特に地名・人名の場合――は，第２表に示す仮名を用いて書き表すことができる。

5　第２表に示す仮名を用いる必要がない場合は，第１表に示す仮名の範囲で書き表すことができる。

例　イェ→イエ　　ウォ→ウオ　　トゥ→ツ，ト　　ヴァ→バ

6　特別な音の書き表し方については，取決めを行わず，自由とすることとしたが，その中には，例えば，「スィ」「ズィ」「グィ」「グェ」「グォ」「キェ」「ニェ」「ヒェ」

「フォ」「ヴォ」等の仮名が含まれる。

留意事項その2（細則的な事項）

以下の各項に示す語例は，それぞれの仮名の用法の一例として示すものであって，その語をいつもそう書かなければならないことを意味するものではない。語例のうち，地名・人名には，それぞれ（地），（人）の文字を添えた。

Ⅰ　第1表に示す「シェ」以下の仮名に関するもの

1 「シェ」「ジェ」は，外来音シェ，ジェに対応する仮名である。

〔例〕 シェーカー　シェード　ジェットエンジン　ダイジェスト
シェフィールド（地）　アルジェリア（地）
シェークスピア（人）　ミケランジェロ（人）

注 「セ」「ゼ」と書く慣用のある場合は，それによる。

〔例〕 ミルクセーキ　ゼラチン

2 「チェ」は，外来音チェに対応する仮名である。

〔例〕 チェーン　チェス　チェック　マンチェスター（地）　チェーホフ（人）

3 「ツァ」「ツェ」「ツォ」は，外来音ツァ，ツェ，ツォに対応する仮名である。

〔例〕 コンツェルン　シャンツェ　カンツォーネ
フィレンツェ（地）　モーツァルト（人）　ツェッペリン（人）

4 「ティ」「ディ」は，外来音ティ，ディに対応する仮名である。

〔例〕 ティーパーティー　ボランティア　ディーゼルエンジン　ビルディング
アトランティックシティー（地）　ノルマンディー（地）
ドニゼッティ（人）　ディズニー（人）

注1 「チ」「ジ」と書く慣用のある場合は，それによる。

〔例〕 エチケット　スチーム　プラスチック　スタジアム　スタジオ　ラジオ
チロル（地）　エジソン（人）

注2 「テ」「デ」と書く慣用のある場合は，それによる。

〔例〕 ステッキ　キャンデー　デザイン

5 「ファ」「フィ」「フェ」「フォ」は，外来音ファ，フィ，フェ，フォに対応する仮名である。

〔例〕 ファイル　フィート　フェンシング　フォークダンス
バッファロー（地）　フィリピン（地）　フェアバンクス（地）　カリフォルニア（地）
ファーブル（人）　マンスフィールド（人）　エッフェル（人）　フォスター（人）

注1 「ハ」「ヒ」「ヘ」「ホ」と書く慣用のある場合は，それによる。

〔例〕 セロハン　モルヒネ　プラットホーム　ホルマリン　メガホン

注2 「ファン」「フィルム」「フェルト」等は，「フアン」「フイルム」「フエルト」と書く慣用もある。

6　「デュ」は，外来音デュに対応する仮名である。

〔例〕　デュエット　プロデューサー　デュッセルドルフ（地）　デューイ（人）

注　「ジュ」と書く慣用のある場合は，それによる。

〔例〕　ジュース（deuce）　ジュラルミン

Ⅱ　第2表に示す仮名に関するもの

第2表に示す仮名は，原音や原つづりになるべく近く書き表そうとする場合に用いる仮名で，これらの仮名を用いる必要がない場合は，一般的に，第1表に示す仮名の範囲で書き表すことができる。

1　「イェ」は，外来音イェに対応する仮名である。

〔例〕　イェルサレム（地）　イェーツ（人）

注　一般的には，「イエ」又は「エ」と書くことができる。

〔例〕　エルサレム（地）　イエーツ（人）

2　「ウィ」「ウェ」「ウォ」は，外来音ウィ，ウェ，ウォに対応する仮名である。

〔例〕　ウィスキー　ウェディングケーキ　ストップウォッチ
ウィーン（地）　スウェーデン（地）　ミルウォーキー（地）
ウィルソン（人）　ウェブスター（人）　ウォルポール（人）

注1　一般的には，「ウイ」「ウエ」「ウオ」と書くことができる。

〔例〕　ウイスキー　ウイット　ウエディングケーキ　ウエハース　ストップウオッチ

注2　「ウ」を省いて書く慣用のある場合は，それによる。

〔例〕　サンドイッチ　スイッチ　スイートピー

注3　地名・人名の場合は，「ウィ」「ウェ」「ウォ」と書く慣用が強い。

3　「クァ」「クィ」「クェ」「クォ」は，外来音クァ，クィ，クェ，クォに対応する仮名である。

〔例〕　クァルテット　クィンテット　クェスチョンマーク　クォータリー

注1　一般的には，「クア」「クイ」「クエ」「クオ」又は「カ」「キ」「ケ」「コ」と書くことができる。

〔例〕　クアルテット　クインテット　クエスチョンマーク　クオータリー
カルテット　レモンスカッシュ　キルティング　イコール

注2　「クァ」は，「クヮ」と書く慣用もある。

4　「グァ」は，外来音グァに対応する仮名である。

〔例〕　グァテマラ（地）　パラグァイ（地）

注1　一般的には，「グア」又は「ガ」と書くことができる。

〔例〕　グアテマラ（地）　パラグアイ（地）
ガテマラ（地）

注2　「グァ」は，「グヮ」と書く慣用もある。

5　「ツィ」は，外来音ツィに対応する仮名である。

〔例〕　ソルジェニーツィン（人）　ティツィアーノ（人）

注　一般的には，「チ」と書くことができる。

〔例〕　ライプチヒ（地）　ティチアーノ（人）

6　「トゥ」「ドゥ」は，外来音トゥ，ドゥに対応する仮名である。

〔例〕　トゥールーズ（地）　ハチャトゥリヤン（人）　ヒンドゥー教

注　一般的には，「ツ」「ズ」又は「ト」「ド」と書くことができる。

〔例〕　ツアー（tour）　ツーピース　ツールーズ（地）　ヒンズー教
ハチャトリヤン（人）　ドビュッシー（人）

7　「ヴァ」「ヴィ」「ヴ」「ヴェ」「ヴォ」は，外来音ヴァ，ヴィ，ヴ，ヴェ，ヴォに対応する仮名である。

〔例〕　ヴァイオリン　ヴィーナス　ヴェール
ヴィクトリア（地）　ヴェルサイユ（地）　ヴォルガ（地）
ヴィヴァルディ（人）　ヴラマンク（人）　ヴォルテール（人）

注　一般的には「バ」「ビ」「ブ」「ベ」「ボ」と書くことができる。

〔例〕　バイオリン　ビーナス　ベール
ビクトリア（地）　ベルサイユ（地）　ボルガ（地）
ビバルディ（人）　ブラマンク（人）　ボルテール（人）

8　「テュ」は，外来音テュに対応する仮名である。

〔例〕　テューバ（楽器）　テュニジア（地）

注　一般的には，「チュ」と書くことができる。

〔例〕　コスチューム　スチュワーデス　チューバ　チューブ　チュニジア（地）

9　「フュ」は，外来音フュに対応する仮名である。

〔例〕　フュージョン　フュン島（地・デンマーク）　ドレフュス（人）

注　一般的には，「ヒュ」と書くことができる。

〔例〕　ヒューズ

10　「ヴュ」は，外来音ヴュに対応する仮名である。

〔例〕　インタヴュー　レヴュー　ヴュイヤール（人・画家）

注　一般的には，「ビュ」と書くことができる。

〔例〕　インタビュー　レビュー　ビュイヤール（人）

Ⅲ　撥（はつ）音，促音，長音その他に関するもの

1　撥音は，「ン」を用いて書く。

〔例〕　コンマ　シャンソン　トランク　メンバー　ランニング　ランプ
ロンドン（地）　レンブラント（人）

注1　撥音を入れない慣用のある場合は，それによる。

〔例〕　イニング（←インニング）　サマータイム（←サンマータイム）

注2　「シンポジウム」を「シムポジウム」と書くような慣用もある。

2　促音は，小書きの「ッ」を用いて書く。

〔例〕　カップ　シャッター　リュックサック　ロッテルダム（地）　バッハ（人）

注　促音を入れない慣用のある場合は，それによる。

〔例〕 アクセサリー（←アクセッサリー）
フィリピン（地）（←フィリッピン）

3 長音は，原則として長音符号「ー」を用いて書く。

〔例〕 エネルギー オーバーコート グループ ゲーム ショー テーブル パーティー
ウェールズ（地） ポーランド（地） ローマ（地） ゲーテ（人） ニュートン（人）

注1 長音符号の代わりに母音字を添えて書く慣用もある。

〔例〕 バレエ（舞踊） ミイラ

注2 「エー」「オー」と書かず，「エイ」「オウ」と書くような慣用のある場合は，それによる。

〔例〕 エイト ペイント レイアウト スペイン（地） ケインズ（人）
サラダボウル ボウリング（球技）

注3 英語の語末の -er，-or，-ar などに当たるものは，原則としてア列の長音とし長音符号「ー」を用いて書き表す。ただし，慣用に応じて「ー」を省くことができる。

〔例〕 エレベーター ギター コンピューター マフラー
エレベータ コンピュータ スリッパ

4 イ列・エ列の音の次のアの音に当たるものは，原則として「ア」と書く。

〔例〕 グラビア ピアノ フェアプレー アジア（地） イタリア（地） ミネアポリス（地）

注1 「ヤ」と書く慣用のある場合は，それによる。

〔例〕 タイヤ ダイヤモンド ダイヤル ベニヤ板

注2 「ギリシャ」「ペルシャ」について「ギリシア」「ペルシア」と書く慣用もある。

5 語末（特に元素名等）の -(i)um に当たるものは，原則として，「-(イ)ウム」と書く。

〔例〕 アルミニウム カルシウム ナトリウム ラジウム
サナトリウム シンポジウム プラネタリウム

注 「アルミニウム」を「アルミニューム」と書くような慣用もある。

6 英語のつづりの x に当たるものを「クサ」「クシ」「クス」「クソ」と書くか，「キサ」「キシ」「キス」「キソ」と書くかは，慣用に従う。

〔例〕 タクシー ボクシング ワックス オックスフォード（地）
エキストラ タキシード ミキサー テキサス（地）

7 拗(よう)音に用いる「ヤ」「ユ」「ヨ」は小書きにする。また，「ヴァ」「ヴィ」「ヴェ」「ヴォ」や「トゥ」のように組み合せて用いる場合の「ア」「イ」「ウ」「エ」「オ」も，小書きにする。

8 複合した語であることを示すための，つなぎの符号の用い方については，それぞれの分野の慣用に従うものとし，ここでは取決めを行わない。

〔例〕 ケース　バイ　ケース　　ケース・バイ・ケース　　ケース－バイ－ケース
　　マルコ・ポーロ　　マルコ＝ポーロ

付録（用例集）

凡　例

1　ここには，日常よく用いられる外来語を主に，本文の留意事項その２（細則的な事項）の各項に例示した語や，その他の地名・人名の例などを五十音順に掲げた。地名・人名には，それぞれ（地），（人）の文字を添えた。

2　外来語や外国の地名・人名は，語形やその書き表し方の慣用が一つに定まらず，ゆれのあるものが多い。この用例集においても，ここに示した語形やその書き表し方は，一例であって，これ以外の書き方を否定するものではない。なお，本文の留意事項その２に両様の書き方が例示してある語のうち主なものについては，バイオリン／ヴァイオリンのような形で併せ掲げた。

ア

アーケード
アイスクリーム
アイロン
アインシュタイン（人）
アカデミー
アクセサリー
アジア（地）
アスファルト
アトランティックシティー（地）
アナウンサー
アパート
アフリカ（地）
アメリカ（地）
アラビア（地）
アルジェリア（地）
アルバム
アルファベット
アルミニウム
アンケート

イ

イエーツ／イェーツ（人）
イェスペルセン（人）
イエナ（地）
イエローストン（地）
イギリス（地）
イコール
イスタンブール（地）
イタリア（地）
イニング
インタビュー／インタヴュー
インド（地）
インドネシア（地）
インフレーション

ウ

ウイークデー
ウィーン（地）
ウイスキー／ウィスキー
ウイット
ウィルソン（人）
ウェールズ（地）
ウエスト　waist
ウエディングケーキ／ウェディングケーキ
ウエハース
ウェブスター（人）
ウォルポール（人）
ウラニウム

エ

エイト
エキス
エキストラ
エジソン（人）
エジプト（地）
エチケット
エッフェル（人）
エネルギー
エプロン
エルサレム／イェルサレム（地）
エレベーター／エレベータ

オ

オーエン（人）
オーストラリア（地）
オートバイ
オーバーコート
オックスフォード（地）
オフィス
オホーツク（地）

オリンピック
オルガン
オレンジ

カ

ガーゼ
カーテン
カード
カーブ
カクテル
ガス
ガソリン
カタログ
カット
カップ
カバー
カムチャツカ（地）
カメラ
ガラス
カリフォルニア（地）
カルシウム
カルテット
カレンダー
カロリー
ガンジー（人）
カンツォーネ

キ

ギター
キムチ
キャベツ
キャンデー
キャンプ
キュリー（人）
ギリシャ／ギリシア（地）
キリマンジャロ（地）
キルティング

ク

グアテマラ／グァテマラ（地）
クイーン
クイズ
クインテット
クーデター
クーポン
クエスチョンマーク
クオータリー／クォータリー
グラビア
クラブ
グランドキャニオン（地）
クリスマスツリー
グリニッジ（地）
グループ
グレゴリウス（人）
クレジット
クレヨン

ケ

ケインズ（人）
ゲーテ（人）
ケープタウン（地）
ケーブルカー
ゲーム
ケンタッキー（地）
ケンブリッジ（地）

コ

コーヒー
コールタール
コスチューム
コップ
コピー
コペルニクス（人）
コミュニケーション
コロンブス（人）
コンクール
コンクリート
コンツェルン
コンピューター／コンピュータ
コンマ

サ

サーカス
サービス
サナトリウム
サハラ（地）
サファイア
サマータイム
サラダボウル
サラブレッド
サンドイッチ
サンパウロ（地）

シ

シーボルト（人）
シェーカー
シェークスピア（人）
シェード
ジェットエンジン
シェフィールド（地）
ジェンナー（人）
シドニー（地）
ジブラルタル（地）
ジャカルタ（地）
シャツ
シャッター
シャベル
シャンソン
シャンツェ
シュークリーム
ジュース　juice, deuce
シューベルト（人）
ジュラルミン

ショー
ショパン（人）
シラー（人）
シンフォニー
シンポジウム

ス

スイートピー
スイッチ
スイング
スウェーデン（地）
スーツケース
スープ
スカート
スキー
スケート
スケール
スコール
スコップ
スター
スタジアム
スタジオ
スタンダール（人）
スチーム
スチュワーデス
ステージ
ステッキ
ステレオ
ステンドグラス
ステンレス
ストーブ
ストックホルム（地）
ストップウオッチ／ストップウォッチ
スプーン
スペイン（地）
スペース
スポーツ
ズボン
スリッパ

セ

セーター
セーラー 〔～服〕
セメント
ゼラチン
ゼリー
セルバンテス（人）
セロハン
センター
セントローレンス（地）

ソ

ソウル（地）
ソーセージ
ソファー
ソルジェニーツィン（人）

タ

ダーウィン（人）
ターナー（人）
ダイジェスト
タイヤ
ダイヤモンド
ダイヤル
タオル
タキシード
タクシー
タヒチ（地）
ダンス

チ

チーズ
チーム
チェーホフ（人）
チェーン
チェス
チェック
チケット
チップ
チフス
チャイコフスキー（人）
チューバ／テューバ
チューブ
チューリップ
チュニジア／テュニジア（地）
チョコレート
チロル（地）

ツ

ツアー tour
ツーピース
ツールーズ／トゥールーズ（地）
ツェッペリン（人）
ツンドラ

テ

ティー
ディーゼルエンジン
ディズニー（人）
ティチアーノ／ティツィアーノ（人）
ディドロ（人）
テープ
テーブル
デカルト（人）
テキサス（地）
テキスト
デザイン
テスト
テニス
テネシー（地）
デパート
デューイ（人）
デューラー（人）

デュエット
デュッセルドルフ（地）
テレビジョン
テント
テンポ

ト

ドア
ドーナツ
ドストエフスキー（人）
ドニゼッティ（人）
ドビュッシー（人）
トマト
ドライブ
ドライヤー
トラック
ドラマ
トランク
トルストイ（人）
ドレス
ドレフュス（人）
トロフィー
トンネル

ナ

ナイアガラ（地）
ナイフ
ナイル（地）
ナトリウム
ナポリ（地）

ニ

ニーチェ（人）
ニュース
ニュートン（人）
ニューヨーク（地）

ネ

ネーブル
ネオンサイン
ネクタイ

ノ

ノーベル（人）
ノルウェー（地）
ノルマンディー（地）

ハ

パーティー
バイオリン／ヴァイオリン
ハイキング
ハイドン（人）
ハイヤー
バケツ
バス
パスカル（人）
バター
ハチャトリヤン／ハチャトゥリヤン（人）
バッハ（人）
バッファロー（地）
バドミントン
バトン
バニラ
ハノイ（地）
パラグアイ／パラグァイ（地）
パラフィン
パリ（地）
バルブ
バレエ〔舞踊〕
バレーボール
ハンドル

ヒ

ピアノ
ビーナス／ヴィーナス
ビール
ビクトリア／ヴィクトリア（地）
ビスケット
ビスマルク（人）
ビゼー（人）
ビタミン
ビニール
ビバルディ／ヴィヴァルディ（人）
ビュイヤール／ヴュイヤール（人）
ヒューズ
ビルディング
ヒンズー教／ヒンドゥー教
ピンセット

フ

ファーブル（人）
ファイル
ファッション
ファラデー（人）
ファン
フィート
フィクション
フィラデルフィア（地）
フィリピン（地）
フィルム
フィレンツェ（地）
フィンランド（地）
プール
フェアバンクス（地）
フェアプレー
ブエノスアイレス（地）
フェルト
フェンシング
フォーク
フォークダンス
フォード（人）
フォーム

フォスター（人）
プディング
フュージョン
フュン島（地）
ブラームス（人）
ブラシ
プラスチック
プラットホーム
プラネタリウム
ブラマンク／ヴラマンク（人）
フランクリン（人）
ブレーキ
フロイト（人）
プログラム
プロデューサー

ヘ

ヘアピン
ペイント
ベーカリー
ヘーゲル（人）
ベーコン
ページ
ベール／ヴェール
ベストセラー
ペダル
ベニヤ〔～板〕
ベランダ
ペリー（人）
ヘリウム
ヘリコプター
ベルサイユ／ヴェルサイユ（地）
ペルシャ／ペルシア（地）
ヘルシンキ（地）
ヘルメット
ベルリン（地）
ペンギン
ヘンデル（人）

ホ

ホイットマン（人）
ボウリング〔球技〕
ホース
ボートレース
ポーランド（地）
ボーリング boring
ボクシング
ポケット
ポスター
ボストン（地）
ボタン
ボディー
ホテル
ホノルル（地）
ボランティア
ボルガ／ヴォルガ（地）
ボルテール／ヴォルテール（人）
ポルトガル（地）
ホルマリン

マ

マージャン
マイクロホン
マカオ（地）
マッターホーン（地）
マドリード（地）
マニラ（地）
マフラー
マラソン
マンション
マンスフィールド（人）
マンチェスター（地）
マンモス

ミ

ミイラ
ミキサー
ミケランジェロ（人）
ミシシッピ（地）
ミシン
ミッドウェー（地）
ミネアポリス（地）
ミュンヘン（地）
ミルウォーキー（地）
ミルクセーキ

メ

メーカー
メーキャップ
メーデー
メガホン
メッセージ
メロディー
メロン
メンデル（人）
メンデルスゾーン（人）
メンバー

モ

モーター
モーツァルト（人）
モスクワ（地）
モデル
モリエール（人）
モルヒネ
モンテーニュ（人）
モントリオール（地）

ヤ

ヤスパース（人）

ユ

ユーラシア（地）
ユニホーム
ユングフラウ（地）

ヨ

ヨーロッパ（地）
ヨット

ラ

ライバル
ライプチヒ（地）
ラジウム
ラジオ
ラファエロ（人）
ランニング
ランプ

リ

リオデジャネイロ（地）
リズム
リノリウム
リボン
リュックサック
リレー
リンカーン（人）

ル

ルーベンス（人）
ルーマニア（地）
ルクス　lux
ルソー（人）

レ

レイアウト
レール
レギュラー
レコード
レスリング
レニングラード（地）
レビュー／レヴュー
レフェリー
レベル
レモンスカッシュ
レンズ
レンブラント（人）

ロ

ローマ（地）
ロケット
ロシア（地）
ロダン（人）
ロッテルダム（地）
ロマンス
ロマンチック
ロンドン（地）

ワ

ワイマール（地）
ワイヤ
ワシントン（地）
ワックス
ワット（人）

付

前書きの4で過去に行われた表記のことについて述べたが，例えば，明治以来の文芸作品等においては，下記のような仮名表記も行われている。

ヰ：スヰフトの「ガリヷー旅行記」　ヱ：ヱルテル　ヲ：ヲルポール
ヴ：ヴイオリン　ヸ：ヸオロン　ヹ：ヹルレエヌ　ヺ：ヺルガ
ヂ：ケンブリッヂ　ヅ：ワーヅワース

25　ローマ字のつづり方

・昭和29年12月９日内閣告示第１号。
・これは，昭和12年９月21日内閣訓令第３号によって示されたいわゆる訓令式のつづり方に，他の方式も取り入れ，新たに内閣告示とされたものである。
・第１表のつづり方はいわゆる訓令式による。第２表のうち，上５段はヘボン式，下４段は日本式と呼ばれるものから取り入れられたものである。
（大修館書店編集部注）

まえがき

1　一般に国語を書き表わす場合は，第１表に掲げたつづり方によるものとする。

2　国際的関係その他従来の慣例をにわかに改めがたい事情にある場合に限り，第２表に掲げたつづり方によつてもさしつかえない。

3　前二項のいずれの場合においても，おおむねそえがきを適用する。

第１表〔（　）は重出を示す。〕

a	i	u	e	o			
ka	ki	ku	ke	ko	kya	kyu	kyo
sa	si	su	se	so	sya	syu	syo
ta	ti	tu	te	to	tya	tyu	tyo
na	ni	nu	ne	no	nya	nyu	nyo
ha	hi	hu	he	ho	hya	hyu	hyo
ma	mi	mu	me	mo	mya	myu	myo
ya	(i)	yu	(e)	yo			
ra	ri	ru	re	ro	rya	ryu	ryo
wa	(i)	(u)	(e)	(o)			
ga	gi	gu	ge	go	gya	gyu	gyo
za	zi	zu	ze	zo	zya	zyu	zyo
da	(zi)	(zu)	de	do	(zya)	(zyu)	(zyo)
ba	bi	bu	be	bo	bya	byu	byo
pa	pi	pu	pe	po	pya	pyu	pyo

第２表

sha	shi	shu	sho	
		tsu		
cha	chi	chu	cho	
		fu		
ja	ji	ju	jo	
di	du	dya	dyu	dyo
kwa				
gwa				
			wo	

そえがき

前表に定めたもののほか，おおむね次の各項による。

1　はねる音「ン」はすべて n と書く。

2　はねる音を表わす n と次にくる母音字または y とを切り離す必要がある場合には，n の次に ' を入れる。

3　つまる音は，最初の子音字を重ねて表わす。

4　長音は母音字の上に ^ をつけて表わす。なお，大文字の場合は，母音字を並べてもよい。

5　特殊音の書き表わし方は自由とする。

6　文の書きはじめ，および固有名詞は語頭を大文字で書く。なお，固有名詞以外の名詞の語頭を大文字で書いてもよい。

26　敬語の指針

・平成19年２月２日文化審議会答申。
・この「敬語の指針」は，国語審議会による昭和27年４月の「これからの敬語」（建議）と平成12年12月の「現代社会における敬意表現」（答申）の内容を吟味し，文化審議会によって答申されたものである。
・「敬語の指針」では，従来の学校教育等で行われる敬語の３分類を踏まえつつ，新たな５分類を掲げている。また，敬語の働きを説明するに際し，従来多く用いられる「敬う・へりくだる」ではなく，「立てる」という語を用いている。この「立てる」は，「言葉の上で人物を高く位置付けて述べる」の意味で用いられるものである。
・原文は３章からなるが，ここでは実際の運用に関わる第２章の「第１　敬語の種類と働き」から抜粋して掲げた。
・第２章の「第２　敬語の形」に挙げられた敬語の具体的な表現は，次項「敬語表現検索表」で取り上げた。

（大修館書店編集部注）

第２章 敬語の仕組み（抜粋）

第１　敬語の種類と働き

本指針では，敬語を，次の５種類に分けて解説する。

1	**尊敬語**	（「いらっしゃる・おっしゃる」型）
2	**謙譲語Ⅰ**	（「伺う・申し上げる」型）
3	**謙譲語Ⅱ**（丁重語）	（「参る・申す」型）
4	**丁寧語**	（「です・ます」型）
5	**美化語**	（「お酒・お料理」型）

これらの５種類は，従来の「尊敬語」「謙譲語」「丁寧語」の３種類とは，以下のように対応する。

５種類		３種類
尊敬語	「いらっしゃる・おっしゃる」型	尊敬語
謙譲語Ⅰ	「伺う・申し上げる」型	謙譲語
謙譲語Ⅱ（丁重語）	「参る・申す」型	
丁寧語	「です・ます」型	丁寧語
美化語	「お酒・お料理」型	

敬語の仕組みは，従来の３種類によっても理解できるが，敬語の働きと適切な使い方をより深く理解するためには，更に詳しくとらえ直す必要がある。そのために，ここでは，５種類に分けて解説するものである。

以下，５種類の敬語の働きについて解説する。

1　尊敬語（「いらっしゃる・おっしゃる」型）

相手側又は第三者の行為・ものごと・状態などについて，その人物を立てて述べるもの。

＜該当語例＞

［行為等（動詞，及び動作性の名詞）］

いらっしゃる，おっしゃる，なさる，召し上がる

お使いになる，御利用になる，読まれる，始められる

お導き，御出席，（立てるべき人物からの）御説明

［ものごと等（名詞）］

お名前，御住所，（立てるべき人物からの）お手紙

［状態等（形容詞など）］

お忙しい，御立派

2　謙譲語Ⅰ（「伺う・申し上げる」型）

自分側から相手側又は第三者に向かう行為・ものごとなどについて，その向かう先の人物を立てて述べるもの。

＜該当語例＞

伺う，申し上げる，お目に掛かる，差し上げる

お届けする，御案内する

（立てるべき人物への）お手紙，御説明

3　謙譲語Ⅱ（丁重語）（「参る・申す」型）

自分側の行為・ものごとなどを，話や文章の相手に対して丁重に述べるもの。

＜該当語例＞

参る，申す，いたす，おる

拙著，小社

【補足ア：「謙譲語Ⅰ」と「謙譲語Ⅱ」との違い
―＜向かう先＞に対する敬語と，＜相手＞に対する敬語―】

２の謙譲語Ⅰと３の謙譲語Ⅱは，類似している点もあるため，どちらも「謙譲語」と呼ばれてきたが，謙譲語Ⅰは＜向かう先＞（上述のように，相手側である場合も，第三者である場合もある）に対する敬語，謙譲語Ⅱは＜相手＞に対する敬語であり，性質が異なる。この点に関係して，次のような違いもある。

【アー１：立てるのにふさわしい＜向かう先＞の有無についての違い】

謙譲語Ⅰの場合，例えば「先生のところに伺います。」とは言えるが，「弟のところに伺います。」は不自然である。これは，初めの例では＜向かう先＞である

「先生」が「立てるのにふさわしい」対象となるのに対し，後の例の「弟」は「立てるのにふさわしい」対象とはならないためである。謙譲語Ⅰは，<向かう先>に対する敬語であるため，このように立てるのにふさわしい<向かう先>がある場合に限って使う。

一方，謙譲語Ⅱの場合は，例えば「先生のところに参ります。」とも言えるし，「弟のところに参ります。」とも言える。謙譲語Ⅱは，<相手>に対する敬語であるため，このように，立てるのにふさわしい<向かう先>があってもなくても使うことができるのである。

【ア－2：どちらも使える場合の，敬語としての働きの違い】

ふさわしい<向かう先>がある場合は，謙譲語Ⅰを使って「先生のところに伺います。」のように述べることも，謙譲語Ⅱを使って「先生のところに参ります。」のように述べることもできる。

ただし，前者が「先生」に対する敬語であるのに対して，後者は話や文章の<相手>に対する敬語であることに注意したい。つまり，「先生」以外の人に対してこれらの文を述べる場合，「先生のところに参ります。」の方は，「先生」ではなく，<相手>に対する敬語として働くことになる。

なお，「先生」に対してこれらの文を述べる場合には，「先生」＝<相手>という関係が成立しているので，結果として，どちらの文も同じように働くことになる。このように，行為の<向かう先>と，話や文章の<相手>が一致する場合に限っては謙譲語Ⅰと謙譲語Ⅱはどちらも事実上同じように使うことができる。謙譲語Ⅰと謙譲語Ⅱとが似ているように映るのはこのためであるが，<向かう先>と<相手>とが一致しない場合には，謙譲語Ⅰと謙譲語Ⅱの働きの違いに留意して使う必要がある。

【ア－3：「ます」との関係についての違い】

謙譲語Ⅰは，「ます」を伴わずに使うこともできる。例えば，「明日先生のところに伺う（よ）。」などと，「先生」以外の人に述べることがある。

一方，謙譲語Ⅱは，一般に「ます」を伴って使う。例えば，「明日先生のところに参る（よ）。」などと述べるのは不自然である。

以上，【ア－1】【ア－2】【ア－3】のような謙譲語Ⅰと謙譲語Ⅱの違いは，要するに，謙譲語Ⅰは<向かう先>（相手側又は第三者）に対する敬語，謙譲語Ⅱは<相手>に対する敬語であるということに基づくものである。

このような違いがあるため，ここでは両者を区別して，一方を「謙譲語Ⅰ」，他方を「謙譲語Ⅱ」と呼ぶことにしたものである。

【補足イ：謙譲語Ⅰと謙譲語Ⅱの両方の性質を併せ持つ敬語】

謙譲語Ⅰと謙譲語Ⅱとは，上述のように異なる種類の敬語であるが，その一方で，両方の性質を併せ持つ敬語として「お（ご）……いたす」がある。

「駅で先生をお待ちいたします。」と述べる場合,「駅で先生を待ちます。」と同じ内容であるが,「待つ」の代わりに「お待ちいたす」が使われている。これは,「お待ちする」の「する」を更に「いたす」に代えたものであり,「お待ちする」(謙譲語Ⅰ)と「いたす」(謙譲語Ⅱ)の両方が使われていることになる。この場合,「お待ちする」の働きにより,「待つ」の＜向かう先＞である「先生」を立てるとともに,「いたす」の働きにより,話や文章の＜相手＞(「先生」である場合も,他の人物である場合もある。)に対して丁重に述べることにもなる。

つまり,「お(ご)……いたす」は,「自分側から相手側又は第三者に向かう行為について,その向かう先の人物を立てるとともに,話や文章の相手に対して丁重に述べる」という働きを持つ,「謙譲語Ⅰ」兼「謙譲語Ⅱ」である。

4　丁寧語(「です・ます」型)

話や文章の相手に対して丁寧に述べるもの。

＜該当語例＞

です,ます

5　美化語(「お酒・お料理」型)

ものごとを,美化して述べるもの。

＜該当語例＞

お酒,お料理

27　敬語表現検索表

・この項では，前項「敬語の指針」の示す５分類のうち，尊敬語・謙譲語Ⅰ・謙譲語Ⅱの三つについて，その主な敬語表現を集め，五十音順に配列した。
・「御社」の「御」や「山田様」の「様」など，敬語の単語を構成する要素は「御○○」「○○様」のように示した。（○○は２文字に限定されない）
・「利用いたす」「お受けいたす」など，二語以上からなる敬語を構成する要素は「……いたす」「お……いたす」のように示した。後者のように，前後に敬語が使われるものは，どちらの要素からも検索できるようにした。
・（←行く・訪ねる）など（　）と←で示したものは，対応する動詞である。
・太字で強調した略語の意味は，次のとおりである。
尊………尊敬語　　**尊＋可能**………可能の意味を添えた尊敬語
謙Ⅰ……謙譲語Ⅰ　　**謙Ⅰ&謙Ⅱ**……謙譲語Ⅰと謙譲語Ⅱ，両方の性質を併せ持つもの
謙Ⅱ……謙譲語Ⅱ
・この項は，大修館書店編集部で作成した。

（大修館書店編集部注）

あがる
上がる（←行く・訪ねる）　**謙Ⅰ**

いたす
致す（←する）　**謙Ⅱ**
……いたす　**謙Ⅱ**
　［例］　利用いたす
お……いたす　**謙Ⅰ&Ⅱ**
　［例］　お受けいたす
御（ご）……いたす　**謙Ⅰ&Ⅱ**
　［例］　御案内いたす

いただく
頂く（←もらう・食べる・飲む）　**謙Ⅰ**
……て〈で〉いただく　**謙Ⅰ**
　［例］　指導していただく
　　　　読んでいただく
お……いただく　**謙Ⅰ**
　［例］　お読みいただく
御（ご）……いただく　**謙Ⅰ**
　［例］　御指導いただく

いらっしゃる
いらっしゃる（←行く・来る・いる）　**尊**
……て〈で〉いらっしゃる　**尊**
　［例］　待っていらっしゃる
　　　　（指が）細くていらっしゃる
　　　　積極的でいらっしゃる
　　　　先生は努力家でいらっしゃる
お……て〈で〉いらっしゃる　**尊**
　［例］　お忙しくていらっしゃる
　　　　おきれいでいらっしゃる
御（ご）……でいらっしゃる　**尊**
　［例］　御立派でいらっしゃる

うえ
○○上　**尊**
　［例］　母上

うかがう
伺う（←訪ねる・尋ねる・聞く）　**謙Ⅰ**

うけたまわる
承る（←受ける・聞く）　**謙Ⅰ**

お
お……いたす　**謙Ⅰ&Ⅱ**
　［例］　お受けいたす

お……いただく　謙Ⅰ
［例］お読みいただく
お……くださる　尊
［例］お読みくださる
お……する　謙Ⅰ
［例］お届けする
お……だ　尊
［例］お読みだ
お……て〈で〉いらっしゃる　尊
［例］お忙しくていらっしゃる
　　　おきれいでいらっしゃる
お……なさる　尊
［例］お尋ねなさる
お……になる　尊
［例］お使いになる
お……になれる　尊＋可能
［例］お読みになれる
お……申し上げる　謙Ⅰ
［例］お届け申し上げる
お○○　尊
［例］お忙しい
　　　（先生からの）お手紙
お○○　謙Ⅰ
［例］（先生への）お手紙

おいでになる
おいでになる（←行く・来る・いる）　尊
……て〈で〉おいでになる　尊
［例］疑っておいでになる
　　　憎んでおいでになる

おこしになる
お越しになる（←行く・来る）　尊

おっしゃる
おっしゃる（←言う）　尊

おめしになる
お召しになる（←着る）　尊

おめにかかる
お目に掛かる（←会う）　謙Ⅰ

おめにかける
お目に掛ける（←見せる）　謙Ⅰ

おやすみになる
お休みになる（←休む・寝る）　尊

おる
おる（←いる）　謙Ⅱ
……て〈で〉おる　謙Ⅱ
（「ます」を続けて，丁寧の意味を添えることが多い）
［例］思っております
　　　休んでおります

おん
御○○　尊
［例］御社・御身
御○○　謙Ⅰ
［例］御礼（申し上げる）

き
貴○○　尊
［例］貴社・貴信

ぎょく
玉○○　尊
［例］玉案・玉稿

ぐ
愚○○　謙Ⅱ
［例］愚作・愚息

くださる
下さる（←くれる・与える）　尊
……て〈で〉くださる　尊
［例］教えてくださる
　　　読んでくださる

お……くださる　尊
　［例］　お読みくださる
御（ご）……くださる　尊
　［例］　御指導くださる

ご

御（ご）……いたす　謙Ⅰ＆Ⅱ
　［例］　御案内いたす
御（ご）……いただく　謙Ⅰ
　［例］　御指導いただく
御（ご）……くださる　尊
　［例］　御指導くださる
御（ご）……する　謙Ⅰ
　［例］　御案内する
御（ご）……だ　尊
　［例］　御利用だ
御（ご）……でいらっしゃる　尊
　［例］　御立派でいらっしゃる
御（ご）……なさる　尊
　［例］　御利用なさる
御（ご）……になる　尊
　［例］　御利用になる
御（ご）……になれる　尊＋可能
　［例］　御利用になれる
御（ご）……申し上げる　謙Ⅰ
　［例］　御案内申し上げる
御（ご）○○　尊
　［例］　御家族
　　　　（先生からの）御説明
御（ご）○○　謙Ⅰ
　［例］　（先生への）御説明
御（ご）＋尊敬語　尊
　［例］　御高配
　　　　御尊父
　　　　御令室

ごらんにいれる

御覧に入れる（←見せる）　謙Ⅰ

ごらんになる

御覧になる（←見る）　尊

さしあげる

差し上げる（←やる・与える）　謙Ⅰ

さま

○○様　尊
　［例］　山田様

される

される（←する）　尊

しょう

小○○　謙Ⅱ
　［例］　小社

する

お……する　謙Ⅰ
　［例］　お届けする
御（ご）……する　謙Ⅰ
　［例］　御案内する

せつ

拙○○　謙Ⅱ
　［例］　拙著

ぞんじあげる

存じ上げる（←知る）　謙Ⅰ

ぞんじる

存じる（←知る・思う）　謙Ⅱ

だ

お……だ　尊
　［例］　お読みだ
御（ご）……だ　尊
　［例］　御利用だ

たまわる

賜る（←くれる・与える）　**尊**

賜る（←もらう）　**謙Ⅰ**

なさる

なさる（←する）　**尊**

……なさる　**尊**

［例］利用なさる

お……なさる　**尊**

［例］お尋ねなさる

御（ご）……なさる　**尊**

［例］御利用なさる

なる

お……になる　**尊**

［例］お使いになる

御（ご）……になる　**尊**

［例］御利用になる

なれる

お……になれる　**尊＋可能**

［例］お読みになれる

御（ご）……になれる　**尊＋可能**

［例］御利用になれる

はい

拝○○　**謙Ⅰ**

［例］拝顔（の栄に浴する）

はいけんする

拝見する（←見る）　**謙Ⅰ**

はいしゃくする

拝借する（←借りる）　**謙Ⅰ**

はいじゅする

拝受する（←受ける）　**謙Ⅰ**

へい

弊○○　**謙Ⅱ**

［例］弊社

まいる

参る（←行く・来る）　**謙Ⅱ**

……て〈で〉参る　**謙Ⅱ**

(「ます」を続けて，丁寧の意を添えることが多い)

［例］寒くなって参ります

目に浮かんで参ります

みえる

見える（←来る）　**尊**

めしあがる

召し上がる（←食べる・飲む）　**尊**

もうしあげる

申し上げる（←言う）　**謙Ⅰ**

お……申し上げる　**謙Ⅰ**

［例］お届け申し上げる

御（ご）……申し上げる　**謙Ⅰ**

［例］御案内申し上げる

もうす

申す（←言う）　**謙Ⅱ**

られる

……られる　**尊**

［例］始められる

れい

令○○　**尊**

［例］令兄・令夫人

れる

……れる　**尊**

［例］読まれる

レツ　列 3　劣　烈　裂
レン　練 3　練 ⊙　連 4　恋　廉　錬　錬 ⊙　蓮 ⊙　煉 ⊙◆　漣 ⊙◆　憐 ⊙◆　簾 ⊙◆　鰊 ◆　攣 ◆

【ロ】

ロ　路 3　呂 ★　炉　路 ★　露　蕗 ⊙　魯 ⊙◆　櫓 ⊙◆　鷺 ⊙◆　芦 ⊙◇　蘆 ◆　濾 ◆　沪 ◇　廬 ◆
ロウ　老 4　労 4　朗 6　朗 ⊙　糧　露　弄 ★　郎　郎 ⊙　浪　廊　廊 ⊙　楼　漏　籠 ★　狼 ⊙◆　蠟 ⊙◆　蝋 ◇　牢 ◆　榔 ◆　瘻 ◆　臈 ◆　臘 ◆　朧 ◆　聾 ◆
ロク　六 1　緑 3　綠 ⊙　録 4　錄 ⊙　麓 ★　禄 ⊙　祿 ⊙　肋 ⊙◆　勒 ◆　漉 ◆
ロン　論 6

【ワ】

ワ　話 2　和 3　倭 ⊙　窪 ⊙◆
わ　輪 4　我 6
ワイ　賄　隈 ⊙◆　歪 ◆　猥 ◆
わが　吾 ⊙
わかい　若 6
わかす　沸
わかつ　分 2
わかる　分 2
わかれる　分 2　別 4　訣 ⊙◆
わき　脇 ★　腋 ◆
ワク　惑　或 ⊙◆
わく　沸　湧 ★　枠
わけ　訳 6
わける　分 2
わざ　業 3　技 5
わざわい　災 5
わし　鷲 ⊙◆
わずか　僅 ★
わずらう　患
わずらわす　煩
わすれる　忘 6
わた　綿 5
わたくし　私 6
わたし　私 6
わたす　渡
わだち　轍 ◆
わたる　渡　亘 ⊙　亙 ⊙
わな　罠 ◆
わに　鰐 ◆
わびしい　侘 ◆
わびる　詫 ⊙◆
わら　藁 ⊙◆
わらう　笑 4
わらび　蕨 ⊙◆
わらべ　童 3
わらわ　妾 ◆
わり　割 6
わりご　簞 ⊙◆
わる　割 6
わるい　悪 3　惡 ⊙
われ　我 6　吾 ⊙
われる　割 6
ワン　湾　腕　椀 ⊙◆　碗 ⊙◆　彎 ◆　弯 ◇

⊙＝人名用漢字　◆＝印刷標準字体　◇＝簡易慣用字体

よし　由3　葦◎◆　芦◎◇　蘆◆
よしみ　誼◎
よせる　寄5
よそおう　装6　裝◎
よつ　四1
よっつ　四1
よど　淀◎◆
よどむ　澱◆
よぶ　呼6
よみがえる　蘇◎◆　甦◆
よむ　読2　詠
よめ　嫁
よもぎ　蓬◎◆
よる　夜2　因5　寄5　撚◆
よろい　鎧◎◆
よろこぶ　喜4　欣◎
よわい　弱2
よわまる　弱2
よわめる　弱2
よわる　弱2
よん　四1

【ラ】

ラ　拉★　裸　羅　螺◎◆
ライ　来2　來◎　礼3　禮◎　雷　頼　賴◎　徠◎　萊◎◆　蕾◎◆
ラク　楽2　樂◎　落3　絡　酪　洛◎◆
ラチ　埒◆
ラツ　辣★
ラン　乱6　卵6　覧6　覽◎　濫　藍★　欄　欄◎　蘭◎　瀾◆　爛◆　鸞◆

【リ】

リ　里2　理2　利4　裏6　吏　痢　履　璃★　離　李◎　俐◎　莉◎　浬◎　哩◎　鯉◎　裡◎◆　狸◆　罹◆　籬◆
リキ　力1
リク　陸4　戮◆
リチ　律6
リツ　立1　率5　律6　慄★　栗◎
リャク　略5　掠◎◆
リュウ　立1　流3　留5　柳　竜　龍◎　粒　隆　硫　琉◎　笠◎◆　溜◎◆　劉◎◆　榴◆　瘤◆
リョ　旅3　侶★　虜　虜◎　慮
リョウ　両3　漁4　良4　料4　量4　領5　了　涼　猟　陵　僚　寮　療　瞭★　糧　霊　亮◎　凌◎　凉◎　崚◎　椋◎　稜◎　綾◎　遼◎　諒◎　燎◎　菱◎◆　梁◎◆　聊◆　寥◆　蓼◆
リョク　力1　緑3　綠◎
リン　林1　輪4　臨6　厘　倫　隣　鈴　琳◎　稟◎　綸◎　凜◎　凛◎　麟◎　淋◎◆　鱗◎◆　燐◆

【ル】

ル　流3　留5　瑠★　琉◎　屢◆
ルイ　類4　類◎　涙　淚◎　累　塁　壘◎

【レ】

レイ　礼3　禮◎　令4　冷4　例4　励　戻　鈴　零　霊　隷　齢　麗　伶◎　怜◎　玲◎　羚◎　黎◎　澪◎　嶺◎　蛉◆　蠣◆
レキ　歴4　歷◎　暦　曆◎　櫟◆　礫◆　轢◆

赤字＝常用漢字　算用数字＝教育漢字の配当学年　★＝新常用漢字　＊＝許容字体

薬◎ 約4 益5 訳6 疫 厄 躍
やく　焼4 燒◎
やぐら　櫓◎◆
やける　焼4 燒◎
やさしい　易5 優6
やし　椰◎
やしなう　養4
やしろ　社2 社◎
やすい　安3 靖◎
やすまる　休1
やすむ　休1
やすめる　休1
やせる　痩★ 瘦◎
やつ　八1
やっつ　八1
やど　宿3
やとう　雇 傭◎◆
やどす　宿3
やどる　宿3
やな　梁◎◆
やなぎ　柳 楊◎
やぶ　藪◆
やぶる　破5
やぶれる　敗4 破5
やま　山1
やまい　病3
やまと　倭◎
やみ　闇★
やむ　病3 已◎◆
やめる　辞4
やり　槍◎◆ 鑓◆
やわらか　柔 軟
やわらかい　柔 軟
やわらぐ　和3
やわらげる　和3

【ユ】

ユ　由3 油3 遊3 輸5 喩★ 愉 諭 癒 揄◆ 愈◆ 楡◆
ゆ　湯3
ユイ　由3 遺6 唯
ユウ　右1 友2 由3 有3 遊3 勇4 郵6 優6 幽 悠 湧★ 猶 裕 雄 誘 憂 融 佑◎ 酉◎ 邑◎ 侑◎ 宥◎ 柚◎ 祐◎ 祐◎ 尤◎◆ 釉◎◆ 楢◎◆ 猷◆
ゆう　夕1 結4
ゆえ　故5
ゆか　床
ゆがむ　歪◆
ゆき　雪2
ゆく　行2 逝 之◎
ゆさぶる　揺 搖◎
ゆず　柚◎
ゆすぶる　揺 搖◎
ゆする　揺 搖◎
ゆずる　譲 讓◎
ゆたか　豊5
ゆだねる　委3
ゆび　指3
ゆみ　弓2
ゆめ　夢5
ゆらぐ　揺 搖◎
ゆる　揺 搖◎
ゆるい　緩
ゆるがせにする　忽◎◆
ゆるぐ　揺 搖◎
ゆるす　許5 宥◎ 恕◎
ゆるむ　緩 弛◎◆
ゆるめる　緩
ゆるやか　緩
ゆれる　揺 搖◎
ゆわえる　結4

【ヨ】

ヨ　予3 余5 預5 与 與◎ 誉 輿◎◆ 飫◆
よ　四1 夜2 世3 代3
よい　良4 善6 宵 嘉◎
ヨウ　用2 曜2 羊3 洋3 葉3 陽3 様3 樣◎ 要4 養4 容5 幼6 妖★ 庸 揚 揺 搖◎ 溶 腰 瘍★ 踊 窯 擁 謡 謠◎ 遥◎ 遙◎ 楊◎ 瑶◎ 蓉◎ 燿◎ 耀◎ 鷹◎ 傭◎◆ 孕◆ 拗◆ 涌◆ 痒◆ 熔◆ 蠅◆
よう　八1 酔 醉◎
ヨク　浴4 欲6 翌6 抑 沃★ 翼
よこ　横3 橫◎
よごす　汚
よごれる　汚

◎＝人名用漢字　◆＝印刷標準字体　◇＝簡易慣用字体

湊 ◎◆
みなみ　南 2
みなもと　源 6
みにくい　醜
みね　峰
峯 ◎
嶺 ◎
みの　蓑 ◎◆
みのる　実 3
實 ◎
稔 ◎
穣 ◎
穰 ◎
みみ　耳 1
みや　宮 3
ミャク　脈 4
みやこ　都 3
都 ◎
ミョウ　名 1
明 2
命 3
妙
★冥
みる　見 1
診
ミン　民 4
眠

【ム】

ム　無 4
武 5

務 5
夢 5
謀
矛
霧
牟 ◎◆
鵡 ◆
む　六 1
むい　六 1
むかう　向 3
むかえる　迎
むかし　昔 3
むぎ　麦 2
むく　向 3
むくいる　報 5
むくのき　椋 ◎
むける　向 3
むこ　婿
むこう　向 3
むさぼる　★貪
むし　虫 1
むしばむ　蝕 ◆
むしろ　筵 ◆
むす　蒸 6
むずかしい　難 6
難 ◎
むすぶ　結 4
むすめ　娘
むち　鞭 ◎◆
むつ　六 1
むっつ　六 1
むな　胸 6
棟
むね　胸 6
旨
棟
むら　村 1
群 5
邑 ◎
むらさき　紫
むらす　蒸 6
むれ　群 5
むれる　群 5
蒸 6
むろ　室 2

【メ】

め　女 1
目 1
芽 4
雌
メイ　名 1
明 2
鳴 2
命 3
迷 5
盟 6
★冥
銘
瞑 ◆
めい　姪 ◎◆
めかけ　妾 ◆
めぐむ　恵
恵 ◎
萌 ◎
萠 ◎
めぐる　巡
廻 ◎◆
めし　飯 4
めす　雌
召
牝 ◆
めずらしい　珍
メツ　滅
めとる　娶 ◆
メン　面 3
綿 5
免
★麺

【モ】

モ　模 6
茂
も　喪
藻
裳 ◎◆
モウ　毛 2
望 4
亡 6
妄
盲
耗
猛
網
孟 ◎
蒙 ◎◆
朦 ◆
もうける　設 5
儲 ◎◆
もうす　申 3
もうでる　★詣
もえる　燃 5
萠 ◎
萌 ◎
モク　木 1
目 1
黙
默 ◎
もぐる　潜
もしくは　若 6
もす　燃 5
もだえる　悶 ◆
モチ　勿 ◎◆
もち　★餅
★餠 *
もちいる　用 2
モッ　物 3
もつ　持 3
もっとも　最 4
尤 ◎◆
もっぱら　専 6
專 ◎
もてあそぶ　★弄 ◆
翫 ◆
もと　下 1
本 1
元 2
基 5
もとい　基 5
もどす　戻
もとどり　髻 ◆
もとめる　求 4
もどる　戾
もの　者 3
者 ◎
物 3
もみ　籾 ◎◆
もむ　揉 ◆
もも　桃
腿 ◆
もや　靄 ◆
もやす　燃 5
もよおす　催
もらう　貰 ◎◆
もらす　漏
もり　森 1
守 3
杜 ◎
もる　盛 6
漏
もれる　漏
洩 ◆
もろい　脆 ◆
モン　文 1
聞 2
門 2
問 3
紋
悶 ◆
もんめ　匁 ◎

【ヤ】

ヤ　夜 2
野 2
★冶
也 ◎
耶 ◎
埜 ◎
椰 ◎
揶 ◆
爺 ◆
や　八 1
家 2
矢 2
屋 3
★弥
彌 ◎
哉 ◎
乎 ◎◆
箭 ◆
やかた　館 3
ヤク　役 3
薬 3

赤字＝常用漢字　算用数字＝教育漢字の配当学年　★＝新常用漢字　＊＝許容字体

濠◆
ほる　掘　彫
ほれる　惚⊙◆
ほろ　幌⊙◆
ほろびる　滅
ほろぼす　滅
ホン　本1　反3　奔　翻　飜⊙
ボン　煩　凡　盆　梵◆

【マ】

マ　麻　摩　磨　魔
ま　目1　間2　馬2　真3　眞⊙
マイ　米2　毎2　每⊙　妹2　枚6　昧★　埋　邁◆
まい　舞
マイル　哩⊙
まいる　参4
まう　舞
まえ　前2
まがき　籬◆
まかす　負3　任5
まかせる　任5
まかなう　賄
まがる　曲3
まき　牧4　巻6　卷⊙　槙⊙　槇⊙
まぎらす　紛
まぎらわしい　紛
まぎらわす　紛
まぎれる　紛
マク　幕6　膜
まく　巻6　卷⊙　蒔⊙　捲⊙◆　撒⊙◆　播⊙◆
まくら　枕★
まげ　髷◆
まける　負3
まげる　曲3
まご　孫4
まこと　誠6　洵⊙　詢⊙　諒⊙
まさ　正1　柾⊙
まさる　勝3
まざる　交2　混5
まじえる　交2
まじる　交2　混5
まじわる　交2
ます　増5　增⊙　升　鱒⊙◆　枡◆　桝◇
まずしい　貧5
まぜる　交2　混5
また　股★　又　也⊙　亦⊙　叉⊙◆　俣⊙◆
またぐ　跨⊙◆
またたく　瞬
まち　町1　街4
マツ　末4　抹　茉⊙　沫⊙◆
まつ　待3　松4
まつげ　睫◆
まったく　全3
まつり　祭3
まつりごと　政5
まつる　祭3　祀◆
まで　迄⊙◆
まと　的4
まど　窓6
まとう　纏⊙◆
まどう　惑
まなこ　眼5
まなぶ　学1
まぬかれる　免
まねく　招5
まぶしい　眩◆
まぶた　瞼◆
まぼろし　幻
まま　儘◆
まめ　豆3
まもる　守3
まゆ　繭　眉★
まゆずみ　黛⊙
まゆみ　檀⊙
まよう　迷5
まり　毬⊙　鞠⊙
まる　丸2
まるい　円1　圓⊙　丸2
まるめる　丸2
まれ　稀⊙
まろ　磨⊙
まわす　回2
まわり　周4
まわる　回2　廻⊙◆
マン　万2　萬⊙　満4　慢　漫　蔓⊙◆　曼◆　瞞◆　饅◆　鬘◆　鰻◆

【ミ】

ミ　味3　未4　眉★　魅
み　三1　実3　實⊙　身3　巳⊙　箕⊙◆
みえる　見1
みお　澪⊙
みがく　磨
みき　幹5
みぎ　右1
みぎわ　汀⊙
みことのり　詔
みさお　操6
みさき　岬
みささぎ　陵
みじかい　短3
みじめ　惨
みず　水1　瑞⊙
みずうみ　湖3
みずから　自2
みずのえ　壬⊙◆
みせ　店2
みせる　見1
みぞ　溝
みそか　晦⊙◆
みそぎ　禊◆
みたす　満4
みだす　乱6
みたまや　廟⊙◆
みだら　淫★　猥◆
みだりに　猥◆
みだれる　乱6
みち　道2
みちびく　導5
みちる　満4
ミツ　密6　蜜★
みつ　三1
みつぐ　貢
みっつ　三1
みとめる　認6
みどり　緑3　綠⊙　翠⊙　碧⊙
みな　皆
みなと　港3

⊙＝人名用漢字　◆＝印刷標準字体　◇＝簡易慣用字体

併 柄 塀 幣 弊 蔽★ 餅★ 餠★＊ 幷◆ 并◇ 聘◆ 斃◆
ベイ　米2 袂◆
ページ　頁⊙◆
ヘキ　壁 璧★ 癖 碧⊙ 僻◆ 襞◆
へそ　臍◆
へだたる　隔
へだてる　隔
ベツ　別4 蔑★ 瞥⊙◆
べに　紅6
へび　蛇
へらす　減5

へる　経5 減5
ヘン　返3 辺4 変4 編5 片6 偏 遍 篇⊙◆ 扁◆ 騙◆
ベン　勉3 勉⊙ 便4 弁5 娩⊙◆ 鞭⊙◆

【ホ】

ホ　歩2 步⊙ 保5 補6 哺★ 捕 舗 甫⊙ 輔⊙ 圃⊙◆ 蒲⊙◆

ほ　火1 穂 穗⊙ 帆
ボ　母2 墓5 暮6 模6 募 慕 簿 戊⊙◆ 牡⊙◆ 姥⊙◆ 莫⊙◆ 菩⊙◆
ホウ　方2 放3 包4 法4 報5 豊5 宝6 訪6 封 芳 邦 奉 抱 泡

胞 俸 倣 峰 砲 崩 蜂★ 飽 褒 縫 朋⊙ 峯⊙ 萌⊙ 萠⊙ 鳳⊙ 鵬⊙ 逢⊙◆ 捧⊙◆ 鞄⊙◆ 蓬⊙◆ 鋒⊙◆ 呆◆ 彷◆ 庖◆ 苞◆ 疱◆
ボウ　望4 防5 貿5 暴5

亡6 忘6 棒6 乏 忙 坊 妨 房 肪 某 冒 剖 紡 傍 帽 貌★ 膨 謀 妄 卯⊙ 苺⊙ 茅⊙ 昴⊙ 眸⊙ 牟⊙◆ 芒◆ 茫◆ 虻◆ 榜◆ 膀◆

鉾◆ 謗◆
ほうき　帚◆ 箒◆
ほうむる　葬
ほうる　放3
ほえる　吼◆ 吠◆
ほお　頰★
ほか　外2 他3
ほがらか　朗6 朗⊙
ホク　北2
ボク　木1 目1 牧4 朴 睦★ 僕 墨 墨⊙ 撲 卜⊙◆
ほける　惚⊙◆
ほこ　矛 戟⊙◆ 鉾◆
ほこら　祠◆
ほこり　埃◆

ほこる　誇
ほころびる　綻★
ほし　星2
ほしい　欲6
ほす　干6
ほそい　細2
ほそる　細2
ほたる　蛍
ホッ　法4
ホツ　発3
ボッ　坊
ボツ　没 勃★
ほっする　欲6
ほど　程5
ほとけ　仏5 佛⊙
ほどこす　施
ほとんど　殆⊙◆
ほね　骨6
ほのお　炎 焰⊙◆
ほのか　仄◆
ほのめかす　仄◆
ほふる　屠◆
ほまれ　誉
ほめる　褒
ほら　洞
ほり　堀 壕⊙◆

赤字＝常用漢字　算用数字＝教育漢字の配当学年　★＝新常用漢字　＊＝許容字体

- ひるがえる　翻　飜⊙
- ひろい　広2　廣⊙　弘⊙　宏⊙　紘⊙　浩⊙
- ひろう　拾3
- ひろがる　広2　廣⊙
- ひろげる　広2　廣⊙
- ひろまる　広2　廣⊙
- ひろめる　広2　廣⊙
- ヒン　品3　貧5　浜　賓　賓⊙　頻　彬⊙　稟⊙　瀕⊙◆　牝◆
- ビン　便4　貧5　敏　敏⊙　瓶　秤⊙◆　憫◆　鬢◆

【フ】

- フ　父2　風2　歩2　歩⊙　負3　不4　夫4　付4　府4　布5　婦5　富5　扶　怖　★阜　附　★訃　赴　浮　符　普　腐　敷　膚　賦　譜　芙⊙　冨⊙　斧⊙◆　蒲⊙◆　俯◆　腑◆　孵◆　鮒◆
- ブ　分2　歩2　歩⊙　部3　不4　無4　武5　侮　侮⊙　舞　奉　葡⊙◆　蕪⊙◆　撫⊙◆　巫◆
- フウ　風2　夫4　富5　封　冨⊙　楓⊙　諷◆
- ふえ　笛3
- ふえる　増5　増⊙　殖
- ふかい　深3
- ふかす　更
- ふかまる　深3
- ふかめる　深3
- ふき　蕗⊙
- フク　服3　福3　福⊙　副4　復5　複5　腹6　伏　幅　覆
- ふく　★拭　吹　噴　葺⊙◆
- ふくべ　瓢⊙◆
- ふくむ　含
- ふくめる　含
- ふくらむ　膨
- ふくれる　膨
- ふくろ　袋　嚢◆
- ふける　老4　更　耽⊙◆
- ふさ　房
- ふさがる　★塞
- ふさぐ　★塞
- ふし　節4　節⊙
- ふじ　★藤
- ふす　伏　臥⊙◆
- ふすま　襖⊙◆
- ふせぐ　防5
- ふせる　伏
- ふた　二1　★蓋　双
- ふだ　札4　牒⊙◆　牌◆
- ぶた　豚
- ふたたび　再5
- ふたつ　二1
- ふち　縁　縁⊙　淵⊙◆
- フツ　払　拂⊙　沸　祓◆
- ブツ　物3　仏5　佛⊙　勿⊙◆
- ふで　筆3
- ふとい　太2
- ふところ　懐　懐⊙
- ふとる　太2
- ふな　船2　舟　鮒◆
- ふね　船2　舟
- ふまえる　踏
- ふみ　文1
- ふむ　踏
- ふもと　★麓
- ふやす　増5　増⊙　殖
- ふゆ　冬2
- ふる　降6　振
- ふるい　古2
- ふるう　奮6　振　震
- ふるえる　震
- ふるす　古2
- ふれる　触　振
- フン　分2　粉4　奮6　紛　雰　噴　墳　憤　吻⊙◆　焚⊙◆　扮◆　糞◆
- ブン　文1　分2　聞2
- ふんどし　褌◆

【へ】

- へ　屁◆
- べ　辺4
- ヘイ　病3　平3　兵4　並6　陛6　閉6　丙

反3 坂3 板3 飯4 犯5 判5 版5 班6 氾★ 帆 汎★ 伴 阪★ 畔 般 販 斑★ 搬 煩 頒 範 繁 繁◎ 藩 凡 絆◎◆ 幡◎◆ 叛◆ 袢◆ 槃◆

バン
攀◆ 番2 万2 萬◎ 板3 判5 晩6 晩◎ 伴 蛮 盤 挽◎◆ 播◎◆ 磐◎◆ 蕃◎◆

はんのき
榛◎

【ヒ】

ヒ
皮3 悲3 飛4 費4 比5 肥5 非5 否6 批6 秘6 祕◎ 妃 彼 披 卑 卑◎ 疲 被 扉 碑 碑◎ 罷 避 泌 斐◎ 緋◎ 庇◎◆ 毘◎◆ 屁◆ 砒◆ 脾◆ 痺◆ 鄙◆ 誹◆ 臂◆

ビ
美3 鼻3 備5 尾 眉★ 微 枇◎◆ 毘◎◆ 梶◎◆ 琵◎◆ 媚◆ 薇◆ 靡◆

ひ
火1 日1 氷3 灯4 燈◎ 樋◎◆

ひいでる
秀

ひいらぎ
柊◎

ひえ
稗◆

ひえる
冷4

ひかえる
控

ひがし
東2

ひがむ
僻◆

ひかり
光2

ひかる
光2

ヒキ
疋◎◆

ひき
匹

ひきいる
率5

ひく
引2 弾 彈◎ 曳◎◆ 挽◎◆ 牽◎◆ 惹◎◆ 轢◆

ひくい
低4

ひくまる
低4

ひくめる
低4

ひげ
髭◆ 鬚◆

ひける
引2

ひこ
彦◎

ひざ
膝★

ひさご
瓢◎◆

ひさし
庇◎◆ 廂◆

ひさしい
久5

ひし
菱◎◆

ひじ
肘★ 臂◆

ひそむ
潜

ひだ
襞◆

ひたい
額5

ひたす
浸

ひだり
左1

ひたる
浸

ヒツ
筆3 必4 匹 泌 疋◎◆ 畢◎◆ 逼◆

ひつ
櫃◆

ひつぎ
柩◆

ひつじ
羊3

ひづめ
蹄◎◆

ひでり
旱◆

ひと
一1 人1

ひとしい
等3

ひとつ
一1

ひとみ
瞳★ 眸◎

ひとり
独5

ひな
雛◎ 鄙◆

ひのき
桧◎ 檜◎◆

ひびく
響 嚮◎

ひま
暇

ひめ
姫

ひめる
秘6 祕◎

ひも
紐◎◆

ひや
冷4

ひやかす
冷4

ヒャク
百1

ビャク
白1

ひやす
冷4

ビュウ
謬◆

ヒョウ
氷3 表3 票4 標4 兵4 俵5 評5 拍 漂 彪◎ 豹◎◆ 瓢◎◆ 憑◆

ビョウ
秒3 病3 平3 苗 描 猫 廟◎◆ 屏◆ 屛◇

ひら
平3

ひらく
開3

ひらける
開3

ひらめく
閃◎◆

ひる
昼2 晝◎ 干6 蛭◆

ひるがえす
翻 飜◎

赤字＝常用漢字　算用数字＝教育漢字の配当学年　★＝新常用漢字　＊＝許容字体

廃 輩 盃◎ 胚◆ 徘◆ 牌◆ 稗◆

はい　灰6

バイ　売2 賣◎ 買2 倍3 梅4 梅◎ 培 陪 媒 賠 煤◎◆ 狽◆

はいる　入1

はう　這◎◆

はえ　栄4 榮◎ 蠅◆

はえる　生1 栄4 榮◎ 映6

はか　墓5

はがす　剝★

ばかす　化3

はがね　鋼6

はかま　袴◎◆

はからう　計2

はかり　秤◎◆

はかる　計2 図2 量4 測5 諮 謀 詢◎

はがれる　剝★

はぎ　萩◎

ハク　白1 博4 伯 拍 泊 迫 剝★ 舶 薄 珀◎ 柏◎◆ 箔◎◆ 帛◆ 粕◆

はく　掃 吐 履

はぐ　剝★

バク　麦2 博4 暴5 幕6 漠 縛 爆 莫◎◆ 曝◎◆ 駁◆ 瀑◆

はぐくむ　育3

はげしい　激6

はげます　励

はげむ　励

はげる　剝★ 禿◆

ばける　化3

はこ　箱3 函◎◆

はこぶ　運3

はさまる　挟

はさみ　鋏◆

はさむ　挟

はし　橋3 端 箸★

はじ　恥

はしご　梯◎◆

はしばみ　榛◎

はじまる　始3

はじめ　初4 甫◎ 肇◎

はじめて　初4

はじめる　始3

はしら　柱3

はじらう　恥

はしる　走2

はじる　恥

はす　蓮◎

はず　筈◎◆

はずかしい　恥

はずかしめる　辱

はずす　外2

はずむ　弾 彈◎

はずれる　外2

はせる　馳◎◆

はた　畑3 旗4 機4 端 秦◎ 幡◎◆

はだ　肌

はだか　裸

はたけ　畑3 畠◎◆

はたす　果4

はたらく　働4

ハチ　八1 鉢

はち　蜂★ 盂◆

バチ　罰

ハッ　法4

ハツ　発3 鉢 髪 髮◎ 捌◆ 撥◆ 溌◆ 醱◆

はつ　初4

バツ　末4 伐 抜 拔◎ 罰 閥 筏◆ 跋◆

はて　果4

はてる　果4

はと　鳩◎

はな　花1 鼻3 華

はなし　話2 咄◆ 噺◆

はなす　話2 放3 離

はなつ　放3

はなはだ　甚

はなはだしい　甚

はなれる　放3 離

はなわ　塙◎

はに　埴◎◆

はね　羽2 翅◆

はねる　跳 撥◆

はは　母2

はば　幅

はばかる　憚◆

はばむ　阻

はぶく　省4

はま　浜

はまぐり　蛤◆

はまる　嵌◆

はやい　早1 速3 捷◎

はやし　林1

はやす　生1 囃◆

はやぶさ　隼◎

はやまる　早1 速3

はやめる　早1 速3

はら　原2 腹6

はらう　払 拂◎ 祓◆

はらす　晴2 腫★

はらむ　孕◆

はらわた　腑◆

はり　針6 梁◎◆ 鍼◆

はる　春2 張5 貼★

はるか　遥◎ 遙◎ 遼◎

はれる　晴2 腫★

ハン　半2

にえる　煮　煮◎
におう　臭　臭◎　★匂
にがい　苦3
にがす　逃
にがる　苦3
にかわ　膠◆
にぎる　握
にぎわう　賑◎◆
ニク　肉2
にくい　憎　憎◎
にくしみ　憎　憎◎
にくむ　憎　憎◎
にくらしい　憎　憎◎
にげる　逃
にごす　濁
にごる　濁
にし　西2
にじ　★虹
にしき　★錦
にじむ　滲◆
にじゅう　廿◎◆
にしん　鰊◆
にせ　偽　僞◎　贋◆
ニチ　日1
になう　担6
にぶい　鈍
にぶる　鈍
ニャク　若6
にやす　煮　煮◎
ニュウ　入1　乳6　柔
ニョ　女1　如
ニョウ　女1　尿
にら　韮◆
にらむ　睨◆
にる　似5　煮　煮◎
にわ　庭3
にわか　俄◎◆
にわとり　鶏　鷄◎
ニン　人1　任5　妊6　認　忍

【ヌ】

ぬう　縫
ぬか　糠◆
ぬかす　抜　拔◎
ぬかる　抜　拔◎
ぬきんでる　擢◎◆
ぬく　抜　拔◎
ぬぐ　脱
ぬぐう　★拭
ぬける　抜　拔◎
ぬげる　脱
ぬし　主3
ぬすむ　盗　盜◎
ぬの　布5
ぬま　沼
ぬる　塗
ぬれる　濡◎◆

【ネ】

ネ　袮◎　禰◎◆　涅◆
ね　音1　根3　値6
ネイ　寧
ねがう　願4
ねかす　寝　寢◎
ねぎ　葱◆
ねこ　猫
ねじける　拗◆
ねずみ　鼠◆
ねたむ　★妬
ネツ　熱4　捏◆
ねばる　粘
ねむい　眠
ねむる　眠
ねや　閨◆
ねらう　★狙
ねる　練3　練◎　寝　寢◎　煉◎◆
ネン　年1　然4　念4　燃5　★捻　粘　稔◎　撚◆
ねんごろ　懇

【ノ】

の　野2　乃◎　之◎　埜◎
ノウ　農3　能5　納6　脳6　悩　濃　膿◆　嚢◆
のがす　逃
のがれる　逃　遁◎◆
のき　軒
のぎ　禾◎
のこぎり　鋸◎◆
のこす　残4
のこる　残4
のせる　乗3　乘◎　載
のぞく　除6　窺◎◆　覗◆
のぞむ　望4　臨6
のち　後2
ノット　浬◎
のど　★喉
ののしる　★罵
のばす　延6　伸
のびる　延6　伸　暢◎
のべる　述5　延6　伸
のぼす　上1
のぼせる　上1
のぼり　幟◆
のぼる　上1　登3　昇
のみ　爾◎　已◎◆　蚤◆
のむ　飲3　呑◎◆　嘸◆
のり　糊◎◆
のる　乗3　乘◎　載
のろう　★呪

【ハ】

ハ　波3　破5　派6　把　覇　巴◎　杷◎◆　琶◎◆　頗◎◆　播◎◆　爬◆
は　羽2　歯3　葉3　刃　端
バ　馬2　婆　★罵　芭◎◆　蟇◆
ば　場2
ハイ　配3　敗4　拝6　拜◎　背6　肺6　俳6　杯　排

- とし　年 1
- とじる　閉 6
- とち　★栃
- トツ　凸　突　突 ⊙　咄 ◆
- とつぐ　嫁
- とどく　届 6
- とどける　届 6
- とどこおる　滞　滯 ⊙
- ととのう　整 3　調 3
- ととのえる　整 3　調 3
- とどろく　轟 ⊙◆
- となえる　唱 4　誦 ◆
- となり　隣
- となる　隣
- との　殿
- どの　殿
- とばす　飛 4
- とばり　帷 ◆
- とび　鳶 ⊙◆
- とびら　扉
- とぶ　飛 4　跳
- とぼける　恍 ◆
- とぼしい　乏
- とま　苫 ◆
- とまる　止 2　留 5　泊
- とみ　富 5　冨 ⊙
- とむ　富 5　冨 ⊙
- とむらう　弔
- とめる　止 2　留 5　泊
- とも　友 2　共 4　供 6　朋 ⊙
- ともえ　巴 ⊙
- ともなう　伴
- ともに　倶 ⊙◆
- どもる　吃 ◆
- とら　★虎　寅 ⊙
- とらえる　★捉　捕
- とらわれる　捕
- とり　鳥 2　酉 ⊙　禽 ⊙◆
- とりで　砦 ⊙◆
- とる　取 3　採 5　撮　執　捕　
- とろ　瀞 ◆
- どろ　泥
- とろける　蕩 ◆
- トン　団 5　團 ⊙　屯　豚　★頓　惇 ⊙　敦 ⊙　沌 ⊙◆　遁 ⊙◆
- とん　問 3
- ドン　★貪　鈍　曇　呑 ⊙◆
- どん　★丼
- どんぶり　★丼

【ナ】

- ナ　南 2　納 6　★那　★奈　梛 ⊙　捺 ⊙
- な　名 1　菜 4
- ナイ　内 2　乃 ⊙
- ない　無 4　亡 6
- なえ　苗
- なえる　★萎
- なおす　直 2　治 4
- なおる　直 2　治 4
- なか　中 1　仲 4
- ながい　長 2　永 5
- ながす　流 3
- なかば　半 2
- ながめる　眺
- なかれ　勿 ⊙◆　莫 ⊙◆
- ながれる　流 3
- なぎ　凪 ⊙
- なぎさ　汀 ⊙　渚 ⊙　渚 ⊙
- なく　鳴 2　泣 4　哭 ◆　啼 ◆
- なぐ　薙 ⊙◆
- なぐさむ　慰
- なぐさめる　慰
- なぐる　殴
- なげかわしい　嘆　嘆 ⊙
- なげく　嘆　嘆 ⊙　歎 ⊙◆
- なげる　投 3
- なごむ　和 3
- なごやか　和 3
- なさけ　情 5
- なし　★梨
- なす　成 4　茄 ⊙
- なぞ　★謎　★謎 *
- なだ　灘 ⊙◆
- なだめる　宥 ⊙
- ナッ　納 6
- ナツ　捺 ⊙
- なつ　夏 2
- なつかしい　懐　懷 ⊙
- なつかしむ　懐　懷 ⊙
- なつく　懐　懷 ⊙
- なつける　懐　懷 ⊙
- なでる　撫 ⊙◆
- なな　七 1
- ななつ　七 1
- ななめ　斜
- なに　何 2
- なの　七 1
- なびく　靡 ◆
- なべ　★鍋
- なま　生 1
- なまける　怠
- なまり　鉛
- なまる　訛 ◆
- なみ　波 3　並 6
- なみだ　涙　泪 ⊙
- なめらか　滑
- なめる　嘗 ⊙◆　舐 ◆
- なやます　悩
- なやむ　悩
- なら　楢 ⊙◆
- ならう　習 3　倣
- ならす　鳴 2　慣 5
- ならびに　並 6
- ならぶ　並 6
- ならべる　並 6
- なり　也 ⊙
- なる　鳴 2　成 4
- なれる　慣 5　馴 ⊙◆
- なわ　縄　苗
- ナン　男 1　南 2　難 6　難 ⊙　納 6　軟　楠 ⊙
- なん　何 2
- なんじ　爾 ⊙　而 ⊙◆　汝 ⊙◆

【ニ】

- ニ　二 1　児 4　兒 ⊙　仁 6　尼　弐　邇 ◆
- に　荷 3
- にい　新 2
- にえ　贄 ◆

⊙＝人名用漢字　◆＝印刷標準字体　◇＝簡易慣用字体

鵜 ⊙◆　剃 ◆　掟 ◆　啼 ◆　碇 ◆

ディ　泥　祢 ⊙　禰 ⊙◆

テキ　笛 3　的 4　適 5　敵 5　摘　滴　廸 ⊙　荻 ⊙◆　擢 ⊙◆

デキ　★溺

テツ　鉄 3　迭　哲　徹　撤　姪 ⊙◆　綴 ⊙◆　轍 ◆

デツ　涅 ◆

てら　寺 2

てらす　照 4

てる　照 4

でる　出 1

てれる　照 4

テン　天 1　店 2　点 2　転 3　轉 ⊙　典 4　展 6　添　★塡　殿　辿 ⊙◆　顚 ⊙◆　纏 ⊙◆　唸 ◆　篆 ◆　囀 ◆

デン　田 1　電 2　伝 4　傳 ⊙　殿　鮎 ⊙　佃 ⊙◆　淀 ⊙◆　澱 ◆　臀 ◆

【ト】

ト　土 1　図 2　頭 2　都 3　都 ⊙　度 3　登 3　徒 4　斗　吐　★妬　途　渡　塗　★賭　杜 ⊙　兎 ⊙◆　兜 ⊙◆　堵 ⊙◆　屠 ◆

と　十 1　戸 2

ド　土 1　度 3　努 4　奴　怒

とい　問 3　樋 ⊙◆

トウ　刀 2　冬 2　当 2　東 2　答 2　頭 2　道 2　読 2　投 3　豆 3　島 3　湯 3　登 3　等 3　灯 4　燈 ⊙　統 5　討 6　党 6　糖 6　納 6　到　逃　倒　凍　唐　桃　透　悼　盗　盜 ⊙　陶　塔　搭　棟　痘　筒　稲　稻 ⊙　踏　謄　★藤　闘　騰　桐 ⊙　董 ⊙　嶋 ⊙　宕 ⊙◆　沓 ⊙◆　套 ⊙◆　萄 ⊙◆　逗 ⊙◆　桶 ⊙◆　樋 ⊙◆　橙 ⊙◆　櫂 ⊙◆　禱 ⊙◆　祷 ⊙◇　疼 ◆　淘 ◆　棹 ◆　蕩 ◆　鄧 ◆　濤 ◆　檮 ◆

とう　問 3

ドウ　同 2　道 2　動 3　童 3　堂 4　働 4　銅 5　導 5　洞　胴　★瞳　萄 ⊙◆　撞 ⊙◆

とうげ　峠

とうとい　貴 6　尊 6

とうとぶ　貴 6　尊 6

とお　十 1

とおい　遠 2

とおす　通 2

とおる　通 2　亨 ⊙

とかす　解 5　溶　熔 ◆

とがめる　咎 ◆

とがる　尖 ⊙◆

とき　時 2

とぎ　伽 ⊙

トク　読 2　特 4　得 4　徳 5　德 ⊙　匿　督　篤　禿 ◆　瀆 ◆

とく　説 4　解 5　溶

とぐ　研 3　砥 ⊙◆

ドク　読 2　毒 4　独 5

とげ　棘 ◆

とける　解 5　溶

とげる　遂

とこ　常 5　床

ところ　所 3

とざす　閉 6

赤字＝常用漢字　算用数字＝教育漢字の配当学年　★＝新常用漢字　＊＝許容字体

牒◉◆ 寵◉◆ 吊◆ 趙◆ 銚◆ 諜◆
チョク 直2 勅 ★捗
ちらかす 散4
ちらかる 散4
ちらす 散4
ちり 埃◆ 塵◆
ちる 散4
チン 賃6 沈 珍 朕 陳 鎮 鎭◉ 砧◉ 椿◉

【ツ】

ツ 通2 都3 都◉
つ 津
ツイ 対3 追3 ★椎 墜 槌◉◆ 鎚◆
ついえる 費4
ついたち 朔◉
ついに 竟◆
ついばむ 啄◉
ついやす 費4
ツウ 通2 痛6
つえ 杖◉◆
つか 塚
つかう 使3 遣
つかえる 仕3
つかす 尽 盡◉
つかまえる 捕
つかまる 捕
つかむ 摑◉◆
つかる 漬
つかれる 疲
つかわす 遣
つき 月1 槻◉
つぎ 次3
つきる 尽 盡◉
つく 着3 付4 就6 突 突◉ 撞◉◆ 憑◆
つぐ 次3 接5 継
つくえ 机6
つくす 尽 盡◉
つくだ 佃◉◆
つぐなう 償
つくる 作2 造5 創6
つくろう 繕
つげ 柘◉◆
つける 着3 付4 就6 漬
つげる 告4
つじ 辻◉◆
つた 蔦◉
つたう 伝4 傳◉
つたえる 伝4 傳◉
つたない 拙
つたわる 伝4 傳◉
つち 土1 槌◉◆ 鎚◆
つちかう 培
つちのえ 戊◉◆
つつ 筒
つづく 続4
つづける 続4
つつしむ 謹 謹◉ 慎 愼◉
つつみ 堤
つづみ 鼓
つつむ 包4
つづる 綴◉◆
つどう 集3
つとまる 務5 勤6 勤◉
つとめる 努4 務5 勤6 勤◉ 孜◉
つな 綱
つなぐ 繫◉◆
つね 常5
つの 角2
つのる 募
つば ★唾
つばき 椿◉
つばさ 翼
つばめ 燕◉◆
つぶ 粒
つぶさに 悉◉◆
つぶす ★潰
つぶやく 呟◆
つぶれる ★潰
つぼ 坪 壺◆
つぼみ 蕾◉◆
つま 妻5 ★爪
つまる 詰
つみ 罪5
つむ 積4 詰 摘
つむぎ 紬◉
つむぐ 紡
つめ ★爪
つめたい 冷4
つめる 詰
つもる 積4
つや ★艶
つゆ 露
つよい 強2 侃◉ 勁◉ 毅◉
つよまる 強2
つよめる 強2
つら 面3
つらなる 連4
つらぬく 貫
つらねる 連4
つる 弦 釣 ★鶴 蔓◉◆ 吊◆ 攣◆
つるぎ 剣 劍◉
つれる 連4

【テ】

て 手1
デ 弟2
テイ 体2 弟2 丁3 定3 庭3 低4 底4 停4 提5 程5 呈 廷 抵 邸 亭 貞 帝 訂 逓 偵 堤 艇 締 ★諦 汀◉ 悌◉ 禎◉ 禎◉ 挺◉◆ 釘◉◆ 梯◉◆ 逞◉◆ 鼎◉◆ 綴◉◆ 鄭◉◆ 薙◉◆ 蹄◉◆

◉＝人名用漢字　◆＝印刷標準字体　◇＝簡易慣用字体

28 漢字種別検索表

たのむ　頼 頼⊙
たのもしい　頼 頼⊙
たば　束4
たび　度3 旅3
たべる　食2
たま　玉1 球3 弾 彈⊙ 霊
たまご　卵6
たましい　魂
だます　瞞◆ 騙◆
たまる　溜⊙◆
だまる　黙 默⊙
たまわる　賜
たみ　民4
ためす　試4
ためる　矯
たもつ　保5
たもと　袂◆
たやす　絶5
たゆむ　弛⊙◆
たより　便4
たよる　頼 頼⊙
たらす　垂6
たりる　足1
たる　足1 樽⊙◆
だれ　★誰
たれる　垂6
たわむれる　戯 戲⊙
たわら　俵5
タン　炭3 短3 反3 単4 單⊙ 担6 探6 誕6 丹 ★旦 胆 淡 嘆 嘆⊙ 端 ★綻 鍛 壇 坦⊙◆ 耽⊙◆ 湛⊙◆ 歎⊙◆ 簞⊙◆ 灘⊙◆ 疸◆ 啖◆ 蛋◆ 毯◆ 痰◆ 憚◆ 譚◆
ダン　男1 談3 団5 團⊙ 断5 段6 暖6 ★旦 弾 彈⊙ 壇 檀⊙

【チ】

チ　地2 池2 知2 治4 置4 質5 値6 恥 致 遅 痴 稚 ★緻 智⊙ 馳⊙◆ 雉◆ 蜘◆
ち　千1 血3 乳6 茅⊙
ちいさい　小1
ちかい　近2
ちかう　誓
ちがう　違
ちがえる　違
ちから　力1
ちぎる　契
チク　竹1 築5 畜 逐 蓄 筑⊙◆
ちち　父2 乳6
ちぢまる　縮6
ちぢむ　縮6
ちぢめる　縮6
ちぢらす　縮6
ちぢれる　縮6
チツ　秩 窒 膣◆
ちまた　巷⊙◆
チャ　茶2
チャク　着3 嫡
チュウ　中1 虫1 昼2 晝⊙ 注3 柱3 仲4 宙6 忠6 沖 抽 衷 ★酎 鋳 鑄⊙ 駐 丑⊙ 紬⊙ 紐⊙◆ 註⊙◆ 厨⊙◆ 冑◆ 蛛◆ 誅◆ 疇◆ 躊◆
チョ　貯4 著6 著⊙ 緒 緒⊙ 猪⊙ 猪⊙ 儲⊙◆ 佇◆ 楮◆ 瀦◆ 躇◆
チョウ　町1 長2 鳥2 朝2 重3 丁3 帳3 調3 兆4 腸4 張5 庁6 廳⊙ 頂6 潮6 弔 挑 彫 眺 釣 ★貼 超 跳 徴 徵⊙ ★嘲 澄 聴 聽⊙ 懲 懲⊙ 脹⊙ 蔦⊙ 暢⊙ 肇⊙ 蝶⊙ 鯛⊙ 帖⊙◆ 挺⊙◆ 喋⊙◆

赤字＝常用漢字　算用数字＝教育漢字の配当学年　★＝新常用漢字　＊＝許容字体

読み	漢字	学年・記号
そろう	揃	⊙◆
ソン	村	1
	孫	4
	損	5
	存	6
	尊	6
	★遜	
	★遜	＊
	巽	⊙
	噂	⊙◆
	樽	⊙◆
	鱒	⊙◆
ゾン	存	6

【タ】

読み	漢字	学年・記号
タ	多	2
	太	2
	他	3
	★汰	
	詫	⊙◆
	侘	◆
	咤	◆
た	手	1
	田	1
ダ	打	3
	蛇	
	妥	
	★唾	
	堕	
	惰	
	駄	
	陀	⊙◆
	舵	⊙◆
	楕	⊙◆
	拿	◆
	荼	◆
	騨	◆
タイ	大	1
	太	2
	体	2
	台	2
	対	3
	待	3
	代	3
	帯	4
	帶	⊙
	隊	4
	退	5
	貸	5
	態	5
	耐	
	怠	
	胎	
	泰	
	★堆	
	袋	
	逮	
	替	
	滞	
	滯	⊙
	★戴	
	黛	⊙
	苔	⊙◆
	殆	⊙◆
	碓	⊙◆
	腿	◆
	頽	◆
たい	鯛	⊙
ダイ	大	1
	台	2
	弟	2
	内	2
	代	3
	第	3
	題	3
	乃	⊙
	醍	⊙◆
だいだい	橙	⊙◆
たいら	平	3
たえる	絶	5
	堪	
	耐	
たおす	倒	
たおれる	倒	
	斃	◆
たか	高	2
	鷹	⊙
たかい	高	2
	尭	⊙
	堯	⊙
	昂	⊙
	峻	⊙
	喬	⊙
たがい	互	
たかまる	高	2
たかめる	高	2
たがやす	耕	5
たから	宝	6
たき	滝	
	瀧	⊙
たきぎ	薪	
タク	度	3
	宅	6
	択	
	沢	
	卓	
	拓	
	託	
	濯	
	啄	⊙
	琢	⊙
	琢	⊙
	托	⊙◆
	鐸	◆
たく	炊	
	焚	⊙◆
ダク	諾	
	濁	
だく	抱	
たぐい	類	4
	類	⊙
たくましい	逞	⊙◆
たくみ	巧	
たくわえる	蓄	
たけ	竹	1
	岳	
	丈	
	茸	⊙◆
たけし	赳	⊙
	毅	⊙
たこ	凧	⊙◆
	蛸	◆
たしか	確	5
たしかめる	確	5
たしなむ	嗜	◆
たす	足	1
だす	出	1
たすかる	助	3
たすき	襷	◆
たすける	助	3
	佑	⊙
	祐	⊙
	祐	⊙
	輔	⊙
たずさえる	携	
たずさわる	携	
たずねる	訪	6
	尋	
	訊	⊙◆
ただ	只	⊙
	伊	⊙
	惟	⊙
たたえる	湛	⊙◆
	讃	⊙◆
たたかう	戦	4
	戰	⊙
	闘	
たたく	叩	◆
	敲	◆
ただし	但	
ただしい	正	1
ただす	正	1
	匡	⊙
たたずむ	佇	◆
ただちに	直	2
たたみ	畳	
	疊	⊙
たたむ	畳	
	疊	⊙
ただよう	漂	
たたる	祟	◆
ただれる	爛	◆
たちばな	橘	⊙
たちまち	忽	⊙◆
タツ	達	4
	燵	◆
たつ	立	1
	建	4
	絶	5
	断	5
	裁	6
	竜	
	龍	⊙
	辰	⊙
ダツ	脱	
	奪	
たっとい	貴	6
	尊	6
たっとぶ	貴	6
	尊	6
たつみ	巽	⊙
たて	縦	6
	縱	⊙
	盾	
	楯	⊙◆
	竪	⊙◆
たで	蓼	◆
たてまつる	奉	
たてる	立	1
	建	4
たとえる	例	4
たどる	辿	⊙◆
たな	棚	
たに	谷	2
たぬき	狸	◆
たね	種	4
	胤	⊙
たのしい	楽	2
	樂	⊙
たのしむ	楽	2
	樂	⊙

⊙＝人名用漢字　◆＝印刷標準字体　◇＝簡易慣用字体

（ゼンつづき）箋★ 潜 遷 薦 繊 纖⊙ 鮮 茜⊙ 銑⊙ 尖⊙◆ 穿⊙◆ 閃⊙◆ 釧⊙◆ 揃⊙◆ 撰⊙◆ 蟬⊙◆ 苫◆ 陝◆ 煽◆ 箭◆ 賤◆ 癬◆

ゼン　前2 全3 然4 善6 禅 禪⊙ 漸 膳★ 繕 喘◆

【ソ】

ソ　組2 想3 祖5 祖⊙ 素5 狙★ 阻 租 措 粗 疎 訴 塑 遡★ 遡★＊ 礎 疏⊙◆ 楚⊙◆ 噌⊙◆ 蘇⊙◆ 疽◆ 甦◆ 鼠◆ 齟◆

ゾ　曽★ 曾⊙

ソウ　早1 草1 走2 相3 送3 想3 争4 爭⊙ 倉4 巣4 巢⊙ 総5 宗6 奏6 窓6 創6 装6 裝⊙ 層6 層⊙ 操6 双 壮 壯⊙ 荘 莊⊙ 捜 搜⊙ 挿 桑 掃 曹 曽★ 曾⊙ 爽★ 喪 痩★ 瘦⊙ 葬 僧 僧⊙ 遭 槽 踪★ 燥 霜 騒 騷⊙ 藻 贈 贈⊙ 惣⊙ 蒼⊙ 聡⊙ 漱⊙ 綜⊙ 宋⊙◆ 湊⊙◆ 漕⊙◆ 槍⊙◆ 噌⊙◆ 叢⊙◆ 炒◆ 叟◆ 蚤◆ 葱◆ 掻◆ 搔◇ 箏◆ 瘡◆ 艘◆ 薔◆ 甑◆ 藪◆ 躁◆ 囃◆ 竈◆ 鰺◆

そう　沿6 添

ゾウ　象4 雑5 雜⊙ 造5 像5 増5 增⊙ 蔵6 藏⊙ 臓6 臟⊙ 憎 憎⊙ 贈 贈⊙

そうろう　候4

そえる　添

ソク　足1 息3 速3 束4 側4 則5 測5 塞★ 即 卽⊙ 促 捉★ 仄◆

ゾク　族3 続4 属5 俗 賊 粟⊙◆

そこ　底4

そこなう　損5

そこねる　損5

そしる　誹◆ 謗◆

そそぐ　注3

そそのかす　唆

そだつ　育3

そだてる　育3

ソツ　卒4 率5

そで　袖★

そと　外2

そなえる　備5 供6

そなわる　備5

その　園2 苑⊙ 薗⊙ 其⊙◆

そびえる　聳◆

そま　杣◆

そまる　染6

そむく　背6 叛◆

そむける　背6

そめる　初4 染6

そら　空1 穹⊙ 昊⊙

そらす　反3

そる　反3 剃◆

それ　其⊙◆

すじ　筋 6
すす　煤 ⊙◆
すず　鈴　錫 ⊙◆
すすき　芒 ◆
すすぐ　漱 ⊙
すずしい　涼　凉 ⊙
すすむ　進 3　晋 ⊙
すずむ　涼　凉 ⊙
すずめ　雀 ⊙◆
すすめる　進 3　勧　薦
すずり　硯 ⊙◆
すする　啜 ◆
すそ　★裾
すたる　廃
すだれ　簾 ⊙◆
すたれる　廃
すでに　既　已 ⊙◆
すてる　捨 6
すな　砂 6
すなわち　乃 ⊙
すね　脛 ◆
すねる　拗 ◆
すばる　昴 ⊙

すべて　全 3
すべる　統 5　滑　綜 ⊙
すぼむ　窄 ⊙◆
すまう　住 3
すます　済 6　澄
すみ　炭 3　隅　墨　墨 ⊙　隈 ⊙◆
すみやか　速 3
すみれ　菫 ⊙
すむ　住 3　済 6　澄　栖 ⊙◆　棲 ⊙◆
すもも　李 ⊙
する　刷 4　擦　摺 ⊙◆
ずるい　狡 ◆
するどい　鋭
すれる　擦
すわる　座 6　据　坐 ⊙◆

【セ】

スン　寸 6
セ　世 3　施
せ　背 6　瀬　瀨 ⊙
ゼ　是
セイ　正 1　生 1　青 1　西 2　声 2　星 2　晴 2　世 3　整 3　成 4　省 4　清 4　静 4　靜 ⊙　情 5　制 5　性 5　政 5　勢 5　精 5　製 5　盛 6　聖 6　誠 6　歳　井　姓　征　斉　齊 ⊙　牲　★凄　逝　婿　誓　請　★醒　晟 ⊙　惺 ⊙　靖 ⊙　栖 ⊙◆　甥 ⊙◆　棲 ⊙◆　貰 ⊙◆　錆 ⊙◆　蜻 ◆　臍 ◆　瀞 ◆　鯖 ◆
せい　背 6
ゼイ　説 4　税 5

セキ　夕 1　石 1　赤 1　昔 3　席 4　積 4　責 5　績 5　寂　斥　析　★脊　隻　惜　★戚　跡　籍　汐 ⊙　碩 ⊙　蹟 ⊙◆　晰 ◆　贅 ◆　脆 ◆
せき　関 4　堰 ⊙◆　咳 ◆
セチ　節 4　節 ⊙
セツ　切 2　雪 2　殺 4　折 4　節 4　節 ⊙　説 4　接 5　設 5　★刹　拙　窃　摂　攝 ⊙　屑 ⊙◆　泄 ◆　浙 ◆　啜 ◆　楔 ◆　截 ◆
ゼツ　舌 5　絶 5
ぜに　銭 5
せばまる　狭　狹 ⊙
せばめる　狭　狹 ⊙
せまい　狭　狹 ⊙
せまる　迫　逼 ◆
せみ　蟬 ⊙◆

せめる　責 5　攻
せり　芹 ⊙
せる　競 4
セン　千 1　川 1　先 1　船 2　線 2　浅 4　戦 4　戰 ⊙　選 4　銭 5　宣 6　専 6　專 ⊙　泉 6　洗 6　染 6　仙　占　扇　栓　旋　★煎　★羨　★腺　★詮　践

⊙＝人名用漢字　◆＝印刷標準字体　◇＝簡易慣用字体

冗 浄 淨◎ 剰 剩◎ 畳 疊◎ 縄 壌 嬢 孃◎ 錠 譲 讓◎ 醸 釀◎ 丞◎ 穣◎ 穰◎ 杖◎◆ 帖◎◆ 茸◎◆ 嘗◎◆ 擾◆ 攘◆ 饒◆

ショク 色2 食2 植3 織5 職5 ★拭 殖 飾 触 嘱 埴◎◆ 燭◎◆ 蜀◆ 蝕◆

ジョク 辱 褥◆

しら 白1

しらべる 調3

しり ★尻 臀◆

しりぞく 退5

しりぞける 退5

しる 知2

しるし 汁 印4

しるす 徽◎◆ 記2

しろ 白1 代3 城6

しろい 白1 皓◎

しわ 皺◆

シン 森1 心2 新2 親2 申3 身3 神3 神◎ 真3 眞◎ 深3 進3 臣4 信4 針6 伸 ★芯 辛 侵 津 唇 娠 振 浸 紳 診 寝 寢◎ 慎 愼◎ 審 震 薪 請 辰◎ 晋◎ 秦◎ 晨◎ 槙◎ 槇◎ 榛◎ 賑◎◆ 沁◆ 呻◆ 宸◆ 疹◆ 蜃◆ 滲◆ 鍼◆

ジン 人1 神3 神◎ 臣4 仁6 刃 尽 盡◎ 迅 甚 陣 尋 ★腎 稔◎ 壬◎◆ 訊◎◆ 靱◆ 塵◆ 儘◆

【ス】

ス 子1 数2 主3 守3 素5 ★須 諏◎◆ 笥◆

す 州3 巣4 巢◎ 酢 洲◎ 簀◆

ズ 図2 頭2 事3 豆3

スイ 出1 水1 垂6 推6 吹 炊 帥 粋 粹◎ 衰 酔 醉◎ 遂 睡 穂 穗◎ 彗◎ 翠◎ 錘◎ 錐◎◆ 祟◆ 膵◆ 雖◆

すい 酸5

ズイ 随 髄 瑞◎ 隋◆ 隧◆

スウ 数2 枢 崇 嵩◎ 雛◎ 趨◆ 芻◆

すう 吸6

すえ 末4

すえる 据

すが 菅◎◆

すかす 透

すがた 姿6

すき ★隙 鍬◎◆ 鋤◆

すぎ 杉

すぎる 過5

すく 好4 透 漉◆

すくう 救4 掬◎◆

すくない 少2

すくむ 竦◆

すぐれる 優6

すけ 助3 亮◎

すげ 菅◎◆

すける 透

すこし 少2

すごす 過5

すこぶる 頗◎◆

すこやか 健4

すし 鮨◆

廿⊙◆ 揉◆ 絨◆ しゅうと 舅◆ しゅうとめ 姑◆ シュク 宿3 祝4 祝⊙ 縮6 叔 淑 粛 粥⊙◆ ジュク 熟6 塾 シュツ 出1 戌◆ ジュツ 述5 術5 シュン 春2 俊 瞬 旬 峻⊙ 竣⊙ 舜⊙ 駿⊙ ジュン 順4 準5 純6

旬 巡 盾 准 殉 循 潤 遵 洵⊙ 隼⊙ 淳⊙ 惇⊙ 詢⊙ 諄⊙ 醇⊙ 閏⊙◆ 楯⊙◆ 馴⊙◆ ショ 書2 所3 暑3 暑⊙ 初4 処6 署6 署⊙ 諸6 諸⊙ 庶 緒

緒⊙ 渚⊙ 渚⊙ 曙⊙ 杵⊙◆ 薯◆ 藷◆ ジョ 女1 助3 序5 除6 如 叙 敘⊙ 徐 恕⊙ 汝⊙◆ 抒◆ 鋤◆ ショウ 小1 上1 正1 生1 青1 少2 声2 星2 昭3 消3 商3

章3 勝3 相3 松4 笑4 唱4 焼4 燒⊙ 象4 照4 賞4 省4 清4 招5 承5 証5 性5 政5 精5 従6 從⊙ 将6 將⊙ 傷6 障6 装6 裝⊙ 升 召 匠

床 抄 肖 尚 昇 沼 宵 症 祥 祥⊙ 称 渉 涉⊙ 紹 訟 掌 晶 焦 硝 粧 詔 奨 奬⊙ 詳 彰 ★憧 衝 償 礁 鐘

井 姓 庄⊙ 昌⊙ 菖⊙ 梢⊙ 捷⊙ 笙⊙ 翔⊙ 頌⊙ 蕉⊙ 樟⊙ 哨⊙◆ 秤⊙◆ 湘⊙◆ 蔣⊙◆ 蒋◇ 嘗⊙◆ 摺⊙◆ 裳⊙◆ 鞘⊙◆ 篠⊙◆ 醬⊙◆ 醤◇ 妾◆ 娼◆ 逍◆ 廂◆ 椒◆ 竦◆

鈔◆ 睫◆ 蛸◆ 鉦◆ 誦◆ 漿◆ 蕭◆ 踵◆ 薔◆ 聳◆ 鍾◆ 囁◆ ジョウ 上1 場2 乗3 乘⊙ 定3 成4 静4 靜⊙ 条5 條⊙ 状5 狀⊙ 常5 情5 城6 蒸6 盛6 丈

⊙＝人名用漢字　◆＝印刷標準字体　◇＝簡易慣用字体

したう　慕
したがう　従6　從◎
したがえる　従6　從◎
したしい　親2
したしむ　親2
したたる　滴
シチ　七1　質5
シツ　室2　失4　質5　叱★　疾　執　湿　濕◎　嫉★　漆　悉◎◆　櫛◎◆　蛭◆
ジッ　十1
ジツ　日1　実3　實◎
しな　品3
しぬ　死3
しの　篠◎◆

しのぐ　凌◎
しのばせる　忍
しのぶ　忍　偲◎
しば　芝　柴◎◆
しばしば　屢◆
しばる　縛
しびれる　痺◆
しぶ　渋　澁◎
しぶい　渋　澁◎
しぶき　沫◎◆
しぶる　渋　澁◎
しぼる　絞　搾
しま　島3　嶋◎　縞◎◆
しまる　閉6　絞　締
しみ　染6
しみる　染6　沁◆　滲◆
しめす　示5　湿

濕◎
しめる　閉6　絞　湿　濕◎　占　締
しも　下1　霜
シャ　車1　社2　社◎　写3　者3　者◎　舎5　謝5　砂6　射6　捨6　赦　斜　煮　煮◎　遮　紗◎　柘◎◆　這◎◆　洒◆　娑◆

奢◆
ジャ　邪　蛇　闍◆
シャク　石1　赤1　昔3　借4　尺6　酌　釈　爵　勺◎　灼◎◆　錫◎◆　杓◆　綽◆
ジャク　弱2　着3　若6　寂　雀◎◆　惹◎◆
しゃべる　喋◎◆
シュ　手1　首2　主3　守3　取3　酒3

種4　修5　衆6　朱　狩　殊　珠　腫★　趣　諏◎◆　娶◆　鬚◆
ジュ　受3　授5　樹6　就6　従6　從◎　寿　壽◎　呪★　需　儒　竪◎◆　濡◎◆　綬◆　聚◆　繻◆
シュウ　秋2　週2

州3　拾3　終3　習3　集3　周4　祝4　祝◎　修5　収6　收◎　宗6　就6　衆6　執　囚　舟　秀　臭　臭◎　袖★　羞★　愁　酬　醜　蹴★　襲　洲◎　柊◎　脩◎

萩◎　葺◎◆　蒐◎◆　輯◎◆　鍬◎◆　繡◎◆　繍◇　鷲◎◆　帚◆　酋◆　箒◆　皺◆　讐◆
ジュウ　十1　中1　拾3　住3　重3　従6　從◎　縦6　縱◎　汁　充　柔　渋　澁◎　銃　獣　獸◎

赤字＝常用漢字　算用数字＝教育漢字の配当学年　★＝新常用漢字　＊＝許容字体

捌◆
- さび　寂　錆⊙◆
- さびしい　寂　淋⊙◆
- さびれる　寂
- さま　様3　樣⊙
- さます　覚4　冷4
- さまたげる　妨
- さむい　寒3
- さむらい　侍
- さめ　鮫◆
- さめる　覚4　冷4
- さや　鞘⊙◆
- さら　莢◆　皿3
- さらう　更　掠⊙◆
- さらす　晒⊙◆　曝⊙◆
- さる　去3　猿
- さわ　沢
- さわぐ　騒　騷⊙
- さわやか　★爽
- さわる　障6　触
- サン　三1　山1　算2　参4　産4　散4　酸5　賛5　蚕6　桟　惨　傘　燦⊙　珊⊙◆　撒⊙◆　纂⊙◆　讃⊙◆　餐◆　霰◆　攅◆
- ザン　残4　惨　★斬　暫　懺◆

【シ】

- シ　子1　四1　糸1　止2　市2　矢2　姉2　思2　紙2　自2　仕3　死3　使3　始3　指3　歯3　詩3　次3　士4　氏4　史4　司4　試4　支5　志5　枝5　師5　資5　飼5　示5　至6　私6　姿6　視6　視⊙　詞6　誌6　旨　伺　刺　祉　祉⊙　肢　施　★恣　脂　紫　嗣　雌　★摯　賜　諮　之⊙　巳⊙　只⊙　孜⊙　梓⊙　偲⊙　仔⊙◆　此⊙◆　弛⊙◆　砥⊙◆　斯⊙◆　獅⊙◆　址◆　祀◆　屍◆　屎◆　祠◆　翅◆　舐◆　疵◆　趾◆　覗◆　嗜◆　滓◆　幟◆　嘴◆　熾◆　髭◆　贄◆
- ジ　字1　耳1　寺2　自2　時2　地2　仕3　次3　事3　持3　児4　兒⊙　治4　辞4　示5　似5　磁6　除6　侍　滋　慈　★餌　★餌＊　璽　蒔⊙　爾⊙　而⊙◆　峙◆　痔◆
- じ　路3
- しあわせ　幸3
- しいたげる　虐
- しいる　強2
- しお　塩4　潮6　汐⊙
- しおり　栞⊙
- しか　★鹿
- しかして　而⊙◆
- しかばね　屍◆
- しかる　★叱
- シキ　色2　式3　識5　織5
- ジキ　食2　直2
- しきい　閾◆
- しく　敷
- ジク　軸　竺⊙◆
- しげる　茂
- しこうして　而⊙◆
- じじ　爺◆
- しず　静4　靜⊙
- しずか　静4　靜⊙
- しずく　滴　雫⊙◆
- しずまる　静4　靜⊙　鎮　鎭⊙
- しずむ　沈
- しずめる　静4　靜⊙　沈　鎮　鎭⊙
- した　下1　舌5

⊙＝人名用漢字　◆＝印刷標準字体　◇＝簡易慣用字体

ころげる　転3 轉◎
ころす　殺4 戮◆
ころぶ　転3 轉◎
ころも　衣4
こわ　声2
こわい　怖
こわす　壊 壞◎
こわれる　壊 壞◎
コン　金1 今2 根3 建4 混5 困6 献 昆 恨 婚 ★痕 紺 魂 墾 懇 昏◎◆ 渾◆ 褌◆
ゴン　言2 勤6 勤◎ 権6 厳6 嚴◎ 欣◎

【サ】

サ　左1 作2 茶2 差4 査5 再5 砂6 佐 ★沙 唆 詐 鎖 紗◎ 裟◎ 嵯◎ 瑳◎ 叉◎◆ 些◎◆ 蓑◎◆ 娑◆ 嗟◆ 磋◆
ザ　座6 ★挫 坐◎◆
サイ　才2 細2 西2 切2 祭3 菜4 最4 殺4 再5 災5 妻5 採5 際5 財5 済6 裁6 ★采 砕 碎◎ 宰 栽 彩 斎 債 催 ★塞 歳 載 哉◎ 晒◎◆ 柴◎◆ 砦◎◆ 犀◎◆ 賽◆ 鰓◆
さい　★埼
ザイ　材4 在5 財5 罪5 剤
さいわい　幸3 倖◎
さえぎる　遮
さえずる　囀◆
さえる　冴◎
さお　竿◎◆ 棹◆
さか　酒3 坂3 逆5
さかい　境5 堺◎◆
さかえる　栄4 榮◎
さかき　榊◎◆
さがす　探6 捜 搜◎
さかずき　杯 盃◎
さかな　魚2 肴◎◆
さかのぼる　★遡 ★遡＊
さからう　逆5
さかる　盛6
さがる　下1
さかん　盛6 昌◎
さき　先1 崎
さぎ　鷺◎◆
さきがけ　魁◎
サク　作2 昨4 策6 冊6 削 ★柵 索 酢 搾 錯 朔◎ 窄◎◆ 炸◆ 簀◆
さく　割6 咲 裂
さくら　桜5 櫻◎
さぐる　探6
さけ　酒3 鮭◆
さげすむ　★蔑
さけぶ　叫
さける　避 裂
さげる　下1 提5
ささ　笹◎ 篠◎◆
ささえる　支5
ささげる　捧◎◆
さざなみ　漣◎◆
ささやく　囁◆
ささる　刺
さす　指3 差4 刺 挿
さずかる　授5
さずける　授5
さそう　誘
さだか　定3
さだまる　定3
さだめる　定3
さち　幸3
サッ　早1
サツ　札4 刷4 殺4 察4 冊6 ★刹 ★拶 撮 擦 颯◎ 薩◎◆ 撒◎◆ 紮◆
ザツ　雑5 雜◎
さと　里2
さとい　俐◎ 智◎ 聡◎ 慧◎ 叡◎
さとす　諭
さとる　悟
さば　鯖◆
さばく　裁6

赤字＝常用漢字　算用数字＝教育漢字の配当学年　★＝新常用漢字　＊＝許容字体

侯　恒　恆◎　洪　荒　郊　香　貢　控　★梗　★喉　慌　硬　絞　項　溝　綱　酵　稿　衡　購　耗　弘◎　亘◎　亙◎　宏◎　昊◎　昂◎　洸◎　紘◎　晃◎　晄◎　倖◎　浩◎　皐◎　皓◎　塙◎　滉◎　鴻◎　劫◎◆　庚◎◆　杭◎◆　肴◎◆　恰◎◆　巷◎◆　腔◎◆　煌◎◆　幌◎◆　閤◎◆　膏◎◆　縞◎◆　藁◎◆　亢◆　叩◆　吼◆　肛◆　咬◆　垢◆　恍◆　狡◆　胱◆　崗◆　蛤◆　鉤◆　敲◆　睾◆　膠◆　篝◆　薨◆　糠◆　鮫◆　壙◆　曠◆

こう　神3　神◎　★乞　請　恋

ゴウ　強2　合2　業3　号3　郷6　拷　剛　★傲　豪　昂◎　劫◎◆　壕◎◆　轟◎◆　毫◆　濠◆　嚙◆　噛◇

こうじ　麴◆　麹◇

こうぞ　楮◆

こうむる　被　蒙◎◆

こえ　声2

こえる　肥5　肥5　越　超

こおり　氷3

こおる　凍

こがす　焦

こがれる　焦

コク　石1　谷2　国2　國◎　黒2　黑◎　告4　刻6　穀6　穀◎　克　酷　剋◆　哭◆　鵠◆

こぐ　漕◎◆

ゴク　極4　獄

こけ　苔◎◆

こげる　焦

ここ　此◎◆

こごえる　凍

ここに　于◆　焉◆

ここの　九1

ここのつ　九1

こころ　心2

こころざし　志5

こころざす　志5

こころみる　試4

こころよい　快5

こし　腰　輿◎◆

こしき　甑◆

こす　越　超　漉◆　濾◆　沪◇

こずえ　梢◎

こたえ　答2

こたえる　答2　応5　應◎

コツ　骨6　滑　忽◎◆　惚◎◆

こと　言2　事3　異6　琴　殊　箏◆

ことごとく　悉◎◆

ことぶき　寿　壽◎

ことわざ　諺◎◆

ことわる　断5

こな　粉4

こねる　捏◆

この　之◎　此◎◆　斯◎◆

このむ　好4

こばむ　拒

こびる　媚◆

こぶ　瘤◆

こぶし　★拳

こま　★駒

こまか　細2

こまかい　細2

こまる　困6

こむ　混5　込

こめ　米2

こめる　込

こも　菰◆

こもる　★籠

こやし　肥5

こやす　肥5

こよみ　暦　曆◎

こらしめる　懲　懲◎

こらす　凝　懲　懲◎

こりる　懲　懲◎

こる　凝

これ　之◎　伊◎　惟◎　此◎◆　斯◎◆

ころ　★頃

ころがす　転3　轉◎

ころがる　転3　轉◎

◎＝人名用漢字　◆＝印刷標準字体　◇＝簡易慣用字体

決3 欠4 結4 潔5 穴6 傑 頁◎◆ 訣◎◆ 蕨◎◆ 抉◆

ゲツ 月1

けむい 煙

けむり 煙

けむる 煙

けもの 獣 獸◎

けやき 欅◆

ける 蹴★

けわしい 険5 險◎

ケン 犬1 見1 間2 研3 県3 縣◎ 建4 健4 験4 驗◎ 件5 券5 険5 險◎ 検5 檢◎ 絹6 権6 憲6 肩 倹 儉◎ 兼 剣 劍◎ 拳★ 軒 圏 圈◎ 堅 嫌 献 遣 賢 謙 鍵★ 繭 顕 顯◎ 懸 絢◎ 倦◎◆ 牽◎◆ 捲◎◆ 喧◎◆ 萱◎◆ 硯◎◆ 姸◆ 虔◆ 腱◆ 瞼◆ 鹸◆ 鹼◇

ゲン 元2 言2 原2 験4 驗◎ 眼5 限5 現5 減5 源6 厳6 嚴◎ 嫌 幻 玄 弦 舷★ 彦◎ 絃◎ 諺◎◆ 呟◆ 眩◆

【コ】

コ 戸2 古2 去3 庫3 湖3 固4 故5 個5 己6 呼6 拠 虚 虛◎ 股★ 虎★ 孤 弧 枯 雇 誇 鼓 錮★ 顧 胡◎ 琥◎ 乎◎◆ 袴◎◆ 跨◎◆ 糊◎◆ 姑◆ 狐◆ 涸◆ 菰◆ 壺◆

こ 子1 小1 木1 黄2 黃◎ 粉4

ゴ 五1 午2 後2 語2 期3 護5 誤6 御 互 呉 娯 悟 碁 伍◎ 吾◎ 冴◎ 梧◎ 瑚◎ 檎◎ 醐◎◆ 齬◆

こい 濃 恋 鯉◎

こいし 礫◆

こいしい 恋

コウ 口1 校1 後2 工2 公2 広2 廣◎ 交2 光2 考2 行2 高2 黄2 黃◎ 向3 幸3 港3 功4 好4 候4 航4 康4 格5 効5 厚5 耕5 鉱5 構5 興5 講5 后6 孝6 皇6 紅6 降6 鋼6 仰 勾★ 孔 巧 甲 江 坑 抗 攻 更 拘 肯

- クウ　空 1
- くう　食 2　喰 ◎◆
- グウ　宮 3　偶　遇　隅　寓 ◎◆
- くき　茎
- くぎ　釘 ◎◆
- くさ　草 1
- くさい　臭　臭 ◎
- くさび　楔 ◆
- くさむら　叢 ◎◆
- くさらす　腐
- くさり　鎖
- くさる　腐
- くされる　腐
- くし　串★　櫛 ◎◆
- くじら　鯨
- くしろ　釧 ◎◆
- くず　葛★ ◎◆　屑 ◎◆
- くずす　崩
- くすのき　楠 ◎　樟 ◎
- くすり　薬 3　藥 ◎
- くずれる　崩
- くせ　癖
- くそ　屎 ◆　糞 ◆
- くだ　管 4
- くだく　砕　碎 ◎
- くだける　砕　碎 ◎
- くださる　下 1
- くだす　下 1
- くだる　下 1
- くち　口 1
- くちばし　嘴 ◆
- くちびる　唇
- くちる　朽
- クツ　屈　掘　窟★
- くつ　靴　沓 ◎◆
- くつがえす　覆
- くつがえる　覆
- くに　国 2　國 ◎
- くぬぎ　櫟 ◆
- くばる　配 3
- くび　首 2　頸 ◆
- くぼむ　窪 ◎◆
- くま　熊★　隈 ◎◆
- くみ　組 2
- くむ　組 2　酌　汲 ◎◆
- くめ　粂 ◆
- くも　雲 2
- くもる　曇
- くやしい　悔　悔 ◎
- くやむ　悔　悔 ◎
- くら　倉 4　蔵 6　藏 ◎　鞍 ◎◆
- くらい　暗 3　位 4　昏 ◎◆　晦 ◎◆　蒙 ◎◆
- くらう　食 2　喰 ◎◆
- くらす　暮 6
- くらべる　比 5
- くり　栗 ◎
- くりや　厨 ◎◆
- くる　来 2　來 ◎　繰　徠 ◎
- くるう　狂
- くるおしい　狂
- くるしい　苦 3
- くるしむ　苦 3
- くるしめる　苦 3
- くるま　車 1
- くるわ　廓 ◆
- くれない　紅 6
- くれる　暮 6
- くろ　黒 2　黑 ◎
- くろい　黒 2　黑 ◎
- くわ　桑　鍬 ◎◆
- くわえる　加 4
- くわしい　詳
- くわだてる　企
- くわわる　加 4
- クン　君 3　訓 4　勲　勳 ◎　薫　薰 ◎
- グン　軍 4　郡 4　群 5

【ケ】

- ケ　気 1　氣 ◎　家 2　化 3　仮 5　華　懸　袈 ◎　稀 ◎
- け　毛 2
- ゲ　下 1　夏 2　外 2　解 5　牙★　偈 ◆
- ケイ　京 2　兄 2　形 2　計 2　係 3　軽 3　競 4　径 4　型 4　景 4　境 5　経 5　系 6　敬 6　警 6　刑　茎　契　恵　惠 ◎　啓　掲　揭 ◎　渓　蛍　傾　携　継　詣★　慶　憬★　稽★　憩　鶏　鷄 ◎　圭 ◎　奎 ◎　勁 ◎　桂 ◎　慧 ◎　馨 ◎　卿 ◎◆　繋 ◎◆　荊 ◆　珪 ◆　畦 ◆　脛 ◆　痙 ◆　禊 ◆　閨 ◆　頸 ◆　髻 ◆　蹊 ◆　鮭 ◆
- ゲイ　芸 4　藝 ◎　迎　鯨　睨 ◆
- けがす　汚
- けがらわしい　汚
- けがれる　汚　穢 ◆
- ゲキ　劇 6　激 6　隙★　撃　擊 ◎　戟 ◎◆
- けす　消 3
- けずる　削
- けた　桁★
- ケツ　血 3

◎＝人名用漢字　◆＝印刷標準字体　◇＝簡易慣用字体

きも 肝
キャ 脚
キャク 客3 却 脚
ギャク 逆5 虐 謔◆
キュウ 九1 休1 弓2 究3 急3 級3 宮3 球3 求4 泣4 救4 給4 久5 旧5 吸6 及 丘 朽 臼★ 糾 嗅★ 窮 玖⊙ 穹⊙ 赳⊙ 毬⊙ 鳩⊙ 灸⊙◆ 汲⊙◆ 笈⊙◆ 厩⊙◆ 仇◆ 咎◆ 邱◆ 柩◆ 躬◆ 舅◆
ギュウ 牛2
キョ 去3 挙4 居5 許5 巨 拒 拠 虚 虛⊙ 距 鋸⊙◆ 炬◆ 渠◆ 嘘◆ 墟◆ 遽◆ 欅◆
ギョ 魚2 漁4 御
きよい 清4
キョウ 京2 強2 教2 兄2 橋3 共4 協4 鏡4 競4 境5 経5 興5 供6 胸6 郷6 凶 叫 狂 享 況 峡 峽⊙ 挟 狭 狹⊙ 恐 恭 脅 矯 響 響⊙ 驚 香 叶⊙ 匡⊙ 亨⊙ 杏⊙ 喬⊙ 馨⊙ 俠⊙◆ 卿⊙◆ 蕎⊙◆ 饗⊙◆ 匈◆ 怯◆ 莢◆ 竟◆ 僑◆ 嬌◆ 鋏◆ 橿◆ 疆◆
ギョウ 形2 行2 業3 仰 暁 曉⊙ 凝 尭⊙ 堯⊙ 驍⊙
キョク 曲3 局3 極4 旭⊙ 棘◆ 髷◆
ギョク 玉1
きよまる 清4
きよめる 清4
きらう 嫌
きらめく 燦⊙ 煌⊙◆
きり 霧 桐⊙ 錐⊙◆
きる 切2 着3 斬★
きれる 切2
きわ 際5
きわまる 極4 窮
きわみ 極4
きわめる 究3 極4 窮
キン 金1 近2 今2 均5 禁5 勤6 勤⊙ 筋6 巾★ 斤 菌 琴 僅★ 緊 錦★ 謹 謹⊙ 襟 芹⊙ 欣⊙ 衿⊙ 菫⊙ 欽⊙ 禽⊙◆ 饉◆
ギン 銀3 吟

【ク】

ク 九1 口1 工2 宮3 区3 苦3 庫3 功4 久5 句5 供6 紅6 駆 貢 矩⊙ 駈⊙ 狗◆ 軀◆ 懼◆
グ 具3 惧★ 愚 倶⊙◆ 懼◆
くい 杭⊙◆
くいる 悔 悔⊙

患 貫 喚 堪 換 敢 棺 款 閑 勧 寛 寛◎ 歓 監 緩 憾 還 環 韓★ 艦 鑑 甲 侃◎ 莞◎ 栞◎ 函◎◆ 柑◎◆ 竿◎◆ 菅◎◆ 奸◆

旱◆ 咸◆ 姦◆ 宦◆ 悍◆ 桓◆ 涵◆ 嵌◆ 鉗◆ 澗◆ 翰◆ 諌◆ 瞰◆ 檻◆ 灌◆

かん 神3 神◎

ガン 丸2 岩2 顔2 元2 岸3 願4 眼5 含 玩★ 頑 巌◎ 巖◎ 雁◎◆

翫◆ 頷◆ 癌◆ 贋◆

かんがえる 考2

かんがみる 鑑

かんばしい 芳

かんむり 冠

【キ】

キ 気1 氣◎ 汽2 記2 帰2 起3 期3 希4 季4 紀4 喜4 旗4 器4 器◎ 機4 基5 寄5 規5 危6 机6 揮6 貴6 己6 企 伎★ 岐 忌 奇 祈 祈◎ 軌 既 飢 鬼 亀★ 幾 棋 棄 毀★ 畿★ 輝 騎 葵◎ 稀◎ 暉◎ 綺◎ 熙◎ 嬉◎ 毅◎ 槻◎ 磯◎ 麒◎ 祁◎◆ 其◎◆ 箕◎◆ 窺◎◆ 徽◎◆ 几◆ 卉◆ 耆◆ 悸◆ 揆◆ 諱◆ 櫃◆

き 生1 木1 黄2 黄◎

ギ 議4 技5 義5 疑6 宜 偽 僞◎ 欺 儀 戯 戲◎ 擬 犠 誼◎ 祇◎◆ 妓◆ 魏◆ 蟻◆

きえる 消3

キク 菊 鞠◎ 掬◎◆ 麴◆ 麹◇

きく 聞2 利4 効5 聴 聽◎ 訊◎◆

きこえる 聞2

きざし 兆4

きざす 兆4 萌◎ 萠◎

きざむ 刻6

きし 岸3

きじ 雉◆

きしむ 軋◆

きず 傷6 疵◆ 瑕◆

きずく 築5

きずな 絆◎◆

きせる 着3

きそう 競4

きた 北2

きたえる 鍛

きたす 来2 來◎

きたない 汚

きたる 来2 來◎

キチ 吉

キツ 吉 喫 詰 桔◎ 橘◎ 吃◆ 屹◆ 拮◆

きつね 狐◆

きぬ 絹6

きぬた 砧◎

きね 杵◎◆

きのこ 茸◎◆

きば 牙★

きびしい 厳6 嚴◎

きまる 決3

きみ 君3

きめる 決3

◎＝人名用漢字　◆＝印刷標準字体　◇＝簡易慣用字体

駈◎
かげる 陰
かご 籠★
かこう 囲4
かこむ 囲4
かさ 傘 嵩◎ 笠◎◆ 暈◆ 瘡◆
かざ 風2
かさなる 重3
かさねる 重3
かざる 飾
かし 樫◎◆ 橿◆
かじ 舵◎◆ 梶◎◆
かしこい 賢
かしましい 姦◆
かしら 頭2
かしわ 柏◎◆
かす 貸5 粕◆ 滓◆
かず 数2
かすみ 霞◎
かすめる 掠◎◆
かすり 絣◆
かぜ 風2
かせぐ 稼
かぞえる 数2
かた 形2 方2 型4 片6 潟 肩
かたい 固4 難6 難◎ 堅 硬
かたき 敵5 仇◆
かたち 形2
かたな 刀2
かたまり 塊
かたまる 固4
かたむく 傾
かたむける 傾
かためる 固4
かたよる 偏
かたらう 語2
かたる 語2 騙◆
かたわら 傍
カッ 合2
カツ 活2 割6 括 喝 渇 渴◎ 葛★ 滑 褐 轄 筈◎◆ 闊◆
かつ 勝3 且 剋◆
ガッ 合2
ガツ 月1
かつお 鰹◆
かつぐ 担6
かつて 嘗◎◆
かつら 桂◎ 鬘◆
かて 糧
かど 角2 門2
かな 金1 哉◎ 乎◎◆
かなう 叶◎
かなえ 鼎◎◆
かなしい 悲3
かなしむ 悲3
かなでる 奏6
かなめ 要4
かならず 必4
かに 蟹◎◆
かね 金1 鐘 鉦◆
かねる 兼
かの 彼
かのえ 庚◎◆
かば 椛◎ 樺◎
かばう 庇◎◆
かばん 鞄◎◆
かぶ 株6 蕪◎◆
かぶと 兜◎◆ 冑◆
かべ 壁
かま 釜★ 鎌★ 窯
がま 蒲◎◆ 蟇◆
かまう 構5
かまえる 構5
かまど 竈◆
かまびすしい 喧◎◆
かみ 上1 紙2 神3 神◎ 髪 髮◎
かみなり 雷
かむ 咬◆ 噛◆ 嚙◇
かめ 亀★ 甕◆
かも 鴨◎◆
かもしか 羚◎
かもす 醸 釀◎
かもめ 鷗◎◆ 鴎◇
かや 茅◎ 萱◎◆
かゆ 粥◎◆
かゆい 痒◆
かよう 通2
から 空1 殻 唐
がら 柄
からい 辛
からす 枯 烏◎◆ 鴉◆
からだ 体2 軀◆
からまる 絡
からむ 絡
からめる 絡
かり 仮5 狩 雁◎◆
かりる 借4
かる 刈 駆 狩 駈◎
かるい 軽3
かれ 彼
かれる 枯 涸◆
かろやか 軽3
かわ 川1 皮3 河5 革6
がわ 側4
かわかす 乾
かわく 渇 渴◎ 乾
かわす 交2
かわら 瓦★
かわる 代3 変4 換 替
かわる	変	4

読み	漢字	分類
カン	軀	◆

カン

勘　乾　陥　陥　冠　肝　缶　汗　甘　簡　看　巻　巻　干　慣　幹　刊　観　関　管　官　完　館　漢　漢　感　寒　間　替　換
　　◎　　　　　6　6　6　6　5　6　6　6　4　5　5　4　4　4　4　4　3　◎　3　3　3　2

カン 間2 寒3 感3 漢3 漢◎ 館3 完4 官4 管4 関4 観4 刊5 幹5 慣5 干6 巻6 卷◎ 看6 簡6 甘 汗 缶 肝 冠 陥 陷◎ 乾 勘

禍⊙ 靴 寡 箇 稼 禾⊙ 伽⊙ 茄⊙ 珈⊙ 樺⊙ 嘉⊙ 霞⊙ 瓜⊙◆ 珂⊙◆ 迦⊙◆ 嘩⊙◆ 榎⊙◆ 蝦⊙◆ 呵◆ 訛◆ 訶◆ 跏◆ 瑕◆ 窩◆ 蝸◆ 顆◆

か　日1 蚊 香 ★鹿

哉⊙ 耶⊙ 乎⊙◆

ガ　画2 芽4 賀5 我6 ★牙 ★瓦 雅 餓 臥⊙◆ 俄⊙◆ 峨⊙◆ 駕⊙◆ 訝◆ 蛾◆ 衙◆

カイ　回2 会2 海2 海⊙ 絵2 界3 開3 階3 改4 械4 街4 快5 解5 灰6 介 戒 怪 拐 悔 悔⊙ 皆 塊 ★楷 ★潰 壊 壞⊙ 懐 懷⊙ ★諧 魁⊙ 桧⊙ 檜⊙◆ 芥⊙◆ 廻⊙◆ 恢⊙◆ 晦⊙◆ 堺⊙◆ 蟹⊙◆ 乖◆ 徊◆ 鞋◆

かい　貝1 櫂⊙◆

ガイ　外2 害4 街4 劾 ★崖 涯 慨 ★蓋 該 概 ★骸 亥⊙ 凱⊙ 鎧⊙◆ 咳◆ 漑◆

かいこ　蚕6

かう　交2 買2 飼5

かえす　帰2 返3

かえで　楓⊙

かえりみる　省4 顧

かえる　帰2 代3 返3 変4 換 替 蛙◆ 孵◆

かお　顔2

かおり　香

かおる　薫 薫⊙ 香 馨⊙

かかえる　抱

かかげる　掲 掲⊙

かかと　踵◆

かがみ　鏡4

かがやく　輝 暉⊙ 耀⊙ 燿⊙ 煌⊙◆

かかり　係3 掛

かかる　係3 架 掛 懸 斯⊙◆ 繋⊙◆ 罹◆

かかわる　関4

かき　垣 ★柿

かぎ　★鍵 鉤◆

かぎる　限5

カク　画2 角2 客3 各4 覚4 格5 確5 拡6 革6 閣6 核 殻 郭 較 隔 獲 嚇 穫 摑⊙◆ 喀◆ 廓◆ 攪◆ 撹◇

かく　書2 欠4 描 此⊙◆ 爬◆ 搔◆ 掻◇

かぐ　★嗅

ガク　学1 楽2 樂⊙ 額5 岳 ★顎 愕◆ 萼◆ 諤◆ 鰐◆

かくす　隠

かくれる　隠

かげ　陰 影 蔭⊙◆ 翳◆

がけ　★崖

かける　欠4 架 掛 駆 懸 ★賭 翔⊙

⊙＝人名用漢字　◆＝印刷標準字体　◇＝簡易慣用字体

押 旺★ 欧 殴 翁 奥 奧⊙ 凰⊙◆ 鴨⊙◆ 襖⊙◆ 鷗⊙◆ 鴎◇ 嘔◆ 甕◆ 謳◆ 鶯◆ 鸚◆
おう 生1 追3 負3
おうぎ 扇
おえる 終3
おお 大1
おおい 多2
おおいに 大1
おおう 覆
おおかみ 狼⊙◆
おおきい 大1
おおせ 仰
おおとり 鴻⊙ 鳳⊙ 鵬⊙ 凰⊙◆
おおやけ 公2
おか 岡★ 丘 崗◆
おかす 犯5 侵 冒
おがむ 拝6 拜⊙
おき 沖
おぎ 荻⊙◆
おきて 掟◆
おぎなう 補6
おきる 起3
オク 屋3 億4 憶 臆★
おく 置4 奥 奧⊙
おくらす 遅
おくる 送3 贈 贈⊙
おくれる 後2 遅
おけ 桶⊙◆
おこす 起3 興5 熾◆
おごそか 厳6 嚴⊙
おこたる 怠
おこなう 行2
おこる 起3 興5 怒
おごる 奢◆
おさえる 押 抑
おさない 幼6
おさまる 治4 修5 収6 收⊙ 納6
おさめる 治4 修5 収6 收⊙ 納6 脩⊙
おしい 惜
おしえる 教2
おしむ 惜
おす 推6 押 雄 捺⊙ 牡⊙◆
おそい 遅
おそう 襲
おそれ 虞
おそれる 畏★ 恐 懼◆
おそろしい 恐
おそわる 教2
おだやか 穏
おちいる 陥 陷⊙
おちる 落3
オツ 乙
おっと 夫4
おと 音1
おとうと 弟2
おどかす 脅
おとこ 男1
おとしいれる 陥 陷⊙
おとす 落3
おどす 脅
おとずれる 訪6
おどり 踊
おとる 劣
おどる 躍 踊
おとろえる 衰
おどろかす 驚
おどろく 驚 愕◆
おなじ 同2
おに 鬼
おの 斧⊙◆
おのおの 各4
おのれ 己6
おび 帯4 帶⊙
おびえる 怯◆
おびやかす 脅
おびる 帯4 帶⊙
おぼえる 覚4
おぼれる 溺★
おぼろ 朧◆
おも 主3 面3
おもい 重3
おもう 思2 惟⊙
おもかげ 俤◆
おもて 表3 面3
おもねる 阿⊙
おもむき 趣
おもむく 赴 趨◆
おや 親2
およぐ 泳3
および 及
およぶ 及
およぼす 及
おり 折4 檻◆ 滓◆
おりる 下1 降6
おる 折4 織5
おれ 俺★
おれる 折4
おろか 愚
おろし 卸
おろす 下1 降6 卸
おわる 終3
オン 音1 遠2 温3 溫⊙ 恩5 怨★ 穏
おん 御
おんな 女1

【カ】

カ 下1 火1 花1 何2 科2 夏2 家2 歌2 化3 荷3 加4 果4 貨4 課4 可5 仮5 価5 價⊙ 河5 過5 佳 苛★ 架 華 菓 渦 嫁 暇 禍

うつくしい　美3
うつす　写3 移5 映6
うったえる　訴
うつぼ　靫◆
うつむく　俯◆
うつる　写3 移5 映6
うつわ　器4 器⊙
うで　腕
うとい　疎
うとむ　疎
うながす　促
うなぎ　鰻◆
うなずく　頷◆
うなる　唸◆
うね　畝 畦◆
うば　姥⊙◆
うばう　奪4
うぶ　産4
うま　馬2
うまや　厩⊙◆
うまる　埋
うまれる　生1 産4
うみ　海2 海⊙
うむ　生1 産4 倦⊙◆ 膿◆
うめ　梅4 梅⊙
うめく　呻◆
うめる　埋
うもれる　埋
うやうやしい　恭
うやまう　敬6
うら　裏6 浦
うらなう　占 卜⊙◆
うらむ　恨
うらめしい　恨
うらやましい　羨★
うらやむ　羨★
うり　瓜⊙◆
うる　売2 賣⊙ 得4
うるう　閏⊙◆
うるおう　潤
うるおす　潤
うるし　漆
うるむ　潤
うるわしい　麗
うれい　愁 憂
うれえる　愁 憂
うれしい　嬉⊙
うれる　売2 賣⊙ 熟6
うろこ　鱗⊙◆
うわ　上1
うわぐすり　釉⊙◆
うわさ　噂⊙◆
うわる　植3
ウン　雲2 運3 云⊙◆ 暈◆

【エ】

エ　回2 会2 絵2 依 恵 惠⊙ 慧⊙ 廻⊙◆ 穢◆
え　重3 江 餌★ 餌★* 柄
エイ　泳3 英4 栄4 榮⊙ 永5 営5 衛5 衞⊙ 映6 詠 影 鋭 瑛⊙ 叡⊙ 曳⊙◆ 洩◆ 裔◆ 穎◆ 頴◇ 嬰◆ 翳◆
えがく　描

読み	漢字	種別
エ	回	2
エ	会	2
エ	絵	2
エ	依	◆
エ	恵	◉
エ	惠	◉
エ	慧	◉
え	廻	◉
え	穢	◆
えがく	描	3
エキ　駅3 役3 易5 益5 液5 疫 亦⊙ 腋◆
えぐる　抉◆
えさ　餌★ 餌★*
えだ　枝5
エツ　悦 越 謁 謁⊙ 閲 曰◆
えのき　榎⊙◆
えび　蝦⊙◆
えびす　胡⊙ 夷⊙◆
えむ　笑4
えら　鰓◆
えらい　偉
えらぶ　選4 撰⊙◆
えり　襟 衿⊙
える　得4 獲
エン　円1 圓⊙ 園2 遠2 塩4 演5 延6 沿6 炎 怨★ 宴 媛★ 援 煙 猿 鉛 縁 緣⊙ 艶★ 苑⊙ 薗⊙ 奄⊙◆ 堰⊙◆ 淵⊙◆ 焔⊙◆ 鳶⊙◆ 燕⊙◆ 冤◆ 袁◆ 婉◆ 焉◆ 筵◆ 厭◆ 閻◆ 嚥◆

【オ】

オ　悪3 惡⊙ 和3 汚 於⊙ 嗚◆
お　小1 緒 緖⊙ 尾 雄 牡⊙◆
おい　笈⊙◆ 甥⊙◆
おいて　於⊙
おいる　老4
オウ　王1 黄2 黃⊙ 央3 横3 橫⊙ 応5 應⊙ 往5 桜5 櫻⊙ 皇6 凹

⊙＝人名用漢字　◆＝印刷標準字体　◇＝簡易慣用字体

イキ　域 6　閾 ◆
いき　息 3　粋　粹 ⊙
いきおい　勢 5
いきどおる　憤
いきる　生 1
イク　育 3　郁 ⊙
いく　行 2　幾　逝
いくさ　戦 4　戰 ⊙
いけ　池 2
いける　生 1
いこい　憩
いこう　憩
いさぎよい　潔 5
いささか　些 ⊙◆　聊 ◆
いさむ　勇 4
いさめる　諫 ◆
いし　石 1
いしずえ　礎
いずくんぞ　烏 ⊙◆　焉 ◆
いずみ　泉 6
いそ　磯 ⊙
いそがしい　忙
いそぐ　急 3
いた　板 3
いたい　痛 6
いだく　抱
いたす　致
いただき　頂 6　顚 ⊙◆
いただく　頂 6
いたむ　傷 6　痛 6　悼
いためる　傷 6　痛 6　炒 ◆
いたる　至 6
イチ　一 1　壱
いち　市 2
いちい　櫟 ◆
いちご　苺 ⊙
いちじるしい　著 6　著 ⊙
イツ　一 1　逸　逸 ⊙　溢 ⊙◆
いつ　五 1
いつくしむ　慈
いつつ　五 1
いつわる　偽　僞 ⊙
いと　糸 1　絃 ⊙
いとう　厭 ◆
いとなむ　営 5
いどむ　挑
いな　否 6　稲　稻 ⊙
いぬ　犬 1　狗 ◆　戌 ◆
いね　稲　稻 ⊙　禾 ⊙
いのこ　猪 ⊙　猪 ⊙
いのち　命 3
いのる　祈　祈 ⊙　禱 ⊙◆　祷 ⊙◇
いばら　茨 ★　荊 ◆
いびつ　歪 ◆
いぶかる　訝 ◆
いま　今 2
いましめる　戒
いまわしい　忌
いみな　諱 ◆
いむ　忌
いも　芋　薯 ◆　藷 ◆
いもうと　妹 2
いや　嫌
いやしい　卑　卑 ⊙　賤 ◆
いやしむ　卑　卑 ⊙
いやしめる　卑　卑 ⊙
いやす　癒
いる　入 1　要 4　居 5　射 6　煎 ★　鋳　鑄 ⊙　炒 ◆
いれる　入 1
いろ　色 2
いろどる　彩
いわ　岩 2　磐 ⊙◆
いわう　祝 4　祝 ⊙
いわお　巌 ⊙　巖 ⊙
いわく　曰 ◆
いわし　鰯 ⊙◆
イン　音 1　引 2　員 3　院 3　飲 3　印 4　因 5　咽 ★　姻　淫 ★　陰　隠　韻　允 ⊙　胤 ⊙　寅 ⊙　蔭 ⊙◆　尹 ◆　殷 ◆　隕 ◆

【ウ】

ウ　右 1　雨 1　羽 2　有 3　宇 6　迂 ⊙◆　烏 ⊙◆　于 ◆　盂 ◆
う　卯 ⊙　鵜 ⊙◆
うい　初 4　憂
うえ　上 1
うえる　植 3　飢
うお　魚 2
うかがう　伺　窺 ⊙◆
うがつ　穿 ⊙◆
うかぶ　浮
うかべる　浮
うかる　受 3
うかれる　浮
うく　浮
うぐいす　鶯 ◆
うけたまわる　承 5
うける　受 3　請　稟 ⊙
うごかす　動 3
うごく　動 3
うさぎ　兎 ⊙◆
うし　牛 2　丑 ⊙
うじ　氏 4
うしお　汐 ⊙
うしなう　失 4
うしろ　後 2
うす　臼 ★　碓 ⊙◆
うず　渦
うすい　薄
うずく　疼 ◆
うすまる　薄
うすめる　薄
うすらぐ　薄
うすれる　薄
うそ　嘘 ◆
うた　歌 2　唄 ★
うたい　謡　謠 ⊙
うたう　歌 2　謡　謠 ⊙　謳 ◆
うたがう　疑 6
うち　内 2　裡 ⊙◆
ウツ　鬱 ★
うつ　打 3　討 6　撃　擊 ⊙

- （前頁より）脚、葦 ⊙◆、芦 ⊙◇、蘆 ◆
- あじ　味 3、鯵 ◆
- あした　晨 ⊙
- あじわう　味 3
- あずかる　預 5
- あずける　預 5
- あずさ　梓 ⊙
- あせ　汗
- あぜ　畦 ◆
- あせる　焦
- あそぶ　遊 3
- あだ　仇 ◆
- あたい　価 5、價 ⊙、値 6
- あたえる　与、與 ⊙
- あたかも　恰 ⊙◆
- あたたか　温 3、溫 ⊙、暖 6
- あたたかい　温 3、溫 ⊙、暖 6
- あたたまる　温 3、溫 ⊙、暖 6
- あたためる　温 3、溫 ⊙、暖 6
- あたま　頭 2
- あたらしい　新 2
- あたり　辺 4
- あたる　当 2
- アツ　圧 5、斡 ⊙◆、軋 ◆
- あつい　暑 3、暑 ⊙、熱 4、厚 5、淳 ⊙、惇 ⊙、渥 ⊙、敦 ⊙、醇 ⊙
- あつかう　扱
- あつまる　集 3
- あつめる　集 3、蒐 ⊙◆、輯 ⊙◆
- あてる　当 2、★宛、充
- あと　後 2、★痕、跡、蹟 ⊙◆、址 ◆
- あな　穴 6
- あなどる　侮、侮 ⊙
- あに　兄 2
- あね　姉 2
- あばく　暴 5、曝 ⊙◆
- あばれる　暴 5
- あびせる　浴 4
- あびる　浴 4
- あぶ　虻 ◆
- あぶない　危 6
- あぶら　油 3、脂、膏 ⊙◆
- あふれる　溢 ⊙◆
- あま　雨 1、天 1、尼
- あまい　甘
- あまえる　甘
- あます　余 5
- あまやかす　甘
- あまる　余 5
- あみ　網
- あむ　編 5
- あめ　雨 1、天 1、飴 ◆
- あや　絢 ⊙、綺 ⊙、綾 ⊙
- あやうい　危 6、殆 ⊙◆
- あやしい　怪、★妖
- あやしむ　怪
- あやつる　操 6
- あやぶむ　危 6
- あやまち　過 5
- あやまつ　過 5
- あやまる　謝 5、誤 6、謬 ◆
- あゆ　鮎 ⊙
- あゆむ　歩 2、歩 ⊙
- あらい　荒、粗
- あらう　洗 6
- あらし　★嵐
- あらす　荒
- あらそう　争 4、爭 ⊙
- あらた　新 2
- あらたまる　改 4
- あらためる　改 4
- あられ　霰 ◆
- あらわす　表 3、現 5、著 6、著 ⊙
- あらわれる　表 3、現 5
- あり　蟻 ◆
- ある　有 3、在 5、或 ⊙◆
- あるく　歩 2、歩 ⊙
- あれる　荒、蕪 ⊙◆
- あわ　泡、沫 ⊙◆、粟 ⊙◆
- あわい　淡
- あわす　合 2
- あわせる　合 2、併
- あわただしい　慌
- あわてる　慌
- あわれ　哀
- あわれむ　哀、憐 ⊙◆
- アン　行 2、安 3、暗 3、案 4、杏 ⊙、晏 ⊙、按 ⊙◆、庵 ⊙◆、鞍 ⊙◆
- あんず　杏 ⊙

【イ】

- イ　医 3、委 3、意 3、以 4、衣 4、位 4、囲 4、胃 4、移 5、易 5、異 6、遺 6、依、威、為、爲 ⊙、★畏、尉、★萎、偉、★椅、★彙、違、維、慰、緯、唯、伊 ⊙、惟 ⊙、已 ⊙◆、夷 ⊙◆、葦 ⊙◆、謂 ⊙◆、韋 ◆、帷 ◆、飴 ◆
- い　井、亥 ⊙、猪 ⊙、猪 ⊙
- いう　言 2、云 ⊙◆、謂 ⊙◆
- いえ　家 2
- いえども　雖 ◆
- いえる　癒
- いお　庵 ⊙◆
- いおり　庵 ⊙◆
- いかす　生 1
- いかだ　筏 ◆
- いかり　碇 ◆
- いかる　怒

⊙＝人名用漢字　◆＝印刷標準字体　◇＝簡易慣用字体

28 漢字種別検索表

・この項は、「常用漢字表」「人名用漢字別表」「表外漢字字体表」の漢字がそれぞれどの表に掲げられているかを、五十音順で検索できるようにしたものである。

・「常用漢字表」が掲げる漢字の読みは、常用音訓によった。「人名用漢字別表」「表外漢字字体表」が掲げる漢字は、主な音訓のみを掲げた。音（及び外来語）はカタカナ、訓はひらがなで示した。

・表示・記号の意味は、次のとおりである。

赤字……常用漢字
算用数字…教育漢字の配当学年
★……平成22年内閣告示で追加された常用漢字
＊……「常用漢字表」の許容字体
⊙……人名用漢字
◆……「表外漢字字体表」の印刷標準字体
◇……「表外漢字字体表」の簡易慣用字体

「挨」「曽」「麺」など「表外漢字字体表」の字体で常用漢字になったものは、◆◇の記号を省略した。また、人名用漢字として使用を認められる「曾」「痩」は⊙を付けて掲げ、そうでない「麪」などはこの表に掲げていない。

・同音・同訓の漢字が複数ある場合は、原則として、教育漢字→教育漢字以外の常用漢字→人名用漢字→印刷標準字体→簡易慣用字体の順に並べた。ただし、人名用漢字のうち、「常用漢字表」が掲げる字体の旧字体（いわゆる康熙字典体）に当たるものは、原則として、対応する常用漢字のすぐ後に掲げた。また、簡易慣用字体は、原則として、対応する印刷標準字体のすぐ後に掲げた。

（例）あたたかい　温 3　溫 ⊙　暖 6
　　　ア　啞 ◆　唖 ◇　蛙 ◆

・この項は、大修館書店編集部で作成した。（大修館書店編集部注）

【ア】

読み	漢字	記号
ア	亜	
	亞	⊙
	阿	⊙
	啞	◆
	唖	◇
	蛙	◆
	鴉	◆
ああ	于	◆
	嗚	◆
アイ	愛	4
	哀	
	挨	★
	曖	★
	娃	⊙
	埃	◆
	靄	◆
あい	相	3
	藍	★
あいだ	間	2
あう	会	2
	合	2
	遭	
	逢	⊙◆
あえぐ	喘	◆
あお	青	1
	碧	⊙
あおい	青	1
	葵	⊙
	蒼	⊙
あおぎり	梧	⊙
あおぐ	仰	
あおる	煽	◆
あか	赤	1
	緋	⊙
	垢	◆
あかい	赤	1
あかす	明	2
	飽	
あかつき	暁	
	曉	⊙
あかね	茜	⊙
あからむ	赤	1
	明	2
あからめる	赤	1
あかり	明	2
あがる	上	1
	挙	4
	揚	
あかるい	明	2
あかるむ	明	2
あき	秋	2
あきなう	商	3
あきら	彬	⊙
あきらか	明	2
	亮	⊙
	晃	⊙
	晄	⊙
	晟	⊙
あきらめる	諦	★
あきる	飽	
	倦	⊙◆
あきれる	呆	◆
アク	悪	3
	惡	⊙
	握	
	渥	⊙
あく	空	1
	明	2
	開	3
あくた	芥	⊙◆
あくる	明	2
あけぼの	曙	⊙
あける	空	1
	明	2
	開	3
あげる	上	1
	挙	4
	揚	
あご	顎	★
あこがれる	憧	★
あさ	朝	2
	麻	
あざ	字	1
あさい	浅	4
あざける	嘲	★
あさひ	旭	⊙
あざむく	欺	
あざやか	鮮	
あし	足	1

大修館(たいしゅうかん) 最新国語表記(さいしんこくごひょうき)ハンドブック

NDC811／255p／19cm

初版第１刷――2012年４月20日

編　者――大修館書店編集部
発行者――鈴木一行
発行所――株式会社大修館書店
〒113-8541 東京都文京区湯島 2-1-1
電話 03-3868-2651（販売部）／03-3868-2290（編集部）
振替 00190-7-40504
［出版情報］http://www.taishukan.co.jp

装丁者――CCK
印刷所――広研印刷
製本所――難波製本

ISBN978-4-469-22219-7　Printed in Japan